经济发展新常态下完善中国公募基金治理结构研究

——基于投资策略的视角

齐 岳 蔡 宇 廖科智 著

本书得到教育部人文社会科学研究基金项目（09YJC630133）"基于多目标投资组合选择的中国企业社会责任感研究及多资产定价和市场有效性的影响"、教育部人文社会科学重点研究基地重大项目(14JJD630007)"基金治理和基民利益保护研究"、2015年南开大学商学院学科建设之专著出版项目(63152005)资助。

科学出版社

北 京

内 容 简 介

本书深入浅出地分析经济新常态背景下中国公募基金的治理现状，并根据基金投资组合管理的本质，引入投资组合策略分析这一全新的基金治理研究视角，结合经典的公司治理理论，揭示中国基金业存在的治理问题，由此提出新常态下完善中国公募基金治理的政策建议和研究展望。本书系统地梳理了公司治理理论和投资组合理论，具体地指出了中国基金治理的特殊性，并在此基础上进行大量的理论探讨和实证研究。本书内容全面，主题切时，研究视角新颖，具有较为广泛的应用性。

本书适合基金投资者（基民）、股票投资者、基金管理从业人员及基金业监管人员学习和使用。

图书在版编目（CIP）数据

经济发展新常态下完善中国公募基金治理结构研究:基于投资策略的视角/齐岳，蔡宇，廖科智著. —北京：科学出版社，2016
　ISBN 978-7-03-048254-9

　I. ①经⋯　II. ①齐⋯②蔡⋯③廖⋯　III. ①投资基金–研究–中国
　IV. ①F832.21

中国版本图书馆 CIP 数据核字（2016）第 099868 号

责任编辑：徐　倩 / 责任校对：张　红
责任印制：霍　兵 / 封面设计：无极书装

科学出版社 出版
北京东黄城根北街 16 号
邮政编码：100717
http://www.sciencep.com
文林印务有限公司　印刷
科学出版社发行　各地新华书店经销

*

2016 年 5 月第 一 版　开本：720×1000　1/16
2016 年 5 月第一次印刷　印张：16
字数：323 000
定价：92.00 元
（如有印装质量问题，我社负责调换）

作 者 简 介

　　齐岳，南开大学商学院财务管理系教授、博士生导师，财务管理系副系主任，南开大学中国公司治理研究院企业社会责任研究室主任。2004 年毕业于美国佐治亚大学泰瑞商学院金融学与银行学系，并取得博士学位。研究方向为投资组合管理、基金管理和公司治理。在 *Operation Research* 等国际学术期刊和国际学术会议上发表与报告 20 余篇论文，出版专著《投资组合管理：创新与突破》，并主持多项教育部课题及国家自然科学与社会科学重大基金之子课题。

　　蔡宇，南开大学商学院财务管理系本科生、企业管理系（财务管理方向）硕士研究生，现就职于中国黄金集团公司资产财务部资产管理处。参加 2010 年度国家社会科学基金重人招标项目——"完善国有控股金融机构公司治理研究"之子课题——"完善国有控股证券公司治理研究"；2014 年度教育部人文社会科学重点研究基地重大项目"基金治理和基民利益保护研究"（编号：14JJD630007）。研究方向为投资组合管理、公司财务管理和基金管理。

　　廖科智，南开大学商学院财务管理系学生，参与教育部人文社会科学研究基金项目"基于多目标投资组合选择的中国企业社会责任感研究及多资产定价和市场有效性的影响"；2014 年度教育部人文社会科学重点研究基地重大项目"基金治理和基民利益保护研究"。研究方向为投资组合管理、基金管理和公司治理。

目　　录

第一章　绪　　论

基金作为大规模投资组合的代表，为投资者提供了一种全新的投资方式。近一百年来，基金这种大众化的投资工具在世界各国迅速发展，并且成为国际金融市场上一股不可忽视的力量。目前，共同基金已经成为国际基金市场的主流品种。

中国第一家比较规范的投资基金——淄博乡镇企业投资基金，于 1992 年 11 月经中国人民银行总行批准正式设立，并于 1993 年 8 月在上海证券交易所最早挂牌上市。2001 年 9 月，随着中国第一只开放式基金——华安创新诞生，中国基金业发展实现了从封闭式基金到开放式基金的历史性跨越。此后，开放式基金逐渐取代封闭式基金成为中国基金市场发展的方向。中国证券投资基金业的发展进入了以共同基金为发展重点的市场成长阶段。自 2003 年中国开放式基金的数量首次超过封闭式基金的数量，2004 年开放式基金的资产规模首次超过封闭式基金的资产规模后，开放式基金取代封闭式基金成为市场发展的主流。经历了十多年的发展，基金已经成为证券市场不可忽视的重要力量，基金业对中国金融业乃至整个国民经济的发展产生越来越深刻的影响。

相比而言，中国基金业尚处在发展的初级阶段，至今尚未形成一个完善的并且能有效保护投资者利益的基金治理结构和基金违规行为追踪机制，基金的短期化投机与追涨杀跌盛行，基金管理人进行"老鼠仓"交易等严重侵害投资者权益的违规违法行为屡有发生。从 2000 年《财经》杂志披露的"基金黑幕"事件，到 2009 年中国证券监督管理委员会（简称中国证监会）公布的以涂强、韩刚和刘海为代表的多起"老鼠仓"基金经理违规行为（详见附录），再到 2015 年中国证监会披露多家基金管理公司涉案未公开信息交易，一系列基金违法违规操作事件的曝光暴露出当前中国基金管理公司治理存在的严重问题，引起基金投资市场的混乱和人们对基金管理公司的怀疑。基金业存在和发展的信用基础正面临挑战，严重阻碍了中国基金业的进一步发展。

因此，在这种情况下，对基金的投资组合管理水平提出更高的要求，有效及时地评估基金的投资行为，对基金治理结构进行针对性的改革，才能平衡基金各相关方的权利制衡关系，切实、有效地保障投资者利益，这也构成了本书的研究出发点。优化基金投资策略和完善基金治理结构具有很强的现实意义。

根据法律形式的不同，可以将基金分为契约型基金和公司型基金。不同的国家（地区）具有不同的法律环境，基金能够采用的法律形式也会有所不同。目前中国的基金全部是契约型基金，而美国的绝大多数基金则是公司型基金。组织形式的不同赋予了基金不同的法律地位，基金投资者所受到的法律保护因此也有所不同。

本书主要研究中国公募契约型基金，从中国基金业表现来看，其在基金份额持有人利益保护方面存在明显缺陷，"老鼠仓"问题就是最好的例证，由于在基金治理结构中缺乏对基金管理人进行监督和约束的治理机制，基金份额持有人的利益遭受损失。中国基金治理结构所要解决的中心问题是有关基金管理人的激励与监督问题。

目前中国基金业的研究尤其是中国共同基金的研究仍显得相对薄弱。通过系统的文献研读发现，国内相关研究主要集中在绩效评价、开放式基金赎回问题、流动性风险和基金营销与治理等方面。基金公司治理文献则侧重于独立董事、博弈论与委托代理关系、基金治理现状和问题的论述性研究及国际基金治理先进经验借鉴等研究。而对于基于投资组合管理的共同基金投资策略的理论研究更可谓凤毛麟角。研究共同基金投资策略具有加强此方向的理论基础和指导中国基金行业实践的双重意义。研究共同基金投资策略，丰富投资策略，能够填补中国学者在共同基金研究方面的空白，推动国内相关研究与国际接轨，为共同基金研究做出理论贡献。国家宏观政策也要求重视共同基金投资策略，随着中国资本市场改革深化，优化资本市场结构越来越受到普遍的关注和重视。

本书侧重研究的是中国契约型基金治理结构中最重要的基金管理公司，从基金投资策略这一全新视角出发，基于基金管理公司的投资组合管理，辅之总结出的中国契约型基金治理结构存在的相关问题，完善基金管理公司治理。从而保护基金持有人利益，优化中国契约型基金的制度设计，探讨完善中国公募基金治理结构的建议，具有较强的理论创新和实际意义。

本书的主要研究意义如下。

（1）有利于促进金融机构治理理论的深化。金融机构治理已得到相关国际组织和政府监管部门的高度重视，那么一般公司治理理论和公司治理原则能否指导金融机构治理实践呢？如果不能，金融机构治理存在哪些方面的特殊性，具体包括治理主体、治理结构、治理机制、治理目标和治理风险的特殊性，这就需要我们进行总结提炼。金融机构治理理论体系和核心概念体系更需要在此分析基础上建立起来，而对基金这一金融机构的治理问题的研究将会使金融机构治理理论更加深入。

（2）有利于完善基金管理公司治理和评价理论。中国基金业经过近十几年的快速发展，已发生了质的飞跃。但理论界针对中国公募契约型基金治理结构特别是基金管理公司的评价和治理体系还不完善。本书通过研究基金投资策略及以此为目标的基金管理公司治理机制体系建设的研究，进一步创新基金治理理论；并以此为突破，构建相对完善的基金治理的理论架构。这一理论框架的构建，对中国基金业乃至整个金融市场的健康可持续发展都具有重要意义。

（3）有利于指导解决当前基金管理公司面临的治理问题。由于中国契约型基金特殊的生成机制和重大缺陷及中国金融体制改革的滞后，国内基金在治理方面还面临诸多问题，如基金管理公司缺乏有力监督、基金持有人权益严重受损、基金业绩偏低和基金从业人员违法违规行为等。本书为这些问题的解决提供理论框架，有利于这些问题的解决。

（4）有利于基金管理公司控制风险。基金作为连接资本市场与中小投资者的桥梁，承担着保障中国股市稳定的社会责任。因此基金管理公司的风险控制问题关系重大。本书试图通过引进投资策略这一核心概念，建立健全遵循有效投资策略为目标的公司治理功能定位和完善以风险控制为核心的基金管理公司治理机制体系，从而指导基金管理公司的风险控制和治理结构的完善。

（5）有利于推动基金管理公司乃至整个金融体系的发展。有效的投资策略和完善的治理结构是基金可持续发展的根本保障。治理结构方面的不足为基金带来潜在风险的同时也制约了重组、整合的空间和绩效的提高，投资者利益得不到有效保护。同时，由于基金直接面临资本市场，因此完善基金公司治理，优化公司治理结构，对资本市场的发展也具有极为重要的意义。

（6）有利于基金管理公司的改革和创新。本书为基金管理公司的改革创新提供了理论基础，针对中国目前基金治理结构存在的缺陷，以及由此带来的资本市场的震动，提出一定的针对性的建设性意见，尤其是围绕基金投资策略和投资组合管理水平的提高进行重点分析。同时，本书的思想能够在一定程度上促使基金管理公司更好地承担企业社会责任。例如，加强基金份额持有人对基金管理公司和基金经理的监督，加强董事会对公司的控制力度、发挥独立董事的重要作用，促进基金遵循有效的投资策略等。

本书共分为八章：第一章介绍研究背景、创新之处、研究意义和本书整体研究框架。第二章简要介绍有关证券投资基金（简称基金）的基础知识，包括概念和分类等，重点回顾中国基金业的发展历程，并且分析中国基金业现状和不足。第三章梳理主要证券组合管理理论，以及股票投资风格管理，包括积极型股票投资策略和消极型股票投资策略，重点介绍现代投资组合理论取得的重大突破。第四章介绍有关基金治理研究，侧重于中国契约型基金治理结构的分析，介绍中国基金管理公司相关知识，包括发展现状和内部控制、内部治理结构等。第五章借鉴国外共同基金投资策略研究，介绍基金投资运作简介，以及基金招募说明书有关基金投资策略介绍，全面归纳总结中国普通股票型证券投资基金投资策略并举例说明。第六章采用 Wind 资讯数据库"风格-属性"分类方法，选取全部基金研究样本，分析其年报、中报、季报及招募说明书，验证其个股选取是否符合招募说明书中所列示股票投资策略；并分析笔者为普通股民设计的跟踪基金重仓股的投资策略是否能取得高于大盘的收益；基于投资策略设计评价基金绩效。第七章在系统分析中国普通股票型证券投资基金投资策略理论与实践基础上，从内部治理和外部治理角度探讨经济发展新常态下加强基金投资策略研究、完善基金治理结构措施。重视保障基金份额持有人的利益，加强外部监管设立专门加强对基金管理公司特别是基金经理的约束和监督，增强基金管理公司独立董事在基金精选个股中的监督和指导作用。第八章呼吁学者加强基金投资策略研究，结合投资组合最新研究成果，系统研究基金投资策略，并注重本书理论创新和政策建议与现实的联系。附录主要介绍笔者搜集整理的中国证监会刊发的中国基金管理公司有关人员行政处罚决定，向读者展示基金管理公司工作人员违规违法操作的过程，以及最终的处罚决定。

第二章　中国基金业发展历程

第一节　证券投资基金简介

一、证券投资基金的概念

证券投资基金是指以基金份额发售的方式将众多投资者的资金汇集形成独立财产，由基金管理人运用投资组合策略进行管理，基金托管人进行托管，实现风险共担、收益同享的一种集合投资手段。

证券投资基金以基金份额发售的方式募集资金，机构或个人投资者则以购买基金份额的方式参与基金投资。基金所募集的资金交由基金管理人利用金融投资工具进行分散化组合管理，并由选定的基金托管人托管，在法律上具有独立性。基金的所有权归属于基金投资者，基金投资收益在扣除相关的管理费用、交易费用与托管费用后全部归属基金投资者所有，并依据投资者所持有的基金份额占总份额的比率在投资者之间进行分配。

基金合同和基金招募说明书是基金设立的两个重要法律文件，基金投资者、基金管理人和基金托管人的权利与义务在合同中有详细的约定。而基金招募说明书则向投资者详细说明了基金的投资理念与目标、投资对象与范围、投资策略与限制、基金费用与收益核算、基金的买卖发售等重要内容，引导基金投资者进行投资。

不同于股权与债权的直接投资，证券投资基金是一种间接投资工具，但证券投资基金与股权、债权投资之间又存在密切的联系。一方面，基金投资者希望以低成本的方式持有大规模的证券组合，实现非系统性风险的分散；另一方面，证券投资基金也通过汇集投资者资金对股票、债券等金融证券进行投资组合构建和资产配置。

世界上不同国家和地区对证券投资基金的称谓有所不同。证券投资基金在美国被称为"共同基金"，在英国和中国香港特别行政区被称为"单位信托基金"，在欧洲一些国家被称为"集合投资基金"或"集合投资计划"，在日本和中国台湾地区则被称为"证券投资信托基金"。

二、基金分类

影响基金的要素众多，因此可以按照不同的标准对基金进行划分。

（一）根据募集方式的不同，可以将共同基金分为公募基金和私募基金

以募集方式为标准划分基金类型是区分不同基金的最基本方式。公募基金是指通过公开向公众发行基金份额募集资金进行投资组合管理的基金种类，每个投资者通过持有一定的基金份额表示其在整个公募基金资产中所占的所有权比重，公募基金每份额资产净值通过基金管理的资产净值除以其份额进行计算。而私募基金则是指通过非公开方式以特定投资者为对象进行发售募集资金管理投资组合的方式，私募基金往往以机构投资者为募集资金的主要对象。

公募基金具有如下主要特征：面向社会公众公开发行基金份额，可以向公众公开宣传，发布招募说明书，没有特定的资金募集对象；严格遵守相关法律法规，受到中国证监会等监管部门的重点监管；投资金额门槛较低，投资者可以根据自己的需要选择基金投资。

私募基金则具有如下主要特征：往往以机构投资者为特定投资对象，不能进行公开宣传与发售；受到监管，以致相对公募基金较弱，信息披露的要求也较低；投资金额门槛高，投资者的人数和资格常常受到严格限制；基金投资资产相对公募基金限制约束较少，投资眼光较长，对流动性要求较低，私募基金既可以投资股权债券，又可以进行汇率和期货期权衍生品等交易；私募基金的投资风险较高，私募基金的投资者往往具有较高的风险承受能力。

（二）根据组织架构的不同，可以将共同基金分为契约型基金和公司型基金

通过制定契约，在基金投资者、基金管理人和基金托管人之间建立关系，基金资产由基金投资者所有，基金管理人进行投资管理，基金托管人托管的基金组织方式称为契约型基金；以类似公司建立的方式，设立基金投资人股东大会，下设董事会，由基金管理人管理基金资产的基金组织架构称为公司型基金。公司型基金的决策核心是基金董事会。

由于制度环境、市场环境和法律环境的不同，目前中国的基金全部是契约型基金，而美国的绝大多数基金则是公司型基金。组织形式的不同赋予了基金不同的法律地位，基金投资者受到法律保护的程度和方式也有所不同。

本书研究的是中国公募契约型基金治理结构的完善，尤其侧重研究其中的基金管理公司治理。

（三）根据申购赎回方式的不同，可以将共同基金分为封闭式基金和开放式基金

开放式基金的基金份额不固定，投资者可以通过申购赎回的方式改变基金份额。基金投资者按照单位资产净值申购赎回份额，其中在投资者申购或赎回份额时不收取额外费用的基金被称为无负担基金，否则被称为负担基金。

封闭式基金的基金份额固定，基金份额无法通过申购赎回，但是基金份额可以在证券交易所进行交易。

（四）依据投资组合资产的不同，可以将共同基金分为货币市场基金、债券基金、股票基金和混合基金等

货币市场基金主要投资于货币市场工具，货币市场基金可按投资货币市场证券的种类和平均到期期限进行划分，主要投资提供稳定利息收入的低风险债券或短期债务型证券。

债券基金投资于固定收益型证券，通常组合管理则按照债券期限、信用评级、发行者和债券种类来划分债券基金。典型的例子包括政府债券基金、避税型债券基金、高收益债券基金和全球债券基金。

股票基金以股票为投资对象，股票基金在各类基金中历史最为悠久，也是各国各地区广泛进行投资管理的基金类型。股票型投资基金分为消极管理的指数型基金和积极管理的股票型基金。

混合基金投资于包括货币市场工具、债券和股票在内的组合资产，通过资产配置的方式实现风险与收益的平衡。根据中国证监会对基金类别的分类标准，投资于股票、债券和货币市场工具，但股票投资和债券投资的比例不符合股票基金和债券基金规定的则称为混合基金。

（五）根据投资目的的不同，可以将共同基金分为成长型基金、收入型基金和平衡型基金

成长型基金将资本增值作为投资的基本目标，投资眼光相对长远，较少考虑当前收入，充分利用财务分析和行业分析等手段，以具有较强发展潜力的公司股票作为投资对象。

收入型基金注重收益的经常性与稳定性，往往关注股息和债券利息，在追求稳定收入流的基础上寻求资本增值，主要的投资对象为大公司股票、高评级的公司债和政府债券等。

平衡型基金试图在资本的增值性与收入流的稳定性中寻求平衡，希望在获得稳定收入的同时实现资本增值。

实证数据表明，成长型基金期望收益较高，但收益的波动性也较大；收入型基金收入稳定，收益波动率小，但同时资本增值的程度也较低；平衡型基金的收

益与风险则介于成长型基金与收入型基金之间。

（六）根据基金的资金来源不同，可以将共同基金分为在岸基金和离岸基金

在岸基金是指在本国募集资金并投资于本国证券市场的证券投资基金。由于在岸基金的投资者、基金组织、基金管理人、基金托管人及其他当事人和基金的投资市场均在本国境内，所以基金的监管部门比较容易运用本国法律法规及相关技术手段对证券投资基金的投资运作行为进行监管。

离岸基金是指一国的证券投资基金组织在他国发售证券投资基金份额，并将募集的资金投资于本国或第三国证券市场的证券投资基金。

（七）其他类型共同基金

系列基金。系列基金又称为伞形基金，是指多个基金共用一个基金合同，子基金独立运作，子基金之间可以进行相互转换的一种基金结构形式。

基金中的基金。基金中的基金是指以其他证券投资基金为投资对象的基金，其投资组合由其他基金组成。中国目前尚无此类基金存在。

保本基金。保本基金是指通过采用投资组合保险技术，保证投资者在投资到期时至少能够获得投资本金或一定回报的证券投资基金。保本基金的投资目标是在锁定下跌风险的同时力争有机会获得潜在的高回报。目前，中国已有多只保本基金。

交易型开放式指数基金（exchange traded funds，ETF）与封闭型基金的申购和销售模式相类似，但在基金本质上具有很大不同。与封闭型基金通常采用积极管理模式不同，ETF 通常采用跟踪指数被动投资的方式运营管理。由于 ETF 往往制定特殊赎回条款，其市场价格与其资产净值十分接近。ETF 的交易方式相对灵活，投资者可以通过卖空和保证金购买等方式对 ETF 进行操作。由于 ETF 不能赎回，只能通过市场交易方式进行操作，投资者对 ETF 的买卖不会对组合资产产生影响。

第二节　中国基金业发展简况

一、中国基金业发展历程简介

中国基金业萌芽于 20 世纪 90 年代初，淄博乡镇企业投资基金作为中国境内第一家比较规范的投资基金，于 1992 年 12 月经中国人民银行批准正式成立，并于 1993 年 8 月在上海证券交易所挂牌上市，标志着中国基金业起步并快速发展。

但好景不长，由于经济的逐渐降温，基金业逐渐暴露出严重的运营管理问题，多数基金资产状况恶化，中国基金业陷入停滞状态。

经国务院批准，中国证监会于 1997 年 11 月颁布了《证券投资基金管理暂行办法》，作为中国颁布的首部规范证券基金投资运营的行政法规，其标志着中国基金业进入治理整顿阶段。1998 年 3 月，新成立的国泰基金管理公司和南方基金管理公司在中国证监会的批准下分别设立了规模均高达 20 亿元的封闭式基金——基金金泰和基金开元，拉开了中国证券投资基金管理试点的序幕。

2000 年 10 月中国证监会发布《开放式证券投资基金试点方法》，开启了中国基金业发展的新篇章。2001 年 9 月，A 股市场第一只开放式基金——华安创新基金诞生，打破了此前市场上均为封闭式基金的格局。2002 年 8 月，中国封闭式基金的数量增加到 54 只，其后由于封闭式基金一直处于高折价交易状态，封闭式基金的发展因此陷入停滞状态。与此相反，开放式基金的推出为中国基金业的产品创新开辟了新的天地，中国的基金品种日益丰富。这一阶段具有代表性的基金创新品种包括：2002 年 8 月推出的第一只以债券投资为主的债券基金——南方宝元债券基金，2003 年 3 月推出的中国第一只系列基金——招商安泰系列基金，2003 年 5 月推出的中国第一只具有保本特色的基金——南方避险增值基金，2003 年 12 月推出的中国第一只货币型基金——华安现金富利基金等。基金产品结构发生重大变化，各类创新性组合管理方法在中国基金业逐渐出现，开放式基金逐渐取代封闭式基金成为中国基金市场的发展方向。

2004 年 6 月 1 日开始实施的《中华人民共和国证券投资基金法》，为中国基金业的发展奠定了重要的法律基础，标志着中国基金业的发展进入一个新的发展阶段。

为配合《中华人民共和国证券投资基金法》的实施，中国证监会相继出台了包括《证券投资基金管理公司管理办法》、《证券投资基金运作管理办法》、《证券投资基金销售管理办法》、《证券投资基金信息披露管理办法》、《证券投资基金托管业务管理办法》和《证券投资基金行业高级管理人员任职管理办法》等法规，使中国基金业监管的法律体系日趋完备。

自《中华人民共和国证券投资基金法》实施以来，中国基金市场产品创新活动日趋活跃，具有代表性的基金创新产品包括：2004 年 10 月成立的国内第一只上市开放式基金（listed open-ended found，LOF）——南方积极配置基金，2004 年年底推出的国内首只 ETF——华夏上证 50ETF，2006 年 5 月推出的国内首只生命周期基金——汇丰晋信 2016 基金，2007 年 7 月推出的国内首只结构化基金——国投瑞银瑞福基金，2007 年 9 月推出的首只 QDII 基金——南方全球精选基金 QDII 基金，2008 年 4 月推出的国内首只社会责任基金——兴业社会责任基金等。层出不穷的基金产品创新极大地推动了中国基金业的发展。

　　2012 年 6 月中国基金业正式进入"千基时代"，根据中国证券投资基金业协会公布的数据，截至 2012 年年底，中国共有公募基金产品为 1 173 只，其中封闭式基金为 68 只，开放式基金为 1 105 只。开放式基金中股票型为 534 只，混合型为 218 只，债券型为 225 只，货币市场基金为 61 只，QDII 基金为 67 只。基金管理公司共计 77 家，管理资产总计 3.61 万亿元，基金业注重价值投资、长期投资的理念也逐渐被市场所认可，但基金业自身存在的严重治理问题也逐渐浮现出来。

　　图 2-1 中横轴表示的时间是从 1990 年到 2012 年 10 月。左侧纵轴是基金总数，以虚线表示，单位是只，从 1991 年的 1 只发展到 2012 年 10 月的 1 110 只。右侧纵轴是基金资产净值，以实线表示，单位是亿元，从 1998 年的约 104 亿元发展到 2012 年 10 月的约 24 717 亿元。可以看出，无论是从基金数目还是从资产规模来看，二十多年来中国基金业取得了迅猛发展。但相比美国和世界其他国家基金业发展规模和所占证券市场比重来看，中国基金业还有很大的发展潜力。

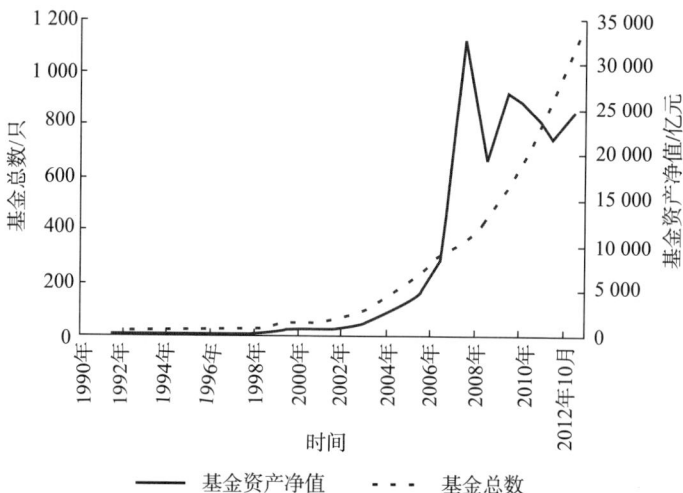

图 2-1　中国基金总数与资产净值发展状况图

二、中国普通股票型基金发展现状

　　本书主要依据投资对象的不同划分方法，采用 Wind 数据库按基金投资范畴分类方法，可以将基金分为股票基金、混合基金、债券基金、货币市场基金和其他基金等。具体基金细分类别及其数量、资产净值所占比例如表 2-1 所示（截至 2012 年 12 月 3 日）。

表 2-1　中国基金市场概况（按投资范畴划分）

基金类型		数量合计/只	占比/%	资产净值合计/亿元	占比/%
股票型基金	普通股票型基金	338	29.01	6 803.886	26.82
	被动指数型基金	168	14.42	2 820.708	11.12
	增强指数型基金	25	2.15	447.872 8	1.77
混合型基金	偏股混合型基金	145	12.45	3 895.474	15.35
	平衡混合型基金	25	2.15	961.261 9	3.79
	偏债混合型基金	19	1.63	276.837 1	1.09
债券型基金	中长期纯债型基金	42	3.61	779.782 9	3.07
	短期纯债型基金	5	0.43	55.494 95	0.22
	混合债券型一级基金	77	6.61	889.043 4	3.50
	混合债券型二级基金	86	7.38	822.897 9	3.24
货币市场型基金		88	7.55	5 204.738	20.51
其他基金	保本型基金	35	3.00	646.936 7	2.55
	封闭式基金	107	9.18	1 746.529	6.88
	QDII 基金	67	5.75	684.213 9	2.70
合计		1 227	100.00	25 373.21	100.00

从表 2-1 可以看出，按基金投资范畴划分，当前中国普通股票型基金共有 531 只，占基金总数的 43.28%；基金净值合计 10 072.47 亿元，占比为 39.70%。其中，普通股票型基金共 338 只，占基金总数的 27.55%，基金资产净值合计为 6 803.886 亿元，占比 26.82%。从基金数目和资产净值来看，普通股票型基金是当前中国最重要的基金品种，也是本书的主要研究对象。

第三节　加强基金投资策略研究的重要性

共同基金运作的本质是证券投资组合的管理，因此组合的管理策略是决定基金风险收益的基本要素之一。不同的基金管理者基于对市场有效性的判断，利用独特的数量分析方法、宏观分析方法和估值方法，试图获得超过其他基金管理者，实现超额收益。加强基金投资策略的研究，对组合管理研究者、基金管理者、基金持有者、基金托管人和相关监管部门具有重要的理论意义和现实意义。

对组合管理研究者而言，基金投资策略的研究有利于丰富组合管理理论，实现投资组合管理理论的创新。基金投资策略中充分考虑不同投资者的投资目标，构建多目标的投资组合有效边界，为组合资产定价提供了新的思路。通过基金投资策略的实现方法的研究，实现大规模的投资组合的构建，构建更接近真正市场组合的资产组合，有利于对市场有效性的进一步探索。

对基金管理者而言，基金投资策略的研究丰富了资产管理的手段，为基金管理者提供了更多的市场分析工具和组合构建方法。同时，基金投资策略的丰富也为基金的业绩评估提供了更广阔的空间，基金经理可以参照新的投资方法与其已构建的组合进行业绩对比，及时发现已有组合存在的劣势，提升自己的择时能力、选股能力与业绩分析能力。

对基金持有者而言，复制投资策略的方法为其检验基金募股说明书的投资风格提供了一种有效的手段。一方面，基金投资策略研究的丰富会增加基金市场的竞争性，基金管理者拥有更多的渠道构建组合进行投资，基金持有者也会拥有更多的投资选择，一定程度上有利于基金份额的合理定价和基金费用的合理化，从而提升持有者收益。另一方面，基金投资策略的研究为持有者提供了一种检验基金管理者履职的有效的外部治理手段，对降低信息不对称，减少代理成本具有实践意义。

对于基金托管人和市场监管机构而言，其对基金投资组合策略的更深刻理解是更好地保护基金持有人利益的基础。只有对投资策略有深刻的理解，基金托管人和市场监管机构才能准确了解基金管理人所进行的投资活动。本书提供的复制投资组合，检验基金投资风格的方法可以作为对基金治理水平的评价指标，为托管人和监管机构参与基金治理环节提供一种可行的渠道，有利于完善基金治理结构，提高基金治理水平。

对于新常态下完善基金治理结构而言，投资策略的研究为基金治理提供了一种全新的视角。近年来基金"老鼠仓"和"内幕交易"等损害投资者利益的事件频发，暴露出证券投资基金本身严重的治理问题。党的十八大以来，治理作为关键词逐渐深化到改革与发展当中，建立合理有效的治理评价体系成为引导资源配置的重要途径。打破现有的以基金管理公司治理代替基金治理的局限观点，对投资策略的分析是针对基金而进行的治理创新。由于基金业具有较长的代理链条，即基金持有人与基金管理公司之间的代理关系和基金管理公司与基金经理之间的代理关系，基金持有人、基金管理公司和基金经理之间各自存在不同的利益诉求。较长的代理环节带来了更多的潜在代理成本，如果不能降低基金持有者与其利益代理人之间的信息不对称水平，基金持有人自然有更大的可能遭受损失。募股说明书和基金合同是基金最重要的代理文件，基金合同中更多的是涉及大同小异的条款性内容，本身不足以实现信息不对称水平的降低。而基金募股说明书陈述了基金的投资策略，一方面由于每只基金的投资策略都具有其独特的特点，对策略的评估可以看出基金管理者管理资产的水平；另一方面，基金投资策略可以看做对投资者的一种承诺，基金管理者按照基金投资策略对资产进行管理是一种诚信机制。我们希望通过对基金投资策略的研究完善新常态下的基金治理结构，为更好地保护投资者利益而努力。

第三章 投资组合管理理论及突破

第一节 证券组合管理理论

一、证券组合的含义和组合资产类型

"组合"在投资学中的定义通常被表述为机构投资者或个人投资者所持有的各种金融与实物资产的综合。证券组合是指机构投资者或个人投资者所持有的以债券、股票及存款单为代表的各类有价证券的总称。投资组合管理决策可以分为以下几个步骤：风险资产与无风险资产之间的资本配置；风险资产与无风险资产内部具体资产的配置，如股票、债券等资产配置；各类具体资产内部的证券选择。投资者效用最大化被视为投资组合管理的主要目标。

主要的证券种类都可以作为证券组合资产。按不同的投资目标，组合资产可以被划分为避税型、收入型、增长型、收入和增长混合型、货币市场型、国际型及指数化型等。

二、证券组合理论发展简述

从20世纪50年代以前的"投资组合"不成完整的体系开始，到以Markowitz为主的50年代及其后的现代组合理论（modern portfolio theory，MPT），再到近年来新涌现出来的行为组合投资理论（behavior portfolio theory，BPT），证券组合管理理论已经经历了近80年的发展过程。

20世纪50年代以前对投资组合管理理论的研究可以看做该领域的探索性研究，虽然已经提出了投资组合管理的理念，但是没有形成完整的体系，往往停留于纯文字论述或表达上，缺乏计量统计的模型来进一步精确地论证，该时期的主要研究包括Williams（1938）提出的"分散折价模型"（dividend discount model）与Leavens（1945）对分散化投资优势的论证。

证券组合管理理论最早由美国著名经济学家Markowitz和Roy于1952年分别

从不同的角度系统提出的，他们的主要研究贡献是推导出均值-方差有效边界，这成为投资学乃至金融学的奠基性研究。但经典资产组合选择模型用预期收益率的方差来度量风险，且需要大量的计算与参数估计，同时基于一系列前提假设，主要包括无税收与交易成本、信息自由流动与信息对称、市场流动性充足和标准投资者假设，导致该理论与投资组合现实中的管理存在较大差距，且大规模的投资组合和多目标投资组合的有效边界构建难以实现。

故在之后的六十余年中，经济学家对现代投资组合理论的扩展主要由两个方向展开，一个方向是放松理论的假设约束和改进风险的度量参数，其内容十分丰富，主要包括方差修正的投资组合理论、考虑市场摩擦的投资组合选择理论、考虑流动性的投资组合选择理论、贝叶斯投资组合理论和奈特不确定性下的投资组合选择理论，详细的梳理本书在此不再进行，读者可以参见 Campbell 和 Viceira（2002）、Brandt（2009）、Roman 和 Mitra（2009）、朱书尚等（2004）、陈浩武（2007）、郑振龙和陈志英（2012）等学者所进行的文献综述。另一个重要方向是利用现代计算机科学和数学的进步，实现大规模投资组合的有效边界和多目标投资组合的有效界面的构建，将遗传算法和最优化过程等数量化方法引入投资组合管理，推动投资组合理论的发展。这一方向是本书笔者的主要研究方向，在后文中将会有详细的介绍。至今，作为金融学的主流研究方向之一，经济学家仍在探索更为有效的数量化方法，不断完善现代投资组合理论，指导组合资产管理的实践。

近年来兴起并发展迅速的行为组合投资理论是对现代投资组合理论的创新性挑战。行为金融学的研究指出以均值-方差模型为核心的"现代投资组合理论"至少存在三方面的问题：①理性人假设的局限性，而已有实证经验研究表明投资者并不总是理性的。②投资者对待风险的态度假设的局限性，均值方差模型假定投资者是风险厌恶型的，并且其风险态度是不变的，这就无法解释"Friedman-Savage困惑"，即买保险的人也常常购买彩票。③风险度量的局限性。以方差或标准差度量风险，以相同的权重处理正负的离差，这与投资者真正的对待风险的感受是不一致的。行为组合投资研究虽然提出了很多创新性的想法，但其研究仍处于理论分析阶段，实证分析还有待进一步的发展。

综上所述，目前投资组合理论已经发展到相当高的水平，但与现实投资组合管理之间仍存在较大差距。行为投资组合理论对投资组合管理提出有益的建议，但其发展仍缺乏经验证据的支持，基于 Markowitz 均值-方差模型的经典现代投资组合理论作为投资组合理论研究的主流，其发展不断推动着投资管理实务领域的发展。

三、投资者的风险与回报的关系——基于现代投资组合理论的介绍

所有的组合管理者在构建投资组合时，都要对组合的风险和收益进行权衡取舍。资本市场的长期历史数据告诉我们：承担风险获得收益——潜在收益越高，承担的风险也就越大。实际上，现代投资组合理论所强调的权衡是在风险与期望收益之间进行权衡，而不是在实际收益与风险之间进行权衡，这样的权衡是基于历史期望收益能够反映未来的假设进行的。随机变量的期望值被统计学家定义为其均值，因此期望收益也就是指以发生的可能性为权重的潜在收益的加权平均值。其计算公式为

$$E(r) = \sum_s \Pr(s) r(s) \tag{3-1}$$

其中，$s=1$，2，$\cdots$，n，表示可能的情景或者结果；$r(s)$表示在s情境的收益率；$\Pr(s)$表示情景s发生的概率。

在了解期望收益的情况下，投资者如何量化进行某项投资的风险？答案是投资者采用收益对期望收益偏离的程度来度量风险。一种常用且便捷的量化风险方式是收益序列的标准差，即波动率σ，单个证券的标准差被定义为

$$\sigma = \sqrt{E(r^2) - \mu^2} \tag{3-2}$$

其中，$E(r^2)$为收益率序列的二阶矩；μ为期望收益率。

我们通过一个简单的例子来说明期望收益与收益标准差的计算，假如一个投资者拥有 10 000 美元，可投资一年，可供选择的证券投资包括短期债券、股票、期货和期权等。我们假设该投资者将资金投资于 A 证券，假设未来 A 证券市场存在非常繁荣、繁荣、正常、萧条和严重萧条五种情形，其发生的概率分别为 0.05、0.25、0.4、0.25 和 0.05，在每种情形中收益率分别为 60%、30%、10%、–20%和–40%，如表 3-1 所示。

表 3-1   证券 A 投资收益情景分析

情景	严重萧条	萧条	正常	繁荣	非常繁荣
概率	0.05	0.25	0.4	0.25	0.05
收益率/%	–40	–20	10	30	60

由式（3-1）和式（3-2）我们可以得到投资该证券的一年期期望收益为 7.5%，证券的标准差为 0.238 5。投资者可以将其资金投资于无风险的短期国债，假设其收益为 3%。投资于情景分析中的 A 证券可以将期望收益提升到 7.5%，但同时投资者也承担了风险，即投资者未来的收益具有不确定性。在最坏的情况下，投资者可能损失 40%的资金，即 4 000 美元，而投资于无风险短期国债则不会面临这种风险。

Markowitz 所开创的投资组合理论就是基于风险与收益的权衡最直观的反映，即投资组合有效边界所在的坐标系横纵为收益标准差，纵轴为证券期望收益，表示风险与期望收益的权衡。之后 Sharpe 等金融学家以 Markowitz 的理论为基础，进一步发展出资本资产定价模型（capital asset pricing model，CAPM），直观地表达了预期收益与系统性风险之间存在的关系。在 1976 年，Ross 开创了套利定价理论（arbitrage pricing theory，APT），在多种系统风险来源的情况下考虑风险与期望收益之间的关系。了解经典的投资组合理论对投资经理决策、组合投资者投资及组合研究者都有非常深远的意义。因此在本节中，我们简单地梳理经典投资组合理论的核心内容。

（一）投资机会——两个风险资产组成的投资组合

我们将证券的期望收益和收益序列的标准差作为证券特征的描述，由此可以得到投资者的投资机会，如图 3-1 所示，横轴为收益标准差，纵轴为证券期望收益。

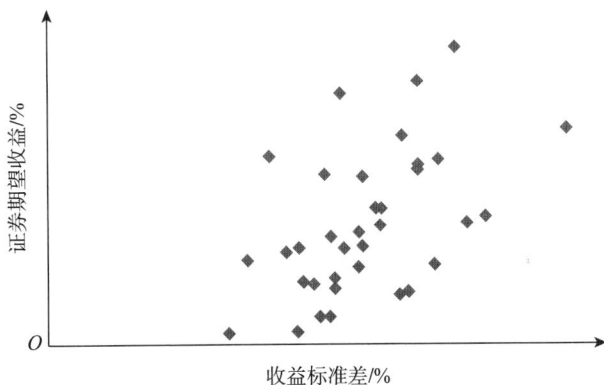

图 3-1 单只证券的投资机会

在得出表示单只证券特点的期望收益率与标准差之后，投资者自然会开始考虑将多只证券构成投资组合的结果。首先考虑存在两个风险资产的情况，如一只股票与一只债券，其收益率分别为 R_s 和 R_d。投资者将权重为 ω_1 的资金投入股票，而将权重为 $\omega_2 = 1 - \omega_1$ 的资金投资债券，则组合的收益为 $\omega_1 R_s + \omega_2 R_d$。

假设股票与债券的期望收益为 μ_1 和 μ_2，则投资组合的期望收益为

$$\mu_p = \omega_1\mu_1 + \omega_2\mu_2 \tag{3-3}$$

组合的收益率可以看做单只证券收益率的简单加权平均，但组合的标准差并不能简单加权计算。假设股票与债券的标准差分别为 σ_1 与 σ_2，两者的相关系数为 ρ，则投资组合的标准差为

$$\sigma_p = \sqrt{\omega_1^2\sigma_1^2 + \omega_2^2\sigma_2^2 + 2\omega_1\omega_2\sigma_1\sigma_2\rho} \tag{3-4}$$

从组合标准差计算的公式中我们可以直观地看到组合投资的一个重要优势，

即风险的分散。组合的标准差是否不是证券标准差的简单加权，因为证券的风险之间存在关系，相关系数直接影响了风险分散的结果。当 $\rho = -1$ 时，组合风险能够被有效地分散，适当安排投资的权重后，组合的标准差可以为 0，达到无风险投资的结果；当 $\rho = 1$ 时，组合风险等于证券标准差的简单加权，无法达到分散风险的结果；当 $\rho \in (-1,1)$ 时，风险得到一定程度的分散，可以看出 ρ 越小，达到风险分散的效果越好。

下面我们简单地给定股票与债券的期望收益分别为 18% 与 10%，标准差分别为 24% 和 16%，两者的相关系数为 0.3，构造两只证券情况下的风险投资组合。当单只证券的期望收益与标准差，以及证券之间的相关系数给定时，组合期望收益和标准差即为权重的函数，权重的变化决定组合的期望收益与标准差。表 3-2 和图 3-2 展示了不同权重下组合的期望收益与标准差。

表 3-2   投资组合期望收益与标准差

ω_1	ω_2	$\mu_p/\%$	$\sigma_p/\%$
0.0	1.0	10.00	16.00
0.2	0.8	11.60	14.96
0.4	0.6	13.20	15.48
0.6	0.4	14.80	17.42
0.8	0.2	16.40	20.39
1.0	0.0	18.00	24.00

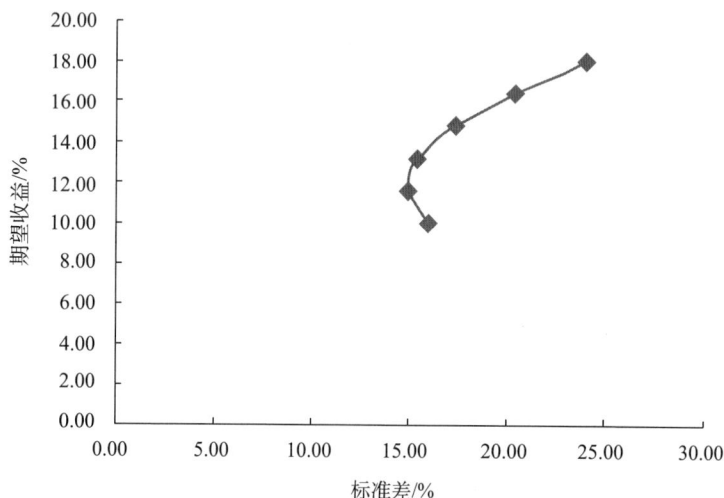

图 3-2   投资组合期望收益与标准差

大多数投资者都是风险厌恶的，希望在提高期望收益的同时减少投资组合的标准差。这就意味着在面临图 3-2 的投资机会时，大多数投资者会选择最小方差点以上的组合点作为其投资组合有效边界，而具体选择哪一点作为其投资组合取决于投资者具体的风险偏好。通过两只证券构造投资组合，我们可以看出组合投资可以使投资者拥有更多的投资选择，选取与其风险偏好相对应的投资方式。

（二）有效边界——风险资产与无风险资产组成的投资组合

以多个资产构造投资组合的原理与以两个资产构造投资组合的原理一致，首先我们考虑三个风险资产构造投资组合的有效边界。假设投资者除了可以选择股票和债券进行投资以外，还可以将资金投资于石油。石油的价格波动带来投资者的收益与风险，假设将资金投资于石油的收益率、标准差、石油与债券的相关系数及石油与股票的相关系数是给定的，即 μ_3、σ_3、ρ_2 和 ρ_3 为常数，则投资组合的期望收益 μ_p 和标准差 σ_p 可以表示为投资权重 ω_1、ω_2 和 ω_3 的函数，图 3-3 直观地表现了投资组合期望收益和标准差与投资权重之间的关系。

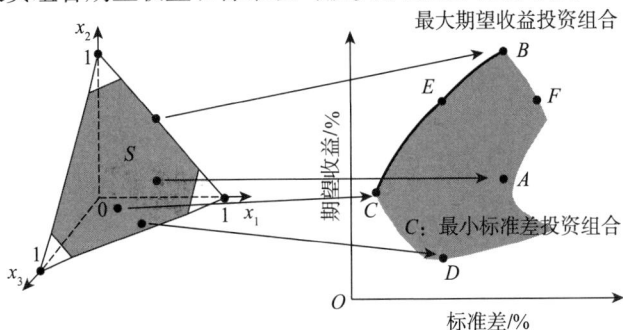

图 3-3　多只证券组成的投资组合

我们可以从图 3-3 中看出，考虑多只证券时，投资者面临的选择不再是一条曲线，而是一个区域。在这个区域中，投资组合的有效边界被定义为投资组合左上方的曲线。在整个投资可行域中，给定一个期望收益值，有效边界上的点具有最小的标准差，即最小的风险；给定一个组合标准差，有效边界上的点具有最大的期望收益。有效边界是我们可以朝左上方移动的极限，对于大多数风险厌恶的投资者来说，没有任何一项投资可以优于有效边界上的点，即同时具有更大的期望收益和更小的标准差。现有的研究已经发现，投资者可选的证券逐渐增加时，投资组合的有效边界也逐渐向左上方移动，这与投资组合多元化风险分散的内涵是一致的。这就表明组合投资存在一种理想状态，即可以构建市场组合进行投资，在市场组合中风险得到最大化的分散，投资者可以依据自身风险偏好选择具体的投资权重。但是在 1952 年投资组合理论提出时，由于计算机技术与数学计算的限制，大规模的投资组合管理是难以实现的，而随着计算机技术的发展和数学的进步，目前已经可以实现 3 000 个甚至更多的资产快速构建投资组合的管理，这方面的内容我们将在投资组合理论的现代创新部分进行介绍。

值得指出的是，投资组合有效边界的构建要充分考虑组合权重的约束条件。最基本的权重约束条件是投资组合权重之和为 1，这表明构造出的投资组合是投资者面临的全部投资机会的有效边界，而不是投资者组合的一部分，在之后加入无风险资产进行组合有效边界的计算时，我们可以看出当风险投资组合不是投资者的所有资产时，投资组合有效边界会有何变化。而一些法律法规也会构成投资组合构建的基本约束条件。例如，在我国，由于对卖空存在法律上的限制，投资组合资产权重不能为负，以及对基金持有单只证券不能超过基金净值的 10%也对组合权重进行了限制。这些限制会缩小组合资产的变动范围，自然也会缩小投资组合的可行域，对投资组合有效边界带来直接的影响。还有一个影响投资组合有效边界的直接因素是投资者的投资目标，现代投资组合理论下的投资者都被假设为理性人，表现为关注收益与厌恶风险，这也是推导投资组合有效边界的基本假设条件。但事实证明投资者并非都是理性的，或者说理性的投资者也可能存在其他的投资目标与需求。投资者的具体需求可能会直接影响到组合权重的约束条件，如年迈的投资者可能更加需要稳定的现金流，因此在构建投资组合时可能会要求组合资产具有稳定的股息率；对某一行业具有偏好的投资者可能在构建投资组合时以行业为标准增加限制行业投资权重的约束条件。具体的投资者目标介绍和相应的多目标投资组合管理我们将在现代投资组合理论创新部分介绍。

在以上的内容中，我们考虑的都是对风险资产进行选择时构造的投资组合。现在我们考虑加入无风险资产。假设无风险资产的收益率为 R_F，过 $F(0, R_f)$ 点做风险投资组合的有效边界的切线得点 M，假设投资者可以以相同的利率借入或贷出资金时，投资组合的有效边界变为直线 FM，如图 3-4 所示，且直线 FM 是过无风险投资点 F 与风险投资组合有效边界上任意一点最高的直线。

投资者所面临的投资组合有效边界为射线 FM，投资者可以通过在风险资产与无风险资产之间分配投资权重构造投资组合。若投资者想获得投资组合 I 所在位置的风险和收益，则可将权重为 β_I 的资金投入风险资产组合 M，而将权重为 $1-\beta_I$ 的资金投入无风险资产当中。则投资组合 I 的期望收益为

$$E(R_I) = (1-\beta_I)R_F + \beta_I E(R_M)$$

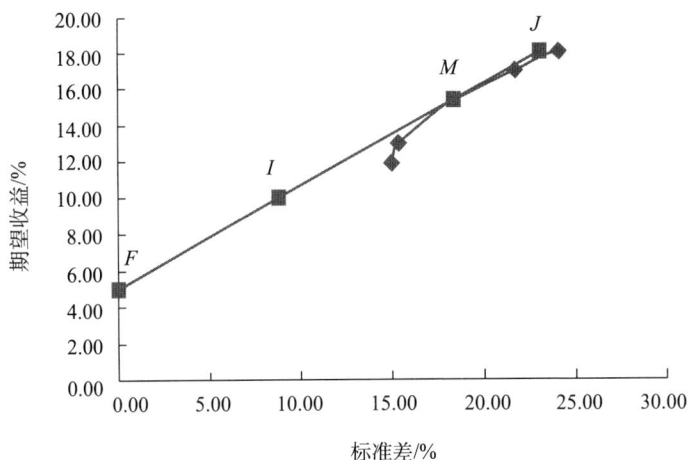

图 3-4　考虑无风险资产时的投资组合有效边界

而投资组合 I 的风险由投资于风险资产的资金权重 β_I 决定，则投资组合 I 的标准差为 $\beta_I\sigma_M$，其中，σ_M 为风险投资组合 M 的标准差。

考虑可以用无风险资产利率借入资金投资于风险投资组合 M 时，我们就可以同理构造投资组合 J，可将权重为 β_J 的资金投入风险资产组合 M，而将权重为 $1-\beta_J$ 的资金投入无风险资产当中。则投资组合 J 的期望收益为

$$E(R_J) = (1-\beta_J)\ R_F + \beta_J E(R_M)$$

而投资组合 I 的风险由投资于风险资产的资金权重 β_I 决定，则投资组合 J 标准差为 $\beta_J\sigma_M$，其中，σ_M 为风险投资组合 M 的标准差。

直线 FM 上的所有投资组合都可以由投资于风险投资组合 M 和投资于无风险资产 F 的资金分配所实现，且线段上所有投资组合的风险调整收益均要高于其他组合，因此直线 FM 为投资组合新的有效边界。前文的讨论说明，在投资组合中加入无风险资产之后，有效边界必定是一条直线。如图 3-4 所示，预期收益率与组合标准差之间存在线性关系。所有的风险厌恶投资者都会选择 M 作为其风险投资组合，并以无风险利率借入及贷出资金反映自身风险偏好，而投资组合 M 也常被称为市场投资组合。

（三）系统性风险与非系统性风险——资本资产定价模型

在 Markowitz 经典投资组合理论的基础上，Sharpe 等金融学家提出了单因素模型，直观地表达了预期收益与系统性风险之间存在的关系，减少了投资组合构建所需的参数估计量，对投资组合管理具有重要意义。并进一步讨论投资者同质预期与市场均衡情况下的收益与风险关系，发展出资本资产定价模型，成为投资组合管理理论发展的又一重要里程碑。

投资者对单项资产的期望收益率取决于什么因素？单因素模型首先假设了投

资者的同质预期，即图 3-4 中的有效边界对每一个个人投资者都是相同的，这就说明所有的投资者都会选择 M 点作为其风险投资组合，再根据其风险偏好进行无风险资产与风险资产的资产配置。如果所有的投资者都选择了 M 点作为其风险投资组合，那我们就可以将 M 作为市场投资组合，即由所有证券构成的有效风险投资组合。单只证券的期望收益率可以由其对市场投资组合风险的贡献程度进行表达。单因素模型用历史数据表达了单只证券收益率与市场组合收益率之间的关系，具体的表达式为

$$R = \alpha + \beta R_M + \epsilon$$

其中，R 为单只证券的投资回报率；R_M 为市场组合的投资回报率；α 和 β 均为常数；而 ϵ 则为一个随机误差项。

单因素模型通过构造单只证券收益率与市场组合收益率的线性关系，将投资回报的风险来源分为如下两个方面。

（1）一部分为系统性风险，也称不可分散风险或整体风险，来源于 βR_M，由市场投资组合的风险与系数 β 决定。

（2）一部分为非系统性风险，也称可分散风险或个体风险，来源于 ϵ，由随机误差项所决定。

在假设不同证券投资收益率的随机误差项彼此之间相互独立时，一个投资于多只证券足够大的投资组合就可以有效地分散证券的非系统性风险。因此承担非系统性风险不能给投资者带来无风险利率之上的超额回报。而投资者真正关心的因素应该是证券收益率的系统性风险，充分分散的投资组合也无法消除证券的系统性风险，投资者对系统性风险要求一定的期望收益作为承担风险的补偿，即系统性风险带来超额回报。

资本资产定价模型极为直观地展现了投资者如何在证券的期望收益与其系统性风险中做出权衡，资本资产定价模型的具体表达式如下：

$$E(R) = R_F + \beta \left[E(R_M) - R_F \right]$$

当 $\beta=0$ 时，不存在系统性风险，而证券的期望收益等于无风险收益率 R_F；当 $\beta=1$ 时，系统性风险就与市场投资组合的风险相同，证券的期望收益率等于市场期望收益率 $E(R_M)$。β 可以看做单只证券风险对市场风险的反应程度，而证券的期望收益率取决于 β，假设市场组合的收益率为 10%，无风险资产的收益率为 5%，我们可以用图 3-5 直观地表达出证券的期望收益率与系统性风险之间的关系。

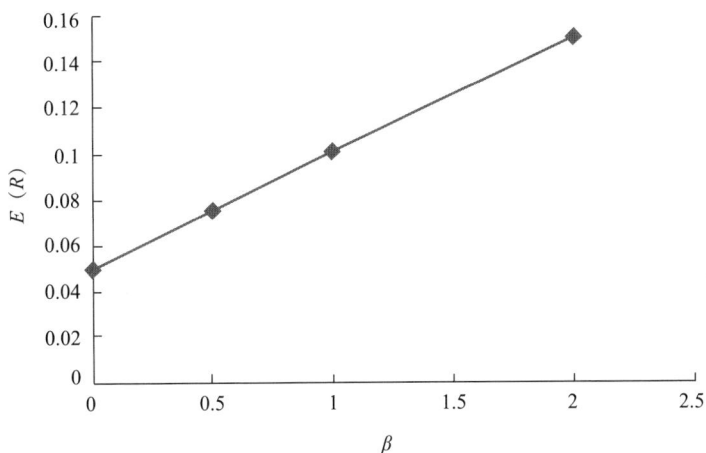

图 3-5　资本资产定价模型

　　资本资产定价模型建立在同质预期、随机误差独立、无风险利率借贷和无税收等一系列严格的假设之上，与市场交易的实际情况存在显著的差异。但是实证数据显示该模型具有较好的预测效果，并且对证券的β进行估计已经十分容易，因此资本资产定价模型已经成为投资组合理论分析和实践操作的一个重要工具。

　　（四）套利定价理论

　　套利定价理论利用有效市场均衡状况下的无套利机会假设为投资分析提供了更为一般化的分析方法。相对于资本资产定价模型，套利定价理论将投资者关心的因素从风险与收益扩展到更多更具体的因素，如通货膨胀率、某一行业指数和石油价格等。同时，套利定价理论将风险的来源进一步细化，将非系统性风险定义为与所有列示因素均无关并且能够被分散化的风险。

　　套利定价理论的提出更具体地解释了风险与收益之间的关系，为投资组合的理论分析提供了有力的工具。但是在实际操作中，由于影响投资收益的因素非常多，不可能被完全完整地列示在回归等式当中，因此多因素模型对期望收益的预测能力也具有一定的局限性。本书在此不再对套利定价理论进行详细的推导。

四、证券组合管理的意义和特点

　　证券投资组合的管理最初是基于投资者期望效用最大化的目标进行的。经典的 Markowitz 投资组合理论用期望收益最大化和组合方差最小化来表示投资者效用的最大化。

　　投资组合管理的直接意义在于非系统风险的分散化，通过分析单只证券的风险收益与证券收益之间的相关性，选择多只证券作为组合投资对象，在保证期望收益的前提下使投资风险最小化或将风险控制在一定范围的基础上实现投资收益的最大化，降低投资过程的随机性。

证券组合管理特点主要表现在以下两个方面。

（1）投资的分散性。已有研究表明，证券组合的总体风险会随着组合所包含的证券数量的增加而降低，这一实证证据的理论支撑在于证券收益间的相关性。如果证券收益之间存在负相关性或小于 1 的相关性，则投资多只证券能够分散非系统性风险，使证券组合的投资风险低于投资单一证券的风险水平。因此，组合管理强调构成组合证券的多元化。但同时，投资者也应该认识到，由于证券交易存在费用，证券数量的增加可能是以交易费用增加为代价的，在构建投资组合时，投资组合的证券投资数量需要同时考虑降低风险对投资者的边际收益与交易费用所带来的边际风险。

（2）风险与收益的匹配性。证券组合理论认为，承担风险获得收益。投资者承担的风险越大，所期望获得的收益也就越高；而承担风险越小，所期望获得的收益越低，但承担风险的程度和获得期望收益的关系并不呈现线性关系。因此证券投资组合管理就是要为投资者寻找最高风险调整收益的组合构建比例，强调投资的收益目标与风险的承受能力相适应。

五、证券组合管理的方法、基本步骤和业绩评价

（一）证券组合管理的方法

如前文中所说，投资是一个自上而下的过程。传统的证券组合管理理论认为组合管理者构建风险投资组合，试图寻找投资组合有效边界。而投资者根据自身风险偏好进行资产在无风险资产和风险资产之间的资产配置。也就是说，投资经理通过不同证券种类的资产配置和具体证券的选择构建投资组合有效边界，这也是我们主要关注的部分。根据组合管理者对市场效率的不同看法，其采用的管理方法可大致分为被动管理和主动管理两种类型。

被动管理方法是指持有模拟市场组合进行投资决策的证券组合，希望获得市场组合收益的管理方法。采用被动管理方法的组合管理者将决策建立在市场有效性假设基础上，认为证券市场是信息高效率的市场，即影响证券的市场价格充分反映了影响其价格的各类信息。在市场有效的情况下，证券价格的变化由未预期到的新信息决定，任何企图采用历史数据、基本面数据和内部数据挖掘错误定价的主动管理手段都只会增加交易费用和管理费用，反而降低期望收益。因此，组合管理者模拟市场指数构建投资组合并长期持有，在分散单只证券非系统性风险的基础上以获得市场组合期望收益为目标进行组合管理。

主动管理方法是指通过技术分析、基本面分析及内部信息挖掘等手段分析市场走势或寻找被市场错误定价的证券，并在此基础上调整证券组合的构成要素以获得超越市场组合的风险调整收益。采用主动管理方法的组合管理者将组合决策建立在否定市场有效性的基础上，认为市场不是完全信息有效的，通过证券分析的手段可以发现市场趋势或市场错误定价的证券，进而相机对组合进行调整，以期获得市场超额收益。

否定市场具有弱有效性的组合管理者认为价格对信息的反映具有动量或者反转效应，证券的收益率存在一定的规律性，即"历史将会重演"，因此认可该观点的投资者将相当的时间放在技术分析过程中，热衷于寻找股价的起伏周期和预测模式。此类组合管理者关注历史价格、收益率、交易量和换手率等因素。

否定市场是半强有效假设的组合管理者认为与公司前景有关的全部公开已知信息并未在股价中完全反映出来。此类组合管理者会将时间花费在基本面分析的过程中，即利用公司的盈利状况、股利发放前景、未来利率的预期及公司的风险状况来估计当前证券的市场价格。通过买入被市场低估的证券，卖出被市场高估的证券获得收益。具体的基本面分析自上而下可以分为宏观经济分析（关注利率、经济增长速度和汇率变动等宏观经济要素）、行业分析（关注某行业的发展前景、国家政策支持和行业技术进步等行业相关要素）和具体证券分析（关注净资产收益率、速动比率、资产周转率和市盈率等公司财务指标）。证券分析师通过基本面分析试图发现被市场错误定价的证券，获得超额收益。

否定市场强有效假设的组合管理者认为非公开信息和内幕交易会对证券的收益率产生影响。因此证券分析师着力挖掘市场的非公开信息和内部信息，通过提前察觉市场动向获得收益。但是由于市场强有效假设是非常极端的，很少有人会争论这样一个命题。公司管理层可以在关键信息被公布出来之前就据此在市场进行买卖以获取利润，并且定义内幕信息也是相当困难的，私人信息和内幕信息之间的区分有时候含糊不清。

采用主动管理法的组合管理者都力图使自己构建的组合收益超过市场组合收益率，依据自身对市场有效程度的认可，选择合适的组合投资管理方法。而购买积极组合的投资者则希望积极组合的综合收益率能够超过市场组合的收益率和交易成本（表现在共同基金中主要包括交易费用、管理费用、前端费用和退出费用等一系列费率）的综合，承担一定风险获得超额收益。

（二）证券组合管理的基本步骤

组合管理的基本目标是投资者效用的最大化，在经典投资组合理论的范畴被定义为投资组合的风险调整收益能给投资者带来最大的满足。具体来说，就是使投资者在承担一定风险的基础上获得最高的期望收益或在投资者获得一定期望收益的时候承担最低的风险。当然，不同的投资者具有不同的投资目标，因此证券投资组合需要披露招募说明书，以满足不同投资者需要。实现组合管理的目标有赖于有效科学的投资组合内部控制。从具体过程来看，证券投资组合管理通常由以下几个步骤组成。

（1）确定组合管理计划。组合管理计划具体反映出投资者目标与投资政策。投资组合计划过程通常是由分析投资者风险容忍度、收益目标、投资时限、税收头寸、流动性需要、收入需要和影响投资者偏好的各类环境因素开始，在此基础上制定有利于实现投资者目标的投资计划与实现风险控制的限制性投资政策。组合管理计划通常被制定在招募说明书当中，具体反映投资组合风格。组合管理计划还需要指出用于评价组合业绩的标准，如沪深 300、上证 50 等具体指数回报率，以衡量组合管理者业绩状况。投资组合管理计划的确定是证券组合管理的第一步，在后续的投资期间，投资组合计划还应根据投资者目标和限制因素的需要及时调整，以实现投资者效用最大化。

（2）进行投资组合分析。证券投资分析是对各种类型证券风险与收益特征进行具体分析的过程，在此基础上组合管理者决定组合资产的配置和具体证券的选择。主要的证券风险收益特征包括期望收益、证券波动率（收益标准差）、收益率序列偏度、收益率序列峰度和在险价值等。证券投资分析主要分为两个步骤，即自上而下的宏观因素分析和自下而上的证券估值分析。投资组合管理者通过分析预测国内生产总值（GDP）增长率、通货膨胀率、利率和汇率等宏观经济要素来进行资产类型的配置，实现投资组合风险的分散化。在资产配置已经确定的基础上，组合管理者通过自下而上的方式选择证券。通过股权估值模型、财务报表分析和信用风险分析等手段试图挖掘被低估的证券，进行组合投资决策。

（3）构建证券投资组合。构建证券投资组合是证券组合管理的第三步，主要是利用证券投资分析的结果，即证券的期望收益、标准差和相关系数等统计特征，在程序最优化计算的基础上得出具体的证券投资比例。在构建证券投资组合时，投资者需要特别关注单只证券选择、投资时机选择和多元化等问题。单只证券选择主要是预测个别证券的价格走势及其波动情况；投资时机选择涉及预测和比较各种不同类型证券的价格走势和波动情况（如预测普通股相对于公司债券等固定收益证券的价格波动）；多元化则是指在一定的现实条件下，组建一个在一定收益条件下风险最小的投资组合。Markowitz 的均值-方差模型从以给定收益下的最小方差定义有效边界，简单的方法是通过计算最小方差点与最大收益点之间收益差，按照一定比例以等差数列排序的方式计算出给定收益，以线性规划的方式计算最小方差，并将其连接起来，描绘出风险投资组合的有效边界。投资者再通过自身的风险承受能力确定投资组合。

（4）投资组合业绩评价。证券投资组合管理的第四步是利用在招募说明书中确定的标准市场组合收益率定期对投资组合的管理业绩进行评估，来评价组合管理者的绩效。主要的评价方法包括夏普比率、特雷纳比率、詹森测度等比率评价、择时能力评价和选股能力评价等，本书将在后面的章节作为重点进行回顾。业绩评估作为组合管理过程中的重要反馈与控制机制，为投资组合的修正调整提供了重要依据，投资组合业绩评估直接决定了下一个投资期间投资者对投资组合的选择，一直以来被看做投资组合理论的核心内容。

（5）投资组合的修正。投资组合的修正作为证券组合管理的第五步。长期来看，投资者所面临的投资环境会发生巨大的变化。宏观要素、行业前景和单只证券的风险收益特征从长期来看都是可变的。组合管理者需要结合投资业绩评估的结果，与变化后的投资者所面临投资环境状况，及时对投资组合进行修正和调整。在此基础上为投资者实现效用最大化的目标。

本节中我们以一个实例来展示投资组合构建的一般过程，使读者能够更直接地了解到投资组合构建和管理的意义。

由于国内债券品种特别是中长期债券市场品种十分有限，我们以股票来构建风险投资组合。在股票样本的选取上，为了突出构建投资组合能够有效分散风险的特征，我们以中国证监会行业分类和市值规模为标准，在90个行业中各选取一只股票作为风险投资组合构建的资产池。我们选取的样本是所有个股 2009 年 1 月到 2013 年 12 月共 5 年的月度收益率，即每只股票 60 个收益率数据，以证券的长期业绩表现来选取股票构建投资组合。我们的数据来自 CCER 数据库和 CSMAR 数据库。通过对数据完整性的筛选和对出现过 ST 状态个股的剔除，最后我们的风险资产池即股票资产池内包含了 39 只股票。我们以 2009 年 1 月到 2013 年 12 月的一年定期存款利率的算术平均数，并将年度收益率转换为月度收益率（月度收益率=年度收益率/12 × 100%）作为无风险利率的代理，以此来构建考虑无风险资产时的投资组合有效边界。

通过上述两个标准的筛选和数据完整性的剔除，我们得到 39 只股票作为风险资产的组合构建资产池，即万科 A、华侨城 A、TCL 集团、云南白药、鲁泰 A、大亚科技、隆平高科、苏宁电器、苏泊尔、东华合创、太阳纸业、全聚德、烟台氨纶、华能国际、上港集团、宝钢股份、中国石化、中国联通、上海汽车、建发股份、烟台万华、山东高速、江西铜业、凯诺科技、贵州茅台、天地科技、海螺水泥、老凤祥、双钱股份、锦江股份、中储股份、鹏博士、悦达投资、大秦铁路、中国神华、中国国航、中国平安、上海电气和中国中车，即涉及包括农业、房屋建筑业和石油加工业在内的 39 个产业。

以 Markowitz 的投资组合理论为基础，我们接下来计算各个风险证券的统计特征，包括证券的期望收益、单只证券的标准差和证券之间的协方差矩阵等。期望收益用通俗的语言来说就是单只证券在现有发展趋势下应该能够得到的收益率，统计学家在大数定律的基础上将变量的期望值定义为其均值，在本节中，即分别计算各个证券的 60 个月收益率均值。而单只证券的标准差衡量的是实际实现的收益率对期望值即均值的偏离，作为对风险的度量。协方差矩阵则代表证券之间的关系，通过协方差矩阵我们可以得到协相关系数矩阵，从而更清晰地看到证券之间的关系。

根据前文中所说，风险投资组合是一个风险与收益权衡的过程，也是一个通过分散化策略降低非系统风险的过程。证券的风险溢价是对系统风险的溢价，而非对非系统风险的溢价，因为非系统风险是可以通过分散化策略消除的。而风险与收益的权衡也是在风险投资组合的有效边界上进行，而非整个风险投资组合。

但是投资多个证券并不一定代表着能够有效地消除非系统风险。对非系统风险的分散水平取决于证券之间的协相关系数。若协相关系数等于 1，则投资于该两种证券完全不能达到非系统风险的分散效果；若协相关系数等于−1，则能够完全消除非系统风险；若协相关系数介于−1~1，则能够达到有限的分散。现实中有很多实例可以表示非系统风险的分散。例如，油价下跌对石油开采的企业十分不利，但是对以石油为原料生产化工产品的企业来说则降低了成本，有利于利润的提升从而带来股票收益率的提升。因此我们选取不同行业且拥有很强行业影响力的市值较大的股票，能够体现出投资组合的分散化效果。由于 39 只证券的协方差矩阵篇幅过大，本书在此不再具体呈现，感兴趣的读者可以通过 Excel 或者 Matlab 自行进行计算整理。

投资组合有效边界的构建可以通过规划求解获得，在本书中，以 Excel 规划求解的操作过程为例，来展现风险投资组合有效边界的构建过程。在加入无风险资产考虑的基础上，构建出投资者所面临的投资组合有效边界。由前文对现代投资组合理论的介绍，可以了解到，投资组合的组合构建区域是由单个证券收益率和标准差点所围成的一个区域，而有效边界则是在整个投资组合区域的左上方最小方差点之后的曲线。因此传统的构建有效边界的方法是通过寻找最高收益点，最小方差点，在通过在其间取等距收益率的点来近似从图形上逼近实际的有效边界。

在获得组合构建所使用的股票期望收益与协方差矩阵之后，可以开始利用 Excel 的"规划求解"工具栏对有效边界上的关键点进行计算。它由三个部分组成，即目标函数、决策变量和约束条件。我们将投资于决策变量设置为投资于各资产的权重，在组合期望收益与协方差矩阵改变时，投资于各资产的权重决定了最终的组合期望收益与组合方差。

约束条件是源于投资组合的基本性质、相关的法律法规约束与投资者的目标。基本的约束条件包括组合权重之和为 1、卖空限制等。法律法规的约束包括对基金持有单只证券权重的限制不超过组合资产的 10%等。本例中仅考虑最基本的约束条件，忽略投资者的其他目标。关于投资者目标的改变对投资组合有效边界的影响我们将会在以后的章节中进行讨论。

　　Markowitz 的有效边界假设投资者都是风险厌恶的，因此投资者效用最大化的等价条件是期望收益最大化和组合方差最小化，我们将最终的投资组合有效边界展示在图 3-6 中。采用散点计算的方法逼近投资组合有效边界，首先要完成的步骤是找出最小方差投资组合和最大收益投资组合。在以上约束条件下，将目标函数设置为期望收益最大化，我们可以得到最大期望收益组合 A，其期望收益与组合标准差分别为 0.029 和 0.077。将目标函数设置为组合方差最小化，我们可以得到最小方差组合 B，其期望收益与组合标准差分别为 0.009 和 0.047。投资组合的有效边界将在这两点之间形成。

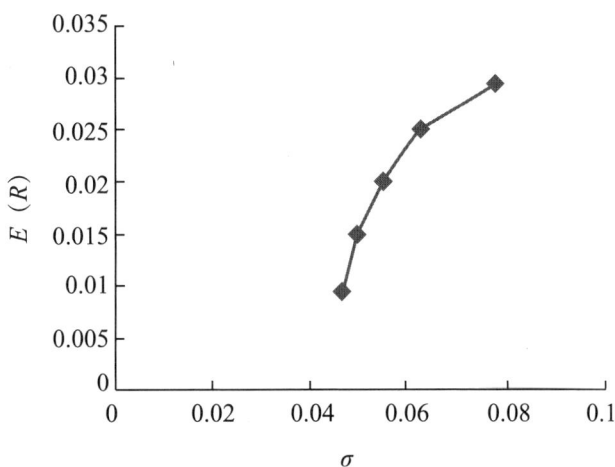

图 3-6　风险投资组合有效边界

资料来源：笔者根据 CCER 数 据库整理计算

　　我们在这之间选取收益率为 0.014、0.019 和 0.024 的离散点，并设置约束条件为期望收益等于上述几个值，将目标函数设置为组合方差最小化，可以得到处于最小标准差组合和最大期望收益组合之间的有效边界上的离散点。这几个离散点必然处于有效边界上是由有效边界的定义所决定的，即对于有效边界上的任何一个期望收益率，都无法找到标准差比其更小的点；对于给定标准差，都无法找到比其期望收益更大的点。这就保证了在风险投资组合有效边界上选择的投资者获得给定标准差下的最大期望收益，即对于投资者而言，投资组合区域内的其他点在给定期望收益时，都会具有更大的标准差，即更大的风险。

　　选择等距的离散点，以其为基础构建投资组合有效边界，这是因为投资组合有效边界是由多条双曲线的某一部分所组成的。而可供选择的证券数量越多，双曲线的数量也就越多。连接这些离散点可以近似的刻画出有效边界的轮廓，但是并不能准确地得到有效边界，这也是早期投资组合理论的局限性。

　　当进一步考虑无风险资产时，投资组合的有效边界变为了投资者的权衡，我们可以将风险投资组合看做整个风险资产，在无风险资产和风险资产之间进行资产配置。因此投资者所面临的投资组合有效边界变为了资产配置线，即风险投资组合有效边界的切线。我们假设投资者可以通过同样的利率借入或贷出资金，则投资者可以根据自己的风险偏好决定多少资金投资于无风险资产，多少资金投资于风险资产组合。我们可以看出资产配置线是过风险资产有效边界上点最高的直线，即切点斜率最大化。故切点的条件是夏普比率最大化，通过设置目标函数为夏普比率最大化，我们可以得出切点的位置，从而得到新的有效边界，如图 3-7 所示。

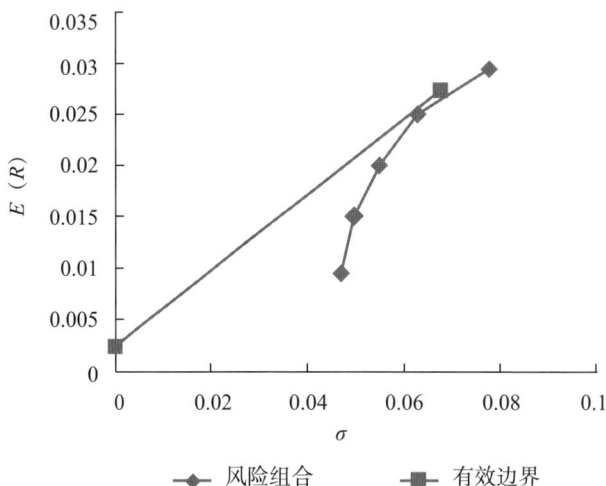

图 3-7　投资组合有效边界

资料来源：笔者根据 CCER 数据库整理计算

　　考虑投资者可以用相同的利率借入资金进行投资时，投资者配置于风险资产的权重可以大于 1，而配置于无风险资产的资产小于 1，依然满足资产权重和等于 1。但是这与现实中的情况是存在矛盾的。借贷之间的利差是银行利润的基本来源，银行不可能以同样的利率借贷资金。往往银行的贷款利率是要高于存款利率。所以当投资于风险资产的权重大于 1 时，资产配置线会向下倾斜，在这种情况下，资产配置线将无法成为过风险资产组合有效边界点的最高线。

　　（三）证券组合管理的业绩衡量

　　传统上，对基金绩效的评价主要是评价基金在过去一段时间的收益、风险或者是两者的综合判断，其中最著名的三大指数是 Treynor 指数、Sharpe 指数和 Jensen 指数。Treynor 指数是以单位系统风险溢价作为基金绩效评估指标，Sharpe

指数是以单位总风险所获得的超额收益率评价基金的业绩，而 Jensen 指数则是以资本资产定价模型为基础，以风险调整后的超额收益率评价基金业绩的指标，称为 Jensen's alpha。Treynor 和 Mazuy（1966）的二次回归模型（T-M 模型）首次评价基金的择时能力。Fama 和 French 认为基金获得超额收益主要来源于基金经理的宏观和微观预测能力。宏观预测能力是择时能力，能预测股票价格市场整体走势。微观预测能力，即选股能力。分析师通过分析个股，找到价值被低估的股票。基金绩效评价也因此从基金的选股能力评价和择时能力评价两方面展开。这些模型都是建立在 Markowitz（1952）的投资组合理论和 Sharpe（1964）的资本资产定价模型基础上，主要是在收益和风险基础上考虑的，比较风险和收益来评判基金的绩效。当风险被足够分散时，投资组合只剩下系统性风险影响组合的收益，因此学者把这个模型称为单因子模型。显然这种模型受到很多挑战，投资者在购买股票时不仅要测度他们的风险，还有其他的目标，如市盈率、交易量等（Qi et al.，2015）。为弥补这一缺陷，Ross（1976）首次提出额外风险因素模型，即他的套利定价模型，这一模型能够处理多个因子，认为收益率受多种因素影响，如通胀、GDP 等，因此有多个风险补偿，弥补了资本资产的定价模型的单因子缺点，也更能反映实际经济状况。Fama 和 French 把这一思想引入发展为三因子模型。并且Fama 和 French（2012）、Carhart 与 Babalos 等进一步加入动量因子（momentum factor）将其发展为四因子模型。学者把这些模型作为基金绩效评价模型，但是本质上这些模型都是定价模型，如我们引言中所述，使用这些定价模型作为绩效评价经常会产生偏差，Lehmann 和 Modest（1987）应用 Ross（1976）的多因子模型的原理制定基金绩效评价模型，按不同的因素进行排序调整模型中的因子，发现评价结果非常不稳定，Patton 和 Ramadorai（2013）进一步认为这些模型短期内评价结果更不可靠。这都说明，定价模型和基金绩效评价模型是不同的。这些模型也没有区基金的投资风格，风险偏好不同，而基金投资策略就会不同，收益要求也自然不一样。Fama 和 French（2013）用三因素和四因素模型，分析了超 5 000 只股票型基金的 α 及其 t 值的分布以评价基金经理的投资能力，显然这种用同一参照、没有考虑基金投资风格的评价方法得出的结论不得不让人产生怀疑。

近些年，非参数模型数据包络分析（data envelope analyse，DEA）作为基金绩效评价方法有一定的发展。Murthi 等（1997）首次应用数据包络分析方法建立基金绩效评价方法，其模型是以收益率方差、基金收取费用率、仓位和成交量作为自变量，以收益率作为因变量，研究发现对任何种类的基金而言，基金效率和 Jensen 指数之间存在显著的正向关系。Premachandra 等（2012）应用两阶段的数据包络分析模型评价基金绩效，他们的主要贡献在于将基金的种类考虑进去，如投资风格等。类似这样的研究还有 Glawischnig 和 Sommersguter-Reichmann（2010）与 Kerstens 等（2011）。数据包络分析方法可以考虑多种因素，如投资者的偏好。

这些模型从投入和产生的角度进行分析，能够克服利用价格模型作为基金绩效评价模型的缺点，但是在选择参照物方面依然具有主观性，且不能辨别出基金管理人的投资行为。

传统组合业绩评估方法以风险调整收益为基础，针对不同情境下投资者所面临的投资机会对组合业绩进行评价。在对投资者的投资组合业绩做出评价前，首先要确定其所拥有的投资机会，其次在此基础上选择合适的比率才能判断投资者的选择是否明智。业绩评价者首先需要确定的是所要评价的投资组合是投资者的全部风险投资机会，还是可供选择的风险投资组合中的一部分。

如果所要评价的投资组合代表投资者的所有风险投资，则利用 Sharpe 测度对组合业绩进行评价是非常合理的选择。原因在于 Sharpe 测度是组合单位风险的风险溢价，它衡量了单位总波动率的风险溢价。当投资组合代表了投资者所有的风险投资机会时，总波动率就可以得到确定。在前文中介绍了当投资者进行无风险资产和风险资产的配置时，所需考虑的是资本配置线的斜率最大化，即 Sharpe 比率最大化。当投资者的投资组合代表其所有的风险投资时，利用实际投资组合与选定标杆投资组合（通常选择市场指数）的 Sharpe 比率指标进行比较，可以对投资组合的业绩做出有效地评价。M^2 测度虽然操作方法与 Sharpe 测度不同，但其将全部风险作为风险度量调整收益的内涵与 Sharpe 测度一致，因此利用 M^2 测度对作为投资者所有风险资产的投资组合进行评价也是非常合适的。

如果所要评价的投资组合是一个消极市场指数组合与一个积极投资组合的综合时，投资者都希望能够使投资组合的 α 为正。但在单因素模型当中，投资组合的风险溢价仅仅来源于系统性风险，任何超过市场基准的期望收益都产生于非系统性风险。因此在这种情况下，调整收益的风险应当以非系统性风险作为权衡。信息比率，也被称为循迹误差被定义为投资组合非系统性风险溢价，测量单位个体风险带来的风险溢价。信息比率是评价与消极市场指数组合混合的积极投资组合的有效指标，评价非系统性风险调整后超额回报可以有效看出积极投资组合的业绩水平。

如果所要评价的投资组合代表的是投资者所有风险投资组合中的一部分，如投资者众多投资基金中的一只，则应利用 Treynor 测度对组合业绩进行评价。Treynor 测度衡量的是单位系统风险的超额溢价。前文中提到，当一项资产或一个投资组合仅仅是一个足够大的投资组合的一部分时，非系统性风险就能被有效地分散掉，此时投资者应该以系统性风险对收益进行权衡调整而不是总风险。通过 Treynor 测度比较投资组合各个部分的业绩，投资者可以清晰地看出其各个部分积极投资组合的系统性风险调整回报，从而有效地调整其风险投资组合内部权重。T^2 测度虽然操作方法与 Treynor 测度不同，但其将系统性风险作为风险度量调整收益的内涵与 Treynor 测度一致，因此投资者也常常利用 T^2 测度作为风险投资组合一部分的组合绩效进行评价。

　　在本节中，我们选取四只基金作为样本，并将沪深两市 A 股流通市值加权市场指数月度收益率作为市场组合收益率，依照传统的投资组合业绩评价方法对四只基金和市场组合的业绩表现进行评价，我们选取 2009 年 1 月到 2013 年 12 月共 60 个月度的收益率数据对组合绩效进行评价，试图尽可能通俗易懂的展示出对基金业绩表现进行评价的传统方法。我们采取的评价方式包括 Sharpe 测度、Treynor 测度、Jensen 测度、信息比率、M^2 测度和 T^2 测度。表 3-3 为各比率的计算结果，图 3-8 和图 3-9 则直观地展现了 M^2 测度和 T^2 测度的评价结果。

表 3-3　投资组合业绩评价

评价方式	市场组合	A	B	C	D
$E(R)$	0.017	0.000	0.007	0.003	0.005
σ	0.075	0.012	0.065	0.062	0.057
夏普比率	0.188	−0.225	0.007	0.014	0.055
M^2		−0.031	−0.008	−0.013	−0.010
α	0.000	−0.003	−0.005	−0.010	−0.006
β	1.000	0.034	0.693	0.751	0.669
特雷纳比率		−0.082	0.007	0.001	0.005
T^2		−0.096	−0.007	−0.013	−0.010
$\sigma(e)$		0.000	0.001	0.001	0.001
信念比率		−21.622	−3.403	−15.338	−9.166

资料来源：笔者根据 CSMAR 数据库整理计算

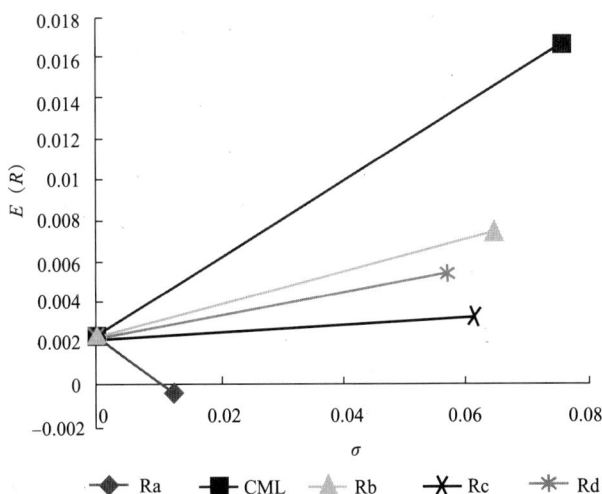

图 3-8　M^2 测度结果

资料来源：笔者根据 CSMAR 数据库整理计算

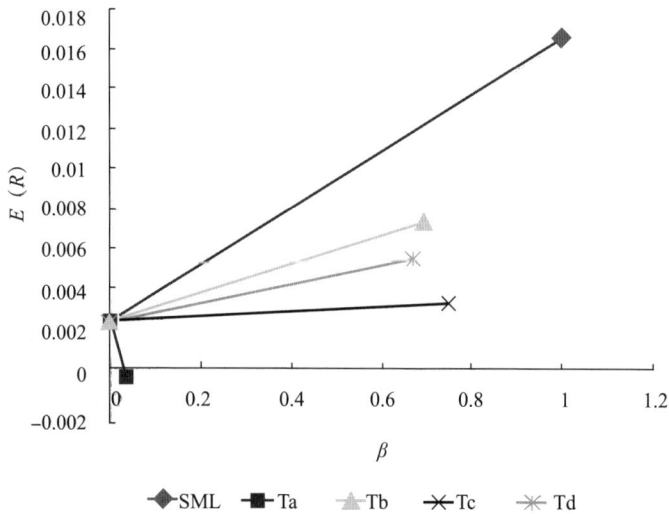

图 3-9 T^2 测度结果

资料来源：笔者根据 CSMAR 数据库整理计算

表 3-3 中的所列示的业绩评价指标显示，投资组合 C 最具冒险性，因为 C 的 β 值要高于其他积极投资组合的 β 值。从回归残差项来看，选取的 4 只基金的分散水平均较高，表现在其剩余标准差都在 1% 左右，其中 A 基金的残差甚至低于 1%。由于 4 只基金的 α 值均小于 0 且 M^2 测度均为负数，4 只基金的表现均比市场基准指数要差。

下面我们结合各种情景中组合评价比率的理论与基金业绩评价的实际结果进行最优投资组合的选择：当所评价投资组合为投资者的所有风险资产时，应当选择市场基准组合，因为市场组合具有最高的 Sharpe 比率且其余 4 只基金的 M^2 测度均为负数；当所评价投资组合是投资者面临的所有风险资产的一部分时，应当选择投资组合 B 作为最优投资组合，因为投资组合 B 具有最高的 Treynor 比率且 T^2 测度最大；当投资者要在积极投资组合中选择与市场指数组合进行结合的投资组合时，投资组合 B 将会是最好的组合，因为其信息比率相对较高。综上所述，在本节中我们可以看出，投资组合的评价不仅取决于比率的高低，还受到投资者所面临的投资机会的影响。

传统的投资组合业绩评价方法还包括对市场择时能力的评价，而市场择时能力即为组合管理者对投资时机的把握能力。组合管理者通过搜集数据，整理政策文件等方式预测宏观经济走势及经济周期，在投资环境发生变化时将资产在风险资产与安全资产进行转移。现有的评价基金择时能力的手段主要有两种，其中一种是 Treynor 和 Mazuy 在 1966 年提出的在一般线性指数模型中加入平方项来模拟特征线的方程，作为对市场择时能力的评价手段之一：

$$R_p - R_F = \alpha + \beta(R_M - R_F) + \gamma(R_M - R_F)^2 + \epsilon$$

上式表明，当系数 γ 统计上显著为为正时，所评价的投资组合具有择时能力。组合管理者能够在市场环境发生变化时及时调整投资组合在风险资产与安全资产之间的权重分配。

另一种重要的择时能力评价方法是由 Henriksson 和 Merton 于 1981 年提出的，该方法假设拥有择时能力的组合具有两个 β 值：在牛市时积极投资组合采取更激进的投资策略，因而具有较大的 β，而在熊市时投资组合将更多的资金分配到相对安全的资产当中规避风险，因而具有较小的 β。在这种情况下，特征线的回归方程中加入了一个虚拟变量，其回归方程式为

$$R_p - R_F = \alpha + \beta(R_M - R_F) + \gamma D(R_M - R_F) + \epsilon$$

上式表明，当系数 γ 统计上显著为为正时，所评价的投资组合具有择时能力。组合管理者能够根据投资处境的变化及时调整投资组合在风险资产与安全资产之间的权重分配。

这里我们承接前文中基金评价的例子，利用上述两个回归方程对 4 只基金月收益率数据进行回归，对 4 只基金的择时能力进行评价。但回归结果显示，4 只基金在我们选取的期间内二次项和虚拟变量项均不显著，反映出 4 只基金均不具有择时能力，组合管理者无法选择的时机转移资产。

国外对投资组合业绩评价的研究已经达到了很高的水平，提出的有效方法和评价角度也有很多，本书在此不再一一列举。

国内近年来对投资组合绩效的评价，也是用量化的方法，通过单因子和多因子指标，对业绩的某些特征（如选股能力、择时能力等）进行分析，对基金的实际运作成果进行评估。这一领域的研究主要集中在共同基金的收益度量、风险度量、业绩持续性评价和基金相对性绩效评价等方面。王守法（2006）从多个角度建立了综合绩效评价体系。孔东民等（2010）研究了基金投资行业集中度和基金绩效的关系对中国基金的资产配置能力进行了研究。郭文伟等（2011）研究了在不同态势下基金风格和绩效，考虑了基金的投资风格，对国内的研究是一个很大的突破，但是他主要研究了市场态势对绩效的影响，而不是基金经理的投资能力。肖继辉和彭文平（2012）研究了基金经理特征与投资能力、投资风格的关系，但他们并没有研究基金的绩效。

综合来看，我国基金成立时间较短，国内对基金绩效的评价方法的研究都是开创性的，但是这些研究也没有克服我们在引言中提到的现阶段基金绩效评价模型本身存在的评价偏差，混淆基金评价模型和定价模型的区别，没有同时涉及对投资行为的评价，这对基金业监督体系提出了难题。基金在其招募说明书中都有关于其投资目标和投资策略较为详尽的描述以吸引投资者，但当基金成立后有没

有坚持其声称的投资方式和投资策略便不得而知，普通投资者更是难以辨别基金的投资行为和投资策略（Babalos et al.，2012）。对基金评价研究的缺陷导致基金管理者在管理投资组合时的不尽职和消极管理心态难以被发现，增加了投资者损失的可能性，从而增加了道德风险和信息不对称带来的代理成本。本书对基金治理完善的主要贡献也就是从这个角度展开，通过复制招股说明书中的投资策略和投资目标，试图挖掘基金管理人进行资产管理时的尽职程度和代理成本水平，从而对完善基金治理提供了有力的建议。在本书的后面几个部分，将会对复制投资组合的策略进行详细而具体的介绍。

第二节　股票投资组合管理

一、股票投资组合管理简介

股票投资组合管理是风险投资组合管理的重要组成部分。股票投资组合管理的目标是构建风险投资组合有效边界，然后结合无风险资产与风险资产之间的配置手段使投资组合的风险收益权衡符合投资者偏好，实现投资者效用的最大化。根据个股特征与股票收益相关性构建投资组合是股票组合管理的基本要求，通过投资彼此之间存在较低相关性或者负相关性的个股，投资组合风险有效降低。

不同的股票投资组合管理通常依据投资者所关心的要素如风险收益、股息率、社会责任状况或公司治理等要素区别进行。股票投资组合管理者往往采用一些具有显著特征的方式进行投资选股，这些策略在多次使用后逐渐演变成常见的基本投资类型。例如，以股票成长性为标准可将股票投资风格划分为增长型、收益型和混合型股票投资；以公司规模为划分标准可将股票投资划分为小盘股、中盘股和大盘股投资；以行业板块为划分标准可将股票划分为医疗保健等各种具有行业特征的主题投资。

二、股票投资组合管理策略

通常以对市场有效性判断为标准，将股票投资组合的投资策略分为以下两大类：一类是认同市场有效性，模拟市场组合以获得市场投资组合收益为目的的消极型股票组合投资策略；另一类是质疑市场有效性，试图通过技术分析、基本面分析和内部信息挖掘寻求市场超额收益的积极型股票投资组合策略。

（一）消极的股票投资管理及应用

如果股票市场是有效的，股票的价格已经完全反映了其内在价值，则股票市场上不存在被低估或高估的股票，投资者也不可能通过技术分析、基本面分析或信息挖掘寻找错误定价。在这种情况下，基金管理人对积极管理方法的运用只会浪费管理费用和交易费用，使管理组合收益率低于市场组合收益率，消极型管理是有效市场的最佳选择。

所谓消极的股票投资管理，是指选定一种投资风格后，不论市场发生何种变化均不改变这一选定的投资风格。对于集中投资于某一种风格股票的基金经理人而言，选择消极的股票风格管理是有一定意义的。因为投资风格相对固定，既节省了投资的交易成本、研究成本和人力成本，也避免了不同风格股票收益之间相互抵消的问题。

（二）积极的股票投资管理及应用

如果股票市场不是有效的市场，股票的市场价格不能完全反映其内在价值，则市场就有可能对某些股票存在过高或者过低的错误定价。在这种情况下，基金管理者可以充分利用宏观分析、行业分析和基本面分析等手段，同时积极寻找股票内部信息，识别出错误定价的股票，通过低买高卖管理投资组合，获得超出市场组合的收益率。

积极的股票投资管理，则是通过对不同类型股票的收益状况做出预测和判断，主动改变投资组合中增长类、周期类、稳定类和能源类股票权重的股票风格管理方式。例如，预测某一类股票前景良好，那么就增加它在投资组合中的权重，且一般高于它在标准普尔 500 种股票指数中的权重；如果某类股票前景不妙，那么就降低它在投资组合中的权重。这种战略可以称为"类别轮换战略"。相对于前面提到的消极战略来说，这是一种积极的股票风格管理方法。

三、消极型股票投资组合策略

采用消极型股票投资组合策略的组合管理者认为市场是信息有效的，即所有与股票价格相关的内外部信息已经完全反映在股票价格当中，消极型股票投资策略基本上可以划分为简单型和指数型两类投资策略。

（一）简单型消极投资策略

确定恰当的股票投资组合之后，在未来 3~5 年的持有期间内不再主动改变股票的构成，即不进行积极的股票买卖行为的组合管理策略被称为简单型消极投资策略。组合管理者也不以进出场时机为关注重点。交易成本和管理费用最小化是简单型消极投资策略的最大优势，组合管理者在认定积极管理手段不会带来超额收益或所带来的超额收益不足以弥补相应的交易管理成本基础上采取消极管理的投资策略。

（二）指数型消极投资策略

复制一个与市场结构相同的指数组合，将非系统性风险充分分散以获得承担系统风险所带来的市场回报的组合管理策略被称为指数型消极投资策略。指数型消极投资策略以市场有效为基本假设，组合管理者不试图采用技术分析或基本面分析的方式来发现市场趋势或寻找被市场错误定价的股票，而是寻求组合的风险的高度分散化，以获得与市场相同的风险收益为目标进行投资，常常表现为追踪一个高度分散化的市场指数，如 S&P500 指数、沪深 300 指数等。

四、积极型股票投资组合策略

积极型股票投资组合策略建立在否定市场有效性的基础上，组合资产管理者通过长期的实践摸索总结出多样化的投资策略。按照对市场有效性认可度的不同，积极型股票投资策略可以大致归纳为以下几种：在否定弱势有效市场前提下采用技术分析确定投资策略的操作方法，如价量分析、市场情绪分析和动量摆动分析等；在否定半强势有效市场前提下采用基本面分析确定投资策略的操作方法，如行业分析、宏观分析和股权估值模型等；市场异常策略，利用数据挖掘的方法发现股票市场中存在的市场异象，在深入分析异象成因的基础上进行投资策略的选择，典型的市场异象包括日历效应、动量效应和首次公开发行效应等。

（一）基本面分析

基本面分析建立在否定半强势有效市场假设的基础上，即股票当前的价格无法反映所有的公开信息，组合管理者可以通过宏观分析、行业分析和个股估值等手段发现市场错误定价，从而获得超额收益。对于宏观分析而言，基本面分析主要关注的要素包括 GDP、市场无风险利率、通货膨胀率和国际收支等因素；对于行业分析而言，基本面分析关注行业所处的生命周期、行业所处的竞争环境和行业所面临的外部环境等因素；个股估值往往结合现金流估值、价值乘数估值和资产分析估值等估值方法，关注企业的运作效率、短期偿债能力、长期偿债能力和盈利能力等要素。基本面分析往往建立在横纵向对比的基础上，挖掘被市场错误定价的股票买卖或卖出。基本面分析通常包括以下几个自上而下的部分。

1. 宏观经济分析和行业分析

公司未来的股利支付能力与股价的预期取决于公司的经营业绩。然而公司前景与其所处的宏观经济环境息息相关，因此基本面分析需要充分考虑 GDP、通货膨胀率、市场利率、汇率与经济周期等宏观经济要素。本质上，宏观经济环境决定了市场系统性风险和市场无风险收益率。以经济周期为例，不同的企业对经济周期的反应不同，在经济所处的不同阶段具有不同的发展前景。廉价商品在经济萧条时需求量会上升，然而奢侈品需求会因经济萧条迅速下降。对个股的分析离不开对经济环境的把握。组合管理者分析未来的经济走势，对投资组合的构成进行战略性调整。

行业分析为个股估值提供了一个基本环境，组合管理者往往将具有相似经营过程、收入来源和成本结构的公司归入一个行业，通过对同行业企业的公司战略、经营特征和财务状况进行对比分析，判断一个企业所处的行业位置，对公司的发展前景做出理性预期。行业分析关注的要素主要包括行业对经济周期的敏感性、行业生命周期、行业经验曲线、行业竞争性与行业战略前景等要素。

准确把握经济运行的走势，在恰当的时机选择适合的证券，进入适当的行业取得超额收益或者成功规避风险反映了组合管理者的能力。投资组合理论中以择时能力反映组合管理者对投资时机的判断与把握，从根本上说，市场择时解决的是何时在风险资产和安全资产之间转移资产的问题。对宏观经济形势的把握和对行业前景的把握在一定程度上反映了投资组合管理者的择时能力。

2. 财务报表分析

基本面分析的最终环节是在特定宏观环境和行业前景的基础上利用公司披露的内外部信息分析公司的战略前景、财务状况和运营成果，并充分利用股权估值模型，对企业价值进行估计。财务报表分析反映了组合管理者的选股能力，优秀的组合经理善于发现被错误估值的证券，从而通过买入和卖空的手段赚取超额收益。选股能力是考核组合投资业绩的重要指标。进行合理的估值和选股也是坚持基本面分析的组合管理者的重要策略。财务分析和权益估值的模型相当的丰富，在此我们仅进行简要的梳理和介绍。

经营战略：证券组合管理者特别是股票组合管理者首先对特定公司的经营战略做出判断。企业基本的经营策略主要包括低价策略和异质性定价策略。采用低价策略的企业努力削减企业成本，在此基础上降低产品价格，争取更多的市场份额以实现更高的利润；而采用异质性定价策略的企业努力细分市场，针对特定的消费者提供更能满足特定消费者需求的产品，以实现企业利润的提升。组合管理者对公司经营战略的判断可以通过对销售渠道、市场细分、产品特征和产品定价等要素的分析进行。

财务报表分析策略：组合管理者通过分析企业的财务状况进行股票价值的评估。财务报表分析主要包括短期偿债能力分析、长期偿债能力分析、盈利能力分析、公司营运能力分析和企业价值分析。股票投资组合管理者以股权的形式投资个股，因此主要关注公司的营运能力、盈利能力与企业价值测度指标。杜邦分析作为传统的财务报表分析工具在股权估值上一直起着十分重要的作用。投资者通过将公司回报率拆解为运营能力、净利润与负债杠杆三个主要构成部分，考察公司的整体发展前景，在此基础上分析公司的成长性。企业价值测度作为估值模型的基础，一直是组合管理者关注的重点指标，主要的价值测度指标包括市盈率、市净率和市净率等价格乘数指标。

估值模型：在对企业进行详细财务分析的基础上，组合管理者利用股权估值模型对公司价值进行最终判断。主要的股权估值模型包括三大类，即现金流折现模型、价格乘数模型和资产价格基础模型。现金流折现模型在理论上最符合公司价值的定义。依照现金流状况的不同，现金流折现模型可以分为股利折现模型、戈登永续股利模型、自由现金流折现模型和多重现金流折现模型等。组合管理者也常常使用价格乘数模型对企业价值进行估计，常用的价格乘数包括市盈率、市净率和市净率，主要的分析方法包括在预测财务报表的基础上，利用预测市盈率与当前市盈率进行对比及利用个股市盈率与行业平均市盈率进行对比，以判断企业价值是否被高估或者低估。资产价格基础模型主要建立在公司资产负债表的基础上，通过将资产的账面价值转换为市场公允价值对公司价值进行评估，资产价格基础模型常常用于面临破产清算的公司价值估计。

另外，我们也可以从内含报酬率的角度来判断买入或卖出。内含报酬率就是在净现值等于 0 时的折现率，它反映了股票投资的内在收益情况。如果内含报酬率高于资本的必要收益率，则买入；如果内含报酬率低于资本的必要收益率，则卖出。

（二）技术分析

技术分析是指基于股票价格和交易量等历史交易数据，以供需平衡决定价格为导向，分析股票市场集体市场情绪，以预测市场未来走势的一种投资策略。技术分析建立在市场价格反映了理性与非理性投资者的投资行为假设上，这一假设就意味着利用技术分析确定投资策略的组合管理者认为弱势有效市场假设并不成立，即证券价格不能完全反映历史上一系列交易价格和交易量中所包含的信息，从而投资者可以通过对历史数据的分析获得超额收益。采用技术分析的组合管理者认为投资者的行为模式可以分析并被预测，特定情况下历史能够重演，在此基础上组合管理者确定投资策略。本书在下面的章节介绍典型的技术分析策略。

1. 以价格为基础的技术分析

以价格为基础的技术分析策略主要包括移动平均法和布林带。

移动平均法是指利用股票前 n 日的算术平均价格预测未来趋势的技术分析手

段。移动平均线经常用于平滑一段时间价格序列的波动，以更好地发现证券价格的未来走势。用于计算平均值的时间越长，即 n 越大，移动平均线越平滑。组合管理者往往关注移动平均线的趋势。在移动平均线呈现上扬趋势时，组合管理者预测股票价格上升；在移动平均线呈现下行趋势时，组合管理者预测股票价格下跌。移动平均线也常常被看做股票价格的支撑线和压力线，因为其反映了一段时间的整体趋势。组合管理者可以利用不同时间长度的移动平均线来预测股票价格走势，如以年交易日为基础的移动平均线和以月交易日为基础的移动平均线。短期的移动平均线穿过长期的移动平均线预示着价格的变化：当短期移动平均线超越长期移动平均线时，股票价格存在上升趋势，组合投资者进行买入股票的操作；当短期移动平均线低于长期移动平均线时，股票价格存在下跌趋势，组合投资者进行卖出股票的操作。

布林带利用近期股票价格的标准差来预测股票价格波动的上下界。高于布林带上界的股票价格被视作市场超买信号，预示着股票价格过高，近期内存在下跌趋势；低于布林带下界的股票价格被视作市场超卖信号，预示着股票价格过低，近期内存在上涨趋势。组合投资者通过与市场进行相反操作以期获得超额回报，在认定市场超买信号时卖出股票，在认定市场超卖信号时买入股票。

2. 动量摆动分析

动量摆动分析是预测超买超卖信号的一类技术分析工具。动量摆动分析以某一特定的股票价格作为参考标准，预先设定一个股价上涨或下跌的百分比，在此基础上预测市场超买超卖信号。极高的摆动值传递出市场超买信号，组合管理者卖出股票；极低的摆动值传递出市场超卖信号，组合管理者买入股票。摆动分析还可以用于判断股票价格的发散和集聚趋势。集聚意味着价格趋势仍将继续，发散意味着价格趋势即将改变。主要的动量摆动分析模型包括变化率模型（rate of change，ROC）、相对力量指数（relative strength index，RSI）、移动平均收敛/发散线（moving average convergence/divergence，MACD）和随机摆动模型。

ROC 模型：变化率由 100 乘以最近一个交易日股票的收盘价与 n 个交易日前股票的收盘价差额得来。因此，该指标围绕 0 上下摆动。负的摆动值转换为正的摆动值传递出股价上升的信号，组合管理者买入股票；正的摆动值转换为负的摆动值传递出股价下跌的信号，组合管理者卖出股票。部分的技术分析者也习惯用 100 乘以当前价格与过去价格的比值，以这种方法计算的指标围绕 100 上下摆动。

RSI 模型：RSI 指数由选定期间内股票价格总的上涨值与总的下跌值相比得来，该指标在 0~100 内摆动。RSI 高于 70 传递出市场超买信号，组合管理者卖出股票；RSI 低于 30 传递出市场超卖信号，组合管理者买入股票。

MACD 模型：MACD 摆动是利用赋予近期观察值更大权重的指数平滑移动平

均线衡量。MACD 线是由股价的两个指数平滑移动平均的差值得来，而作为衡量市场超买超卖的信号线则由 MACD 线的指数平滑移动平均得来。信号线围绕 0 值上下摆动。两条线相交可以被看做交易的信号，MACD 线超越指数平滑的信号线可以被看做买入的信号，而 MACD 线低于指数平滑信号线可以被看做卖出的信号。

随机摆动模型：随机摆动模型由最近一个交易日的股票收盘价和一段时期内股价的最高值与最低值进行分析。在股票价格持续上升的时期，收盘价格逐渐接近最高价格；在股票价格持续下降的时期，收盘价格逐渐接近最低价格。随机摆动模型利用两条以 0 和 100 为界限的曲线进行分析，"%K" 线由最近一个交易日价格与给定区间的最低价的差值比上给定区间最高价与最低价的差值得出，"%D" 线由 3 期的 "%K" 线的平均值得出。与 MACD 模型类似，"%K" 线与 "%D" 线的交点可以看做交易的信号。

3. 市场情绪指标

组合管理者也常常利用投资者情绪指标和资本流量指标来预测股票市场可能出现的趋势。当投资者普遍预期股票价格上涨时市场情绪被称为 "牛市"，当投资者普遍预期股票价格下跌时市场情绪被称为 "熊市"。反映市场情绪的指标主要包括看跌/看涨比率、波动性指数（volatility index，VIX）、保证金负债和卖空利率。

看跌/看涨比率：作为标的资产的股票价格下跌时，看跌期权的价值上升；作为标的资产的股票价格上升时，看涨期权价值上升。对于股票市场而言，看跌期权和看涨期权的交易数量直接反映了投资者的市场信心。看跌看涨比率是以看跌期权的交易数量除以看涨期权的交易数量，比率的上升意味着市场信心下降，有更多的投资者预期股票价格会下跌。但组合管理者更加关注比率的数值大小，过高的比率意味着投资者对市场过度悲观，传递出市场超卖的信号，组合管理者在此时买入股票；相反过低的比率意味着投资者对市场过度乐观，传递出市场超买信号，组合管理者在此时关注风险的控制，卖出被高估的股票。

波动性指数：美国芝加哥期权交易所计算以标普 500 指数为标的资产的期权波动性衡量投资者情绪，称为 VIX。较高的 VIX 意味着恐惧股票市场价格的下跌。技术分析者常以过高的波动性指数断定投资者对股票市场过度悲观，并以此作为市场超卖的信号，在此时买入股票并持有。

保证金负债：保证金负债可以作为衡量市场情绪的重要手段。保证金负债总量的快速上升意味着投资者对市场行情的良好预期，保证金负债总量的快速下降意味着投资者对股票市场走势持悲观态度。

卖空利率：卖空是指投资者在当前借入股票并同时将其卖出，在未来某一时刻购回股票或者直接用现金偿还股票。卖空直接衡量了投资者对股票市场的预期，卖空利率较高意味着投资者卖空需求较高，表明投资者对当前股票市场悲观；卖空利率较低意味着投资者卖空需求较低，表明投资者对当前股票市场预期良好。

（三）市场异常策略

异常是指偏离一般规律的事件。检验市场有效性的研究经常被称为市场异象研究，因此就市场有效性而言，市场异象是指拒绝市场有效性假设的特殊事件。否定市场有效性，即认同市场异象的组合管理者会采用积极股票投资策略的方法构建股票投资组合，以期获得超越市场的非正常风险调整收益。组合管理者常常检验市场异象是否继续出现，以抓住市场异象带来的非正常收益。本书具体回顾了主要的市场异象研究。

1. 时间序列数据中的异象

时间序列数据中的异象主要包括日历效应和过度反应及动量效应。

日历效应以一月效应为代表。一月效应是指在一月的前五个交易日，股票收益率会显著高于当年的其他时间，对小公司而言这种效应更加显著。对小公司一月效应的解释主要包括投资者避税需求和"窗饰效应"。投资者在十二月卖出股票实现损失，以减少当年税收，再在一月将股票购回，从而推动一月股票价格的上涨。"窗饰效应"是指股票投资组合经理在年末将高风险股票卖出，以"装饰"其年度报表，年初再将其买回，导致股票价格上涨的现象。然而这些仅仅解释了小公司一月效应的部分原因。其他的日历效应还包括月末效应、周末效应和节日效应。虽然这些异象并不能使股票投资组合获得持续的非正常收益，但是组合管理者仍十分关注这些异象。一些有经验的投资经理会选择股价走势通常较好的时期，某月或一个星期的某一天作为买入时点，而在股价走势较弱的月份选择卖出。

过度反应效应是指在过去的 3~5 年中表现较差的股票相对于在前期有高回报的股票有更好的后续收益。这种异象被归因于投资者对意外的好消息和意外坏消息有过度的反应，过度反应效用也适用于债券市场。动量效应则是指短期内具有高回报率的股票在后续的时间中与具有较高的回报率。组合管理者关注这些异象，并将其用于股票投资组合分析的依据，希望在此策略基础上获得市场超额回报。

2. 截面数据异象

主要的截面数据异象小公司效应和价值效应。

小公司效应就是我们在股票投资风格管理中曾经提到的，以市场资本总额衡量的小型资本股票，它们的投资组合收益通常优于股票市场的整体表现。著名的小公司一月效应由 Banz 首先提出，在 Fama 的三因素模型中，也将公司规模作为一个回归因子。对小公司效应的解释主要是较高的风险要求较高的风险溢价。由于小公司财务报告质量较低，且不被机构投资者关注，其收益具有更高的不确定性，因此投资者对风险要求溢价，表现为小公司收益率较高。不少股票投资组合管理者关注小公司股票，深度挖掘调研中小企业，希望在此基础上获得较高的风险调整回报。

价值效应是指具有低市盈率、低市净率或高股息率的股票组合表现要显著优于高市盈率、高市净率或低股息率的股票组合。Fama 的三因素模型也将市净率作为一个回归因子，在实证经验数据的验证下，表明了市净率低的组合具有较高的收益率。一方面，从股权估值的角度来看，低市盈率的股票更有可能被市场低估；另一方面，此类股票往往是市场投资者关注较少的股票，或者短期内不是热点。股票组合管理者关注价值型股票，希望寻找潜在的股票热点，获得超额收益。

3. 其他市场异象

其他的市场异象主要包括封闭式投资基金异象、盈余宣布异象和首次公开发行（initial public offerings，IPO）异象。

封闭式投资基金异象是指封闭式投资基金份额交易价格往往以相对于其资产净值的极大折价在市场上进行交易。巨大的折价被看做市场异象，因为通过套利的方法，投资基金的资产价值最终会与其市场价格相同。关于封闭式投资基金异象的解释主要包括管理费用、未来资本利得所要缴纳的税收和投资者对流动性差的基金份额要求的风险溢价。

预期到的盈余宣布并不会使个股价格变化，因为预期到的盈余信息已经反映在股票价格当中。未预期到的盈余提升会向市场传递出有利信息，从而使股价上涨。盈余宣布异象是指价格调整并未全发生在宣布日。投资者可以通过买入高于预期盈余披露，卖出低于预期盈余披露的股票实现超额收益。

IPO 异象是指 IPO 的股票价格往往被市场低估，但是长期 IPO 股票的长期市场表现仍然低于市场平均水平。这反映出投资者对信息的过度反应，因为投资者在股票发行当日对公司前景过度乐观。

部分组合管理者抓住这些异象特征，并将其作为对象进行投资分析，希望以此为策略构建投资组合获得正的风险调整收益。

（四）各投资策略的比较及主流变换

技术分析的投资策略与基本面分析的投资策略主要的区别包括以下几个方面。

1. 对市场有效性的否定程度不同

技术分析建立在否定弱势有效市场的基础上，认为历史可以重演，投资者通过对历史价格数据的分析可以获得超额利润；而基本面分析建立在否定半强势有效市场的基础上，认为投资者可以通过宏观分析、行业分析和股票估值等方法挖掘被市场错误定价的股票，通过买卖此类证券获得市场超额收益。

2. 分析基础不同

技术分析关注历史交易数据，主要包括价格和成交量，认为通过对价量关系、市场情绪和市场摆动的分析可以发现价格变化的规律，以此作为交易的基础获得超额回报；基本面分析以宏观经济、特定行业和公司内部的各类基本经济数据作为研究基础，通过发掘错误定价的股票进行交易获得超额回报。

3. 使用的分析工具不同

以基本分析作为判断公司投资价值的基础，以技术分析观察股价市场走势判断买卖时机，两种分析方法的结合充分发挥了各自的优势。技术分析通常从观察市场历史交易时间序列数据的图表为开端，进而分析时间序列数据的描述性统计特征，在一定主观制定规则的基础上得出分析结论；基本面分析则关注宏观经济指标、行业基本数据和公司财务指标，寻找公司价值与数据之间的关系，往往需要综合利用战略分析、财务分析和回归分析的方法，得出公司股票估值的最终结果。从投资策略发展演变的过程来看，技术分析和基本分析都曾经主导过一个时期投资分析的主流。自从道·琼斯提出道氏理论以来，技术分析得到了蓬勃的发展，比较典型的 K线理论、切线理论、波浪理论等都是较为成熟而且应用广泛的技术分析理论。随着上市公司运作的逐步规范和投资理念的理性回归，基本分析越来越受到投资者的关注，股利贴现模型和低市盈率等指标都得到了更为广泛的应用。投资策略发展到今天，以基本分析为主，辅以技术分析，目前也是投资策略的主流。

第三节　现代证券组合理论体系的发展与突破

一、现代证券组合理论的产生

1952 年著名经济学家 Markowitz 发表了一篇以证券组合选择为主题的论文，作为现代金融学的里程碑，其标志着现代投资组合理论的开端。Markowitz 以单期投资为例，即投资者在投资期初用一笔自有资金买入数只证券并持有一段时间，在投资期末将证券出售并将收入用于再投资或者消费。在考虑这一问题时，Markowitz第一次对影响组合投资的风险因素进行了系统性阐述。提出投资者在寻求期望收益最大化的同时也追求收益的波动率最小化，风险与期望收益的权衡成为投资者进行投资决策所考虑的最重要两个因素。在证券收益服从正态分布的假设下，Markowitz分别用收益率期望值和收益率方差来衡量投资预期收益水平和风险程度，建立均值方差模型对收益和风险进行权衡，从而做出最优决策。研究的结果为，投资者风险与收益的权衡应该基于单只证券的收益率、波动率及证券之间的相关性，投资多只证券可以有效降低证券投资的风险。

二、现代证券组合理论的发展

Markowitz 提供的组合管理方法建立在投资者只关注期望收益率与方差的假设前提下，有效解决了投资组合构建的问题。然而这种方法所面临的最大问题是计算量太大，特别是在大规模市场存在上千种证券的情况下。在当时，即使是借助计算机也难以实现，更无法满足实际市场中及时性的要求，这严重阻碍了 Markowitz 方法的推广与使用。1963 年，Markowitz 的学生 William F. Sharpe 提出使用一种简化的计算方法，这一方法通过建立"单因素模型"实现。在此基础上发展出"多因素模型"，结合"套利定价理论"，以图对实际有更准确的近似。这一简化形式使证券投资组合理论在实际金融市场的应用和推广成为可能。特别是 20 世纪 70 年代计算机的发展和普及与软件的成套化和市场化，极大地促进了现代证券组合理论在实际中的应用。当今在西方发达国家，多因素模型已被广泛应用在证券组合中普通股之间的投资分配上。而最初的、更一般的 Markowitz 模型则被广泛应用于不同类型证券之间的投资分配，如债券、股票、风险资产和不动产等。

早在证券组合理论广泛传播之前，Sharpe、Treynor 和 Jensen 三人便几乎同时独立地提出了以下问题："假定每个投资者都使用证券组合理论来经营他们的投资，这将会对证券定价产生怎样的影响？他们在回答这一问题时，分别于 1964 年、1965 年和 1966 年提出了著名的资本资产定价模型。这一模型在金融领域盛行十多年。1976 年，Roll 对这一模型提出了批评，因为该模型永远无法用经验事实来检验。与此同时，Ross 突破性地发展了资本资产定价模型，提出套利定价理论。这一理论认为，只要任何一个投资者不能通过套利获得收益，那么期望收益率一定与风险相联系。这一理论只需要较少的假定。Roll 和 Ross 在 1984 年认为这一理论至少在原则上是可以检验的。

三、现代证券组合理论的突破

Markowitz（1952）提出的投资组合理论被公认为现代金融理论的开端。Markowitz 的理论已经被各大金融机构广泛地用于建立和衡量他们的投资组合。此理论被不断地推广和提升，甚至被用于普通投资者的投资组合管理。随着 Markowitz 拉开序幕，大量关于投资组合管理的经典著作随之涌现。

正是基于投资组合理论的指导，以美国为代表的世界范围内的股票市场得以蓬勃发展，最显著的是作为大规模投资组合代表的共同基金的兴起，共同基金为投资者提供了一种全新的投资方式。

前文中已经简要介绍了现代投资组合理论的核心内容，此处重点介绍大规模投资组合管理和多目标投资组合研究的突破和创新，这能够为基金提供更为科学有效的投资组合管理。通过引入投资组合理论的最新研究成果，基金业将具备强大的投资组合优化能力，根据市场的变化及各种投资策略的盈利水平适时调整其投资组合，这将大大有利于基金业绩的提高。

投资组合理论一个最显著的突破就是大规模投资组合管理的实现。大规模投资组合是指在大量的证券种类中选择并建立投资组合。传统的投资组合理论大多研究中小型投资组合，实际上，大规模投资组合尤其是某些共同基金在股票市场上屡见不鲜而且举足轻重。例如，在 2006 年 11 月 30 日，前卫公司的全股票市场指数投资者共同基金（Vanguard Total Stock Market Index Fund Investor Shares）持有 3 699 种股票，并拥有 838 亿美元的净资产价值。至诚公司的至诚高级扩展市场指数共同基金（Spartan Extended Market Index Fund-Fidelity Advantage Class）持有 3 669 种股票，并拥有 8.43 亿美元的净资产价值。威舍尔公司推出全球包容证券种类最多的市场指数——道琼斯威舍尔 5 000 指数（Dow Jones Wilshire 5 000 Index），基于该指数的共同基金——道琼斯威舍尔指数共同基金持有 2 000~3 000 种股票，并拥有 1.62 亿美元的净资产价值。

经过多年的发展，学术界在大规模投资组合优化研究方面取得了重大突破，这为更好地定位投资组合管理和市场实践提供了有力的理论支持，推进共同基金业的健康快速发展。

首先是产生协方差矩阵的算法的实现，为投资组合理论的研究提供充分的真实数据支持。投资组合管理者在实际工作中使用很多约束条件，但很少见到基于这些约束条件的大规模投资组合的研究。因此，许多有关这些投资组合的重要信息是未知的，原因之一就是缺乏相应的大量数据，大规模投资组合所需要的数据量可以在顷刻之间耗尽几乎所有的金融数据库，而使用简单产生的数据很可能会有失真实性。为了结合历史数据真实性的特点和产生大量的协方差矩阵的特点来产生真实的协方差矩阵，学术界在这方面的研究已取得重大进展。例如，Hirschberger 等（2007）推出了一种算法能够产生无穷的真实的或者更为广泛的具有分布特性的协方差矩阵，这种算法可以使所产生的协方差矩阵的方差和协方差具有的不同分布特征。Hirschberger 用 Java 计算机语言把 Hirschberger 等（2007）算法写成计算机程序，这个软件能迅速产生协方差矩阵，提供无穷的真实数据，这为投资组合选择和投资组合管理的研究做出贡献。

其次是在计算有效边界方面，加权求和法、转成约束条件法、改进的转成约束条件法和投资组合权重无界模型等常用方法，Markowitz and Todd（2000）的关键线算法、Hirschberger 等（2007）算法、Best 和 Kale（2000）算法和相应的软件 Optimizer、CIOS、

QOS-MAX^{TM}和QOS-15^{TM}及Stein等（2007）与A.Niedermayer和D.Niedermayer（2007）的努力构成了投资组合优化理论的突破，为投资组合管理提供强有力的支持。

基于Markowitz（1956，1959）、Markowitz和Todd（2000）系统地论证了有效边界的前后连接的抛物线片段结构并描述了关键线算法来求解精确的有效边界。Todd把该算法编为VBA计算机程序，并把软件称为Optimizer，该程序清晰易懂，易于操作，但由于Excel 2003有256列宽的限制，Optimizer只能用于248种证券的投资组合优化。A.Niedermayer和D.Niedermayer（2007）把关键线算法编为Matlab计算机语言程序的方式克服了这个困难。Best（1996）提出活跃算法（active set algorithm）来求解精确的有效边界，并能处理约束条件中的某些参数，此算法清楚简洁，因此可以被广泛和高效地运用，这一特点在Stein等（2007）的研究中充分体现，三位作者推出一种能够高速和稳定运行的改进版。Best和Kale（2000）提出一种二次性规划算法，并在起始点、核心矩阵、投资组合权重的上界和下界等方面做出重大改进，仅用11秒就计算了1 000种证券的投资组合选择的一个有效解，他们的研究成果由Financiometrics Inc.公司推出并命名为QOS-MAX^{TM}和QOS-15^{TM}（Quadratic Optimization System）。其中，QOS-MAX^{TM}是商业版，而QOS-15^{TM}则是免费的，但只能处理至多15种证券的投资组合选择。作为求解有效边界的一个替代，Hirschberger等（2007）提出一种求解精确的有效边界的算法，Hirschberger等用Java计算机语言把此算法写为程序，这个软件被称为CIOS（Customized Investment Objective Solver）（特定投资目标求解器）。此算法是基于最优化的常用方法，因此清楚易懂，并能实现高速的投资组合优化，如在三分钟精确求解4 000种证券的投资组合选择的有效边界。另外，和Optimizer一样，CIOS具有独立性，也就是CIOS在广为使用的Java下运行，而不依赖于其他软件。最后，Matlab（2004版）软件包的函数portopt和Cplex（2005版）软件包都能提供投资组合优化功能。

下面以CIOS为例简要介绍投资组合优化理论和实践方面的突破。

CIOS不但能够计算有效边界，还能计算基于Markowitz和Todd（2000）的标准投资组合（标准差；预期回报率）空间的可行域。图3-10（a）绘制了投资组合（标准差；预期回报率）空间的可行域Z，并用阴影表示。其中，250种证券用圆圈表示，有效边界的拐点投资组合用圆点表示。可以看到沿着有效边界拐点投资组合的分布是不均匀的，在有效边界的顶端分布比较稀少，而在有效边界的底端分布比较集中。Z的左侧边界是最小方差边界，最小方差边界的上部是有效边界。在这250种成分股票的基础上，又随机选取250种成分股票，仍采用基于Markowitz和Todd（2000）的标准投资组合，图3-10中（b）子图绘制了这500种成分股票的投资组合（标准差；预期回报率）空间的可行域。

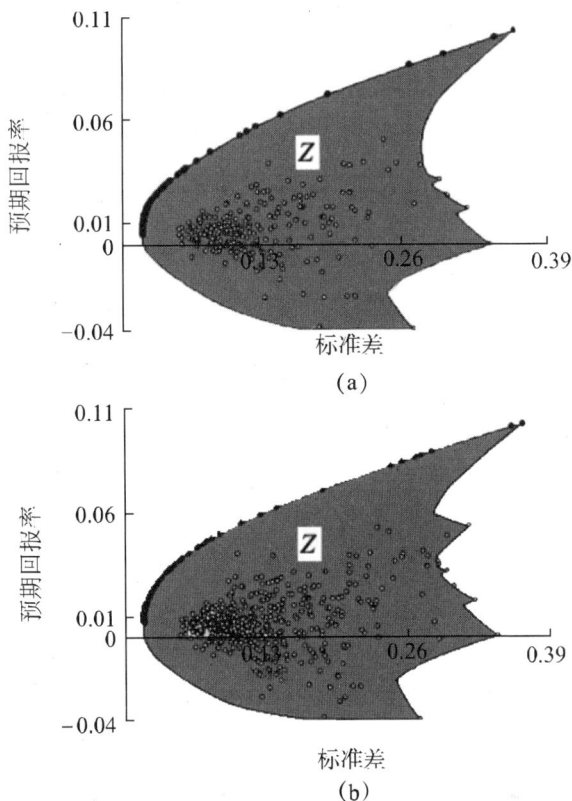

图 3-10　标准–普尔超级复合 1 500 指数的 250 种成分股票的投资组合（标准差，预期回报率）空间的可行域和拐点投资组合（a）及 500 种成分股票的投资组合（标准差，预期回报率）空间的可行域和拐点投资组合（b）

　　基于以上提到的投资组合优化方面的突破，研究人员可以深化投资组合选择和投资组合管理的研究，有了这些算法，就不再需要把协方差矩阵转化为对角线型的协方差矩阵和其他投资组合优化的简化模型，因为可以在 3 分钟计算 4 000 种证券组合选择的精确有效边界。同样的，也不需要由加权求和法与转成约束条件法计算的近似的有效边界。由于 CIOS 和 QOS-MAX^{TM} 等软件的成功开发，可以不再受 Matlab 等商业软件的束缚，并把投资组合选择和投资组合管理的研究推向深入。

　　在投资组合管理初期，由于计算机技术欠发达，大规模投资组合问题需要被简化才能实现。随着计算机技术的进步以及基于投资组合优化方面的研究突破和相应软件 CIOS 和 QOS-MAX^{TM} 的出现，已经不再需要这些投资组合优化的简化模型了。另外，研究人员还可以通过研究这些区别来探讨这些投资组合优化的简化模型的效果，并在此基础上探讨有效和多样化互斥的最新审视、深入研究有效边界的敏感度、确定有效边界的切点投资组合，这些表明我们已经进入一个投资组合选择的新时代。

以上基于 Markowitz（1952）投资组合选择模型的传统投资组合理论都是建立在减小风险和增加预期回报率这两个目标的基础上的。随着研究的不断深入，作为传统投资组合理论的扩展，多目标投资组合管理研究正不断深入，也就是投资者在关注方差和预期回报率的同时，还考虑其他一些目标，如股票的股息、交易流动性、公司研究与发展费用和有社会责任感的投资等，构建多目标投资组合选择模型。多目标投资组合（multi-objective portfolio selection）也称为多准则投资组合（multiple criteria portfolio selection）是个多准则的决策问题，即在投资过程中涉及多个目标和目的，以及多个准则的决策问题。

$$\min\{x^{\mathrm{T}}\sum x = z_1 \text{回报率的方差}\}$$
$$\max\ \{c_2^{\mathrm{T}}x = z_2 \text{预期回报率}\}$$
$$\max\ \{c_3^{\mathrm{T}}x = z_3 \text{预期交易流动性}\}$$
$$\max\ \{c_4^{\mathrm{T}}x = z_4 \text{预期股息率}\}$$
$$\max\ \{c_5^{\mathrm{T}}x = z_5 \text{预期有社会责任感的投资}\}$$
$$\vdots$$
$$\max\ \{c_k^{\mathrm{T}}x = z_k \text{其他线性目标函数}\}$$
$$\text{s.t.}\quad \mathbf{1}^{\mathrm{T}}x = 1$$

其中，c_2 和 c_3 分别为 n 种证券的预期回报率向量和预期交易流动性向量；$c_3, c_4, \cdots,$ c_k 为 n 种证券的其他目标函数向量。模型在投资组合（方差，预期回报率，其他目标）空间的可行域 Z 为

$$Z = \{(x^{\mathrm{T}}\sum x,\ c_2^{\mathrm{T}}x,\ c_3^{\mathrm{T}}x,\ \cdots,\ c_k^{\mathrm{T}}x) \in \mathbb{R}^k \mid \mathbf{1}^{\mathrm{T}}x = 1\}$$

多目标投资组合的目的是将投资者关注的预期回报率和风险以外的交易流动性、预期股息率等其他因素直接融合到构建和管理投资组合的过程中，使投资者能够直接控制这些因素。同经典的投资组合选择模型中的风险和收益一样，将这些因素作为投资组合过程考虑的新的目标函数。这样所构建的多目标投资组合就是将经典的投资组合模型从二维（方差，预期回报率）空间扩展到高维（方差，预期会回报率，其他目标）空间。同时，其图形中的有效边界也就扩展成有效曲面，并且传统的投资组合管理可以看做多目标投资组合管理在投资组合（方差，预期回报率）空间的投影。具体的多目标投资组合构建涉及内容较多，在此本书不再做进一步梳理。

大规模投资组合管理的突破和多目标投资组合的最新进展将为中国及世界范围内的基金业发展提供强大的技术支持。以美国为代表的共同基金业的巨大发展是最好的证明，中国基金管理公司应高度重视投资组合管理，提升基金业绩。同时要充分确保基金份额持有人能够获取基金业绩所带来的收益，而这需要完善当前中国并不完善的契约型基金治理结构，赋予基金持有人足够的权利，加强对基金管理公司的监督，保障基金持有人的权益。

第四章 基金治理研究简介

第一节 国内外基金治理研究

根据法律形式的不同，可以将基金分为契约型基金、公司型基金。

不同的国家（地区）具有不同的法律环境，基金能够采用的法律形式也会有所不同。目前中国的基金全部是契约型基金，而美国的绝大多数基金则是公司型基金。组织形式的不同赋予了基金不同的法律地位，基金投资者所受到的法律保护也因此有所不同。

一、公司治理研究——国内外文献评述

公司治理理论的思想渊源最早可以追溯到 1776 年 Adam Smith 在《国民财富的性质和原因的研究》中对治理问题的论述。Adam Smith 认为，在股份制公司中，由于所有权和经营权的分离而产生了一系列问题，所以应当建立行之有效的制度来解决利益冲突。1932 年，Berle 和 Means 在《现代公司与私有财产》中对所有者主导型企业和经理主导型企业进行了区分，首次明确提出了所有权与经营权相分离的观点，为公司治理的基本问题——代理理论奠定了基础。此后，公司治理理论逐渐成为理论和实务界研究的世界性课题。伴随着企业制度的逐步产生、完善和发展。据考证，"治理结构"由 Williamson 于 1975 年首先提出，而"公司治理"概念最早出现在经济学文献中是在 20 世纪 80 年代中期。

公司治理理论是基于代理问题展开的，而代理问题的根源在于现代企业制度中所有权与经营权的分离。传统的观点认为，在理性人假设下，所有者与经营者具有不同的利益与目标。当存在信息不对称时，经营者可能为了追求自身利益而违背所有者的利益，产生代理成本。例如，管理者为了减少职业风险而放弃净现值为正的投资项目，倾向于增加管理成本改善管理条件。

代理问题突出表现为道德风险和逆向选择。道德风险具体表现为代理人实施有违道德操守的行为，不顾风险只顾逐利，从而使委托资产遭受损失，损害委托人利益。而逆向选择具体表现为代理人掌握信息多于委托人，从而实施违反所定契约规定的行为，导致委托财产遭受损失，侵害委托人利益。

公司治理理论的研究核心即建立一套有效的治理结构，减少代理成本，以保护利益相关者。由于学术界和业界对公司治理范围和概念的界定尚未达成一个统一的观点。本书在此只介绍几个有代表性的公司治理定义。

（1）Williamson（1984）认为，公司治理是通过股东大会、董事会、监事会及管理层这样一种制度安排的"治理结构"为基础的组织设计。

（2）Fama 和 Jensen（1983）认为，公司治理应致力于解决所有者与经营者之间的代理关系，使所有者与经营者利益一致，核心是降低代理成本。

（3）Cochran 和 Wartick（1985）认为，公司治理要解决的是高管、股东、董事、债权人和政府等一系列利益相关者的利益关系。公司治理的核心问题是决策获利的实际情况与规范研究。

（4）Blair（1995）认为，从狭义上看公司治理是有关公司董事会功能、结构和股东权利等方面的制度安排；从广义上看，公司治理则涉及法律、文化和制度性安排等外部因素。从内部治理和外部治理的角度对公司治理进行了分析。

（5）Shleifer 和 Vshny（1997）认为，公司治理是保护投资者获得收益的一系列制度安排，其中心课题是要保护包括股东和债权人在内的资本供给者的利益。

（6）世界银行对公司治理的定义是如何最大限度地保护股东利益的问题。它集中考虑公司经营者与公司所有者和董事会的关系，以保证公司的管理最大限度地体现所有者的利益。完善的治理结构应利益公平、信息透明、信誉可靠。

由于公司治理的研究实在非常丰富，在此不再对公司治理的具体内涵进行进一步的剖析，而仅就能直观反映出治理结构状况，公司治理研究的核心部分——公司治理评价相关文献进行梳理（对公司治理具体内容感兴趣的读者可以参考李维安先生的《公司治理学》）。

现有研究对公司治理的范围界定存在不同的意见，围绕公司治理评价的讨论也呈现出不同的角度，在 Blair（1995）讨论的基础上，Keasey 等（1997）总结了公司治理理论研究的四种主要方向：所有者-代理人模型、短视市场模型、高管权利滥用模型及利益相关者模型。在认可企业目标是股东权益最大化的基础上，本书选取所有者-代理人的模型进行研究，基于公司治理是保证投资者获得回报的一系列机制运作（Shleifer and Vishny，1997）的观点对主要公司治理内部治理评价机制进行系统的梳理。

许多早期的公司治理评价都只将关注点放在某一个治理要素上，如独立董事在董事会中的占比和二元性（董事长与总经理是否兼任）。最早的公司治理评价研究可追溯到 20 世纪 50 年代。1950 年，杰克逊·马丁德尔提出了董事会绩效分析。1952年，美国机构投资者协会设计出了第一套正式评价董事会的程序。随着相对全面的公司治理数据库的出现，综合指数评价方式逐渐成为公司治理评价的主流。20 世纪 90 年代末亚洲金融危机，以及随后的安然及世通事件逐渐引起了对公司治理评价的广泛关注，从金融和会计角度对公司治理进行评价的综合指数出现并不断完善。

广泛使用的 G 指数（Gompers et al., 2003）就是一种典型的综合测度指数，G 指数主要从股东权益角度衡量治理质量，把美国投资者责任研究中心（Investor Responsibility Research Center, IRRC）提出的 24 项公司治理条款从延缓收购、限制股东投票权、管理层保护、其他接管防御措施及国家法律五个维度加以区分，赋予相等权重并进行加总计算，G 指数每一分的增加意味着股东权益的削弱，故拥有较高分数的公司治理水平较低。

但有些学者认为 GIM 采用的 24 项公司治理条款对股东价值的影响程度可能存在差异，因而对这些条款进行等权重赋值可能存在偏差。在认定 GIM 采用的 24 项公司治理条款对股东权益的影响存在差异，部分项目具有高度相关性的基础上，Bebchuk 等（2009）选取了分期分级董事会条款、股东修订公司章程限制、毒丸计划、金色降落伞及兼并和修订公司章程遵循绝对多数原则的规定等 6 个要素，进行 0 与 1 的赋值，构建 E 指数，衡量股东权益受限及反敌意收购的程度。由于 G 指数和 E 指数主要针对美国企业，而美国的公司治理主要依靠控制权市场竞争实现，其普适性受到限制，并且 G 指数和 E 指数始终只涉及股东权益的限制这一角度，反映公司治理水平具有局限性。

在对 G 指数和 E 指数的研究扩展的基础上，Brown 和 Caylor（2006）对审计、董事会及董事背景、股权结构进行了综合考虑，根据美国机构股东服务公司（Institutional Shareholder Services Inc., ISS）提供的数据选取 51 个治理变量进行等权重的加总积分，构建了公司治理得分（gov-score），反映了内部治理与外部治理特征。

不仅学界对公司治理评价进行了探索，许多机构和公司也对公司治理构建了指数评价或者排名。国际治理标准公司（Governance Metrics International, GMI）从董事会责任、企业社会责任、高管薪酬、财务披露和内部控制、敌意收购防御及股东权益选择了 500 个治理要素，采用非对称几何算法，以股东权益赋予权重构建 GMI 指数；标普公司（the Standard & Poor's Corporation, S&P）将治理评价分为国家治理与公司治理，从所有者结构和利益相关者影响，股东权利与关系，财务透明度与信息披露及董事会结构与流程评价公司治理，构建范围介于 1~10 的 CGS 指数；美国审计诚信研究机构（Audit Integrity Research Services, AIRS）构建 AGR 指数作为企业欺诈违约可能性的直接测度，以此来衡量企业的公司治理水平；此外穆迪公司的公司治理评估（corporate governance assessment, CGA），戴米诺公司的公司治理评级（corporate governance rating, CGR），企业图书馆编制的 TCL 指数也是国外机构对公司治理进行评价的重要成果。

在对公司治理进行评价的过程中，一些学者将主成分分析法（principal components analysis, PCA）进行了应用，简化了公司治理评价的过程。Larcker

等（2007）采用主成分分析法从 39 个治理变量中提取了 14 个评价指标，对公司治理进行评价。Beekes 等（2010）也通过主成分分析法从 17 个治理变量中提取了 7 个指标进行公司治理评价。主成分分析法的应用修正了治理要素相关矩阵的偏差问题，并对公司治理评价要素选择进行了简化，是公司治理评价的一大进步。一些学者还结合所在地公司治理情境的考虑，设计了针对本国的公司治理评价系统，如 Black 等（2006）设计的 KCGI 韩国公司评价指数与 Balasubramaniam 等（2010）的印度公司评价指数。

综上所述，国外的公司治理评价体系涵盖的范围越来越广，考虑的因素也越来越充分，逐渐由单一因素评价的方式逐渐转变为综合指数评价的方式，并且不少学者正在探索简单易行却切实有效的评价体系的建立。但是由于公司治理理论对其范围并无一个统一公认的界定，故公司治理评价指标的选择仍存在很大争议，关于公司治理评价的探索仍然在不断地进行。

中国独特的制度环境和市场环境为公司治理研究和实践提供了特殊的土壤，中国证监会于 2002 年 1 月 7 日颁布《上市公司治理准则》，该准则对股东权利、股东大会的规范、控股股东行为、董事的选聘程序、董事的义务、董事会的构成、董事会的职责、董事会专门委员会、监事会的职责、信息披露、绩效评价与激励约束机制及利益相关者的利益保护等方面都做了明确规定。在此基础上，关于中国公司治理质量的评价逐渐开始。

国内公司治理评价的研究发展较晚，学者借鉴国外成熟的治理评价体系，在结合中国上市公司特点的基础上编制公司治理指数。南开大学公司治理研究中心公司治理评价课题组（2003）根据中国独特的治理环境，结合中国上市公司特点从股东权益和控股股东、董事会、经理层、监事会、信息披露、利益相关者 6 个维度构建中国上市公司治理状况评价指标体系，并建立公司治理指数评价模型，在国内首先开展了上市公司治理状况的评级研究，比较全面地评价了中国上市公司治理质量，有力地指导了公司治理实践，取得了较好成果。

但南开治理指数每年仅公布百强，且编制方法相对复杂，采用 100 分制的打分方式，因此有不少学者探索了简化的打分方式。潘福祥（2004）根据中国上市公司的现实，从简化的角度考虑，在外部机构审核评价、股权结构、董事会治理机制及经理人激励情况四个分指标下设置 11 个指标构建中国上市公司治理指数（CGI）；白重恩等（2005）等采用主成分分析法提取了二元性，外部董事控股，国有控股等 8 个变量构建了 G 指标来反映中国上市公司治理水平；李汉军和张俊喜（2006）采用 PCA 的方法，将内部董事占比、董事会的有效性、经理层、信息披露、第 1 大股东持股比例及第 2 到第 10 大股东持股比例计算成一个指标，称为 IG。

一些学者对评价公司治理的方式和方向进行了创新，从不同视角，运用不同的变量对公司治理评价体系进行了探索。郝臣（2009）采用因子分析法得到股权集中度、董事和高管薪酬等 9 个因子，然后以 9 个因子的方差贡献率作为权重，加权计算反映公司治理综合状况的治理指数；安占强（2009）也通过因子分析法将诸多治理变量提取为单一的公司治理指数，来反映公司治理的综合水平；因子分析法简化了公司治理评价变量的数据收集，提升了公司治理评价的效率。

高明华（2013）则特别关注公司治理中的财务系统部分，强调较高的财务治理质量不仅能够合理配置各财务主体的权责利，有力控制每个财务环节，有效监督财务行为，还能适当激励财务主体，是公司正常运行的关键保障，将财务治理作为公司治理的子系统单独进行评价，从财权配置、财务控制、财务监督和财务激励四个方面，运用层次分析法（analytic hierarchy process，AHP）确定权重构建财务治理指数，对财务治理状况进行了反映，从新的角度评价了公司治理水平。

王福胜和刘仕煜（2010）则是在以 Ohlson 会计评价模型为基础之上，提出一种构造公司治理评价指标的简化方法，即颠覆传统公司治理指标体系构建的研究思路，在以往经验研究的基础上，先假设公司治理与企业价值存在显著相关性，再利用 Ohlson 模型从企业价值（股价）中分离出公司治理因素的价值，并以此作为公司治理的评价指标，对公司治理评价的方式进行了创新。

一些学者还针对不同的企业群体提出了不同的研究角度，郝臣（2008）在结合中小企业特点的基础上设计了中小企业治理评价指标体系，通过实证研究发现中小企业治理结构与机制的建立仅仅是形式上所为，据此给出中小企业治理评价的新建议。

总体来看，国内的公司治理评价研究虽然起步较晚，但自 2002 年《上市公司治理准则》颁布以来，发展很快，以南开大学公司治理指数为代表的公司治理评价体系已经能比较有效地反映中国公司治理水平，从而有力地指导了公司治理实践，并促进公司治理理论的发展。近年来学者对公司治理评价方式和方向的创新，促进了中国公司治理评价研究的发展，给公司治理实践带来新的启示。但是，与国外研究相比，中国公司治理评价的发展仍然相对滞后，具体表现在以下几个方面。

（1）公司治理评价的对象及内容需要进一步拓展，目前国内的公司治理研究主要针对中国的上市公司，对中小企业、集团公司和跨国公司的关注比较少。首先，随着中国经济新常态所带来的新一波创业浪潮的到来，中小企业的公司治理问题将变得更加突出，而国内针对中小企业的公司治理研究是不足的。其次，现有公司治理评价体系对集团公司和跨国公司的关注不足，集团公司和跨国公司的公司治理与一般上市公司是显著不同的，对母子公司的股权结构，关联方交易应该给予更多的关注。

（2）公司治理评价体系的普适性和实用性受到限制，南开大学公司治理指数虽然比较客观地反映了中国上市公司的治理状况，但每年仅公布公司治理百强，同时采用设置复杂指标体系的 100 分制的指数编制方式，导致其实用性受到限制；采用 0—1 打分的指数编制方式有效提高了公司治理评价的效率及客观性，但是国内现有的公司治理评价指标编制时间较早，没有得到及时的更新，主要关注董事会设置、公司章程和监事会设置等公司治理制度因素上，对公司治理机制的关注较少。随着近年来财务造假，国企腐败，环境污染等企业治理问题的不断出现，我们认为有必要对公司治理评价体系进行更新，通过实证筛除已经难以反映公司治理质量的静态治理制度因素，同时加入更多能够反映问题的动态治理机制因素，如企业社会责任、财务运作机制等。

国内外现有的研究并未对公司治理的界定给出一个准确的定义，因此公司治理评价应该随着公司治理理论研究成果的发展，公司治理实践的需要而往前推进。近年来，国内外的公司治理理论研究取得了不少新的成果，如 Fich 和 Shivdasani（2006）在实证的基础上发现在多个公司有兼任，繁忙的外部董事与公司业绩呈负相关；Fracassi 和 Tate（2012）用数据证明了总经理与外部董事的外部网络关系（如曾在同一公司为同事，有相同的教育背景）会削弱董事会对总经理的监管；Mariassunta 等（2014）以中国上市公司董事为样本，实证了新兴国家上市公司董事具有在公司治理质量较好的国家受教育的背景对公司价值具有正向作用。本书认为国内现有的公司治理评价体系的理论基础大多停留在 2006 年以前，没有及时更新评价指标设置，公司治理评价相对滞后。

接下来通过设计案例实证分析的方法对现有公司治理评价体系的有效性进行了讨论，实际指出中国现有的公司治理评价体系的不足，试图论证中国公司治理为何不能有效地引导基金治理的原因。

1. 样本选择与分析

本书从色诺芬经济金融数据库（CCER）的中国上市公司违规数据库查询了 2011~2013 年度被中国证监会判定为违法违规的企业，通过梳理相关文献并进行网络查询，确定两家违规事件影响大且公司治理问题严重的企业。并通过行业和市值进行筛选，找出与之所处行业相同且市值相当的两家企业作为对比。通过筛选，本节选取的违规企业为万福生科（300268）和南纺股份（600250），与之相对比的企业分别为大北农（002385）和泰达股份（000652）。万福生科于 2013 年被披露五年连续造假，给中小投资者带来巨额损失；大北农与万福生科同属农业企业，且市值相当，但公司治理业绩显著好于万福生科，因此将这两家企业作为第一组样本。南纺股份于 2014 年被披露连续五年财务造假，同样给投资者带来巨额损失，本节选取其同行业且市值相当但公司治理业绩显著不同的泰达股份与之形成对比，将这两家企业作为第二组样本。

2. 研究设计

为检验现有公司治理体系的有效性与实用性，本节对选取的两组样本企业进行公司治理打分评价比较。虽然南开大学公司治理指数在公司治理实践的验证下展现了较好结果，但由于其编制过程的复杂，披露内容的有限，笔者认为其实用性存在一定限制，故不对其进行检验；Ohlson 会计模型的检验方式由公司治理业绩导出对公司治理质量评价，笔者认为这种方式虽然比较准确，但却没有解释公司治理评价的核心问题，即探讨影响企业公司治理的因素，故不对其进行检验。本节的评价方法主要分为三类。

（1）仅从公司治理制度层面评价公司治理质量，从董事会设置、监事会设置和经理层设置等治理制度层面因素构建治理指数评价公司治理质量。

（2）参照已有的公司治理评价体系，对样本企业的公司治理质量进行评价对比。本节引用潘福祥编制的 CGI 指数、白重恩等编制的 G 指标、李汉军等编制的 IG 指数进行评价。

（3）根据公司治理理论近年来的发展，引入企业社会责任、财务状况与信息披露、人物特征与关系信息指标对样本企业进行打分评价。

本书从新浪财经样本公司的年报获取相关信息，对样本公司 2011~2013 年的治理水平进行打分。通过打分评价，希望探讨三个问题，即仅从公司治理制度层面评价公司治理质量是否有效，已有的简化的公司治理评价体系是否有效，企业社会责任等治理因素对中国公司治理评价是否可能有贡献。为简化研究过程，构建评价体系过程中本节没有考虑权重问题，而是采用 0—1 变量打分方式直接进行加总。

3. 公司治理评价过程与效果

（1）从公司治理制度层面评价公司治理质量，笔者根据《上市公司治理准则》与《中华人民共和公司法》等公司治理相关法律法规确定评价指标，以"是否符合相关法规要求"设置 0—1 变量，若上市公司相关治理制度符合证监会等监管机构要求，即为 1，否则为 0，从董事会设置、监事会设置、经理层设置、信息披露要求和公司章程要求五个方面选取治理变量来评价样本公司治理水平。简便打分过程，本书在进行打分过程中未考虑权重问题。具体指标设置如表 4-1 所示。

表 4-1　公司治理制度评价

目标层	准则层	要素层
公司治理 制度评价	董事会设置	是否制定董事会细则
		独立董事在董事会占比是否满足证监会要求
		董事会会议是否记录
	监事会设置	是否制定监事会细则
		职工监事在监事会占比是否满足证监会要求
		监事会会议是否记录
	经理层设置	经理层变更程序是否有相关规定
		总经理的薪酬是否公开披露

目标层	准则层	要素层
公司治理制度评价	信息披露	是否按证监会要求及时披露信息
		是否对会计准则和审计意见进行披露
		是否对内部控制和治理结构进行披露
	公司章程	是否实行累积投票制度
		公司章程是否赋予股东大会召集权

评价结果发现样本企业的得分没有差异，说明仅从静态治理制度层面选取评价变量，而忽略动态治理机制的影响的治理评价系统难以对公司治理绩效不同的企业进行区分。

（2）根据参考文献中对公司治理评价指数编制方法的梳理，本书引用潘福祥编制的 CGI 指数，白重恩等编制的 G 指标，李汉军等编制的 IG 指数进行实证研究。其具体打分方式如下。

CGI 指数：将公司治理综合评价指数分成外部机构审核评价、股权结构、董事会治理机制和经理人激励情况四个分指标，每个分指标下设若干二级指标，最后将全部分指标设定为三个层次赋予不同权重加总计算。

G 指标：选取二元性、外部董事比例、五大高管人员持股量、第一大股东持股量、第二至第十大股东持股量集中度、企业是否拥有母公司、是否在其他市场挂牌上市和是否国有控股八个治理变量，再采用统计上常用的主元分析法，寻找上述变量线性组合来最大化描述变量的变化情况，从主元分析法中得出的第一大主元被定义为反映公司治理水平的 G 指标。

IG 指数：采用主成分分析法，将内部董事比例、董事会的有效性、经理层、信息披露、第一大股东持股比例、第二至第十大股东持股比例这几项指标计算成公司治理指数，简称 IG。

通过比较评价结果，笔者发现相对于仅从公司治理制度层面评价治理质量，采用综合指数的方法更能反映公司治理水平。CGI 指数、G 指标和 IG 指数能反映出样本公司治理质量的差别，从股权结构角度较好地区分了公司治理水平不同的企业。但是笔者认为上述指数对董事会有效性、经理层激励状况、财务状况和信息披露的关注不足，且彼此之间存在矛盾，如对外部董事比例和内部董事比例的评价态度不同。针对此，笔者认为对董事会、经理层、财务状况和信息披露治理变量的选择仍需在进一步实证研究后进行。

（3）基于公司治理理论近年来的发展，本书引入企业社会责任、财务状况与信息披露、人物特征与关系信息指标对样本企业进行治理评价，具体指标设置如表 4-2 所示。

表 4-2　公司治理新角度评价

目标层	准则层	要素层
公司治理 新角度评价	企业社会责任	是否公布企业社会责任报告
		是否有企业从事慈善活动的相关材料证明
		是否因为污染环境或提供劣质产品受到处罚
	财务状况与信息披露	是否对企业的固定资产和无形资产变动进行准确而又详细的披露
		是否对企业的主要供应商和客户信息进行详细披露
		是否对企业的内部控制进行披露
		企业的应收账款与利润是否同向变动
		企业的自由现金流是否持续为负
	人物特征与关系信息 指标	董事会、监事会、经理层成员中是否有会计学习或者从业背景人员
		CEO与董事会成员是否有外部网络关系
		董事会中是否有来自公司治理质量高的国家 教育背景的董事
		是否聘用繁忙的外部董事 （在三个以上公司兼任）

评价结果表明样本企业在上述三个方面存在很大差异，具体如下。

公司治理质量较好的企业主动承担社会责任并定期公布社会责任报告；而公司治理质量较差的企业没有主动承担社会责任的证据，没有关于社会责任报告的记录。

公司治理质量较好的企业对固定资产和无形资产，主要供应商和客户信息，以及企业的内部控制进行了详细而准确的披露，企业财务状况表现正常，不存在持续消极的状态；而公司治理质量较差的企业信息披露不全，财务表现不佳。

人物特征与信息对公司治理质量存在明显影响，通过比较，笔者发现公司治理质量较好的企业存在会计背景的董事会成员、对繁忙的外部董事聘用较少；而公司治理质量较差的企业则不然，董事会成员的人物特征和背景显著不同。

基于相关的治理理论研究文献及本节的实践样本比较，笔者认为企业社会责任指标，财务状况与信息披露指标，人物特征与信息指标可能成为有效公司治理评价的新视角。

基于以上分析，本书认为由于中国公司治理评价的研究发展本身比较滞后，某些评价体系已经失去了区分好坏企业的效力。而中国基金管理公司的治理机制又几乎是以国内公司治理机制为参照进行设计，因此中国的基金治理状况也显得相对糟糕。而由于中国基金是契约型基金，其治理结构设计上又存在很大的特殊性，后文将对契约型基金治理机构的特殊性进行分析。

二、基金治理研究的特殊性

随着中国资本市场的迅速发展，证券投资基金逐渐成为投资者获得收益的重要途径。同时证券投资基金作为机构投资人对上市公司形成激励与约束机制，有利于资本市场的健康发展。但近年来基金"老鼠仓"和"内幕交易"等损害投资者利益的事件频发，暴露出证券投资基金本身严重的治理问题。党的十八大以来，治理作为关键词逐渐深化到改革与发展当中，建立合理有效的治理评价体系成为引导资源配置的重要途径。而如何评价基金治理水平，如何建立合理的治理结构保护投资者获得收益则成为基金治理研究的核心问题。

不同于美国以公司型的组织形式为主，中国基金业均采用契约型运营管理方式。委托代理理论认为，所有权和经营权的分离是委托代理问题产生的根源，在利益不一致和信息不对称的情况下，代理人可能为追求自身经济利益而违背委托人的利益，带来代理成本。

由于组织形式的特殊性，契约型基金代理成本主要包括两个部分：一是基金投资人委托基金管理公司的代理成本；二是基金管理公司与基金经理之间的代理成本。一方面，基金持有人的目标是最大化风险调整收益；另一方面，由于基金管理费的收取是根据基金净值确定，基金管理者的目标是扩大管理的资产净值总额以获得最大收益，因此基金管理公司可能为追求管理费的增加操作净值、损害相关持有人利益，形成代理成本。而基金经理可能为追求自身经济利益的提升或者降低失去工作的风险，通过关联交易与内幕交易操纵市场或者违背招股说明书中的投资策略消极管理，从而使基金投资者的利益受到损害。

三、国外基金治理研究概况

对基金治理的早期研究一般认为来自1962年的沃顿报告，该报告考察美国公司型基金的治理结构，特别是基金董事会的作用，该报告认为独立董事占少数的基金公司不能有效保护投资者的利益，而且证实股东投票权是没有多少作用的。基金中的投资者更像是顾客而不是股东，开放式基金的赎回机制是主要的退出渠道，并提出独立董事的人数应占董事人数的一半以上。虽然直到2000年这一要求才被美国证券交易委员会（Securities and Exchange Commission，SEC）所采纳，但事实上从20世纪70年代以来，美国基金公司中独立董事占到所有董事一半以上。

从国外的资料来看，目前，美国作为全球证券投资基金业最为发达的国家，共同基金是最普遍的基金形式。因此，多数有关证券投资基金治理结构的研究文献都散落于公司治理的研究文献之中，且主要是针对公司型基金而言的。基于与普通公司类似的架构，美国基金治理结构的研究基本上用公司治理结构同样的方法，有些从委托代理理论出发研究基金治理问题的必要性，而有些则用计量经济学的方法从实证的角度来研究基金公司董事会结构变量与基金业不少学者认为公司型基金治理评价与一般公司治理评价存在差异。因为基金公司只设立董事会，不设立经理层，基金资产由董事会委托基金管理人管理，公司型证券市场基金在组织结构方面存在独特性。针对此，不少研究将重心放在了基金董事会质量与经理人约束激励方面。Bill 和 Wermer（2005）检验了开放式共同基金董事会结构对其绩效的影响，发现充足的独立董事有利于基金业绩的提升，独立董事在更换表现较差的基金经理过程中发挥关键的作用。Tufano 和 Sevick（1997）则发现独立董事比率的提升有利于降低基金费用，强调独立董事在基金治理中的监督作用。Kong 和 Tang（2008）则发现单一董事会制，即整个基金家族的所有基金由相同的董事会成员进行监管，有利于基金费率的降低和基金业绩的提升。而 Chen 和 Huang（2011）则发现经理人激励对基金业绩有提升作用，较高的董事会质量有利于未来基金业绩的提升。由于共同基金的核心是管理投资组合，基金治理的评价固然离不开对投资组合状态的分析，Qi 等（2015）对投资组合的构建提供了创新性的看法，有利于对基金治理投资组合状态进行考察业绩之间的关系。

　　尽管基金治理的研究文献不及公司治理的研究文献那样浩繁，而多数研究又侧重于实证分析，但涉及的内容却相当丰富。英国、德国和日本等国家先后引入公司型基金，亦有一定的研究成果。

　　在这些国外的研究资料中，美国对公司型基金的法学研究文章主要是集中于基金公司独立董事制度和股东诉讼方面，且多为基于案例的实证研究，鲜有法律关系的分析。

　　关于中国契约型基金治理结构的完善则相对较少，而关于公司型基金治理的研究并不十分符合中国国情，但可以借鉴其中有效的治理措施。

四、中国证券投资基金治理现状

（一）内部治理

　　契约型基金运营模式下，基金持有人、基金管理人和基金托管人订立信托契约，基金份额由基金持有人持有，基金资产由基金托管人保管、基金管理人进行投资理财。此种模式下，基金投资者通过选择终止契约来使自己的利益不受损害，即"用脚投票"。因此国内关于基金治理评价的研究主要依靠评价基金管理公司治理或者改善外部治理环境的角度进行展开。

　　1997 年颁布的《证券投资基金管理暂行办法》基本上确立了以信托为核心的

契约型基金治理架构，而 2004 年 6 月 1 日实施的《中华人民共和国证券投资基金法》是对这一基本架构的进一步完善。

中国契约型基金内部治理结构中的三方当事人——基金份额持有人、基金管理人和基金托管人构成这样一种法律关系：基金采用自益信托的方式，由基金份额持有人通过购买基金管理人发行的基金份额，与基金管理人和基金托管人签订信托契约，成为信托关系中的委托人和受益人；基金管理人和基金托管人共同处于信托受托人地位，通过信托契约（基金合同）和托管协议来明确各自在管理、运用、监督基金财产方面的职责。

从契约型基金的表现来看，其在基金持有人利益保护方面存在明显的弊端。尤其是近年来较为突出的"老鼠仓"问题，造成大量基金持有人利益受到损害，从而充分表明契约型基金的制度设计存在缺陷，根本问题是基金管理人在基金治理结构中缺乏制衡、一方独大。投资基金的核心价值是保护基金持有人的利益，而契约型基金从基金的发行到托管再到管理甚至分配，都是以基金管理人为权力核心而进行。理论上，基金持有人利益的保护除了基金管理人的依法履责和自律外，关键在于对基金管理人行为的制约。然而，在实践中契约型基金法律关系的其他两个主体——基金持有人和基金托管人对基金管理人的制约却流于形式。

从目前中国契约型基金治理结构的制度安排上看，基金份额持有人、基金管理人和基金托管人之间尚未形成有效的制衡机制，基金治理结构还存在各种设计缺陷：一是基金份额持有人在契约关系中明显处于颓势，基金份额持有人利益代表主体缺位和基金份额持有人大会形同虚设，无法形成对基金管理人的有效约束，而缺乏事后救济的诉讼制度，则更加助长了基金管理人的道德风险；二是基金托管人地位缺乏独立性，致使对基金管理人的监督约束软弱，而受自身利益驱动的影响和自身客观条件的限制，愈加造成对基金管理人的监督动力不足和消极行为频现；三是基金管理公司治理有待完善，基金管理人行为有失规范，基金管理公司股权结构存在问题导致关联交易经常发生，独立董事制度尚需完善，还难以发挥应有功能和效用。

契约型基金不设置董事会，基金持有人利益代言人缺失，基金持有人和托管人监督职能不足，基金管理人自律效果不好。针对外部治理环境，国内相关的研究提出了改善措施。李建国（2003）针对中国基金治理结构特点提出了一个基金治理的分析框架。沈华珊（2002）、刘谦（2004）等建议引入受托委员会，代表基金持有人利益，遏制基金管理人滥用权力。刘志军（2006）深入研究了中国基金信息披露中存在的问题，提出了完善信息披露制度、优化基金治理结构的措施。祁玲和孙敏（2009）提出通过引入有影响力的大股东加强基金持有人对基金管理人的监管，引入外资金融机构强化基金托管人的监管能力，通过声誉机制对基金管理人进行激励等建议。

针对基金管理公司治理评价，何杰（2005）将 2002 年中国契约型封闭式基金的数据作为样本，分析基金管理公司治理结构特征、基金管理公司独立董事与基金业绩的关系，发现基金管理公司独立董事背景、董事会规模及机构投资者持有基金管理公司股份与基金费率、业绩存在关系。刘炜（2006）则借鉴标准普尔公司 CGS 评价体系，从所有权结构和影响、利益相关人关系、财务透明性与信息披露和董事会结构与运作四个方面提出了对证券投资管理公司的评价方法。武立东（2007）用实证的方法探究了中国民营上市公司的公司治理、公司业绩与高管报酬的关系，为基金治理考察业绩薪酬提供了思路。张美霞（2007）则关注到基金经理的声誉效应对基金管理公司治理评价的可能性，强调对基金经理的约束与激励，重视披露基金经理的更换及其去向。杨雄胜等（2008）采用实证研究的方法探讨了基金管理公司股东对基金投资者回报的影响，强调了具有控制权的股东、独立董事在完善基金治理结构中的作用。李建标等（2009）利用实验的方法深入分析了董事会决策，从公司治理角度为基金管理公司董事会评价提供了参考依据。肖继辉和彭文平（2010）将开放式证券市场基金作为样本对基金管理公司内部治理状况和其业绩进行实证分析，强调了基金管理公司内部治理结构的重要性。滕莉莉等（2013）检验了管理人持有基金份额的投资基金治理效应，发现管理人持有基金份额能够有效治理其不当行为。

李建国（2003）认为，基金治理结构所要解决的中心问题是有关基金管理人的激励与监督。基金治理由三类要素组成——内部治理、外部治理和第三方治理。基金治理结构是对应基金治理要素按照一定规则所做的排列组合。基金治理结构的市场化要求将基金治理建立在平等交易和自由选择的基础上，使市场对各种基金治理要素起基础性支配作用。

（二）外部治理

1. 市场竞争机制的形成

十几年来，随着中国基金市场规模的不断扩大，基金管理人和基金经理的队伍不断壮大，市场竞争机制也逐步形成，渐显效应，市场竞争的良性发展，市场效率的日益提升，都在一定程度上影响和促进了基金管理人的行为规范。

2. 基金监管体系的完善

基金监管体系是全方位、多层次的，包括基金法律体系、基金监管组织和基金监管内容等诸多方面。从基金法律体系看，随着《中华人民共和国证券投资基金法》及其配套法律法规的相继出台，中国逐步形成了包括国家法律、行政法规和部门规范等在内的比较完备的基金法律体系，为完善证券投资基金治理奠定了法律基础；从基金监管组织看，形成了政府监管、行业组织自律、基金内部监管、社会监督和投资者监管等多方面的监管组织；从监管内容看，主要包括对基金服务机构的监管、对基金投资运作的监管和对基金行业高级管理人员的监管等方面。应当说，全方位、多层次基金监管体系的正在形成，既为基金治理的制度安排提供了坚实基础，也为基金治理的健全规范创造了良好环境。

（三）经济新常态下基金治理研究的意义

1. 理论意义：基金治理理论框架的构建和相关研究充实金融机构治理理论

近年来，中国基金行业的发展取得了举世瞩目的成就，对于推动整个市场的结构转换，以及市场投资理念的转型等都发挥了十分积极的作用。基金治理被视为基金行业发展的基本保障，基金管理公司高效、合规的管理与操作能够大大提高市场的稳定和公平，增强投资者信心、促进行业健康、稳定、快速的发展（李干斌，2006）。中国基金行业规范发展的历史虽然很短，但是在基金治理方面的建设发展很快，建立了一套相对比较完善的法律法规体系。不过随着基金行业的快速发展，基金治理中不断产生的新问题，有时候甚至是一些丑闻不时见诸报端，给行业的健康、持续的发展产生了一些不利的影响。随着市场的日趋复杂，基金行业的治理问题开始成为一个值得深入讨论的重要问题（巴曙松等，2009）。因此，现实中需要对中国的基金治理问题进行系统的理论研究，为建立科学、合理的基金治理结构提供支持和指导；基金不同于银行和保险公司等一般意义上的金融机构，有其特有的治理特殊性，因此课题研究的开展能够同时弥补目前金融机构治理理论多以银行和保险公司为研究对象的不足和丰富金融机构治理理论。

2. 实践意义：基金治理是中国基金业快速发展和保护基民权益的制度保障

证券投资基金治理功能的发挥是资本市场上一种重要的市场激励和约束力量（赵雄凯，2000），是上市公司治理的主要参与主体之一，股权分置改革为基金治理功能合法地位的确立及其发挥提供了难得的机遇（季冬生，2007），基金在股权分置改革过程中也充分展现了其影响上市公司治理的潜能，也有学者研究了基金参与公司治理的可行性分析（徐亚沁，2009）。中国的投资基金起步于20世纪90年代的初期，经过十多年的发展，已经成为一只不可忽视的力量，在金融业中的地位也越来越高。但是中国基金业的发展并非一帆风顺，"老鼠仓"、内幕交易、关联交易等基金丑闻的存在成为困扰基金业发展的一大顽疾，也充分暴露了中国契约型证券投资基金治理结构中所存在的严重问题。深究这些基金丑闻发生背后的制度根源，会发现归根结底是中国契约型基金治理结构不完善造成的，基金持有人、托管人和管理人之间的权利义务约定不明，三者之间并没有形成有效的激励和制约机制（徐振，2010）。2000年中国基金黑幕、2003年美国基金丑闻的发生，促使理论界与实践界对投资基金治理进行深入反思，使基金从公司治理参与主体转向了被治理的对象。近几年来中国的基金市场十分繁荣，基金业发展迅速，但只有从根本上保护基金投资者即基金持有人的权益，证券市场才能持续健康发展，真正向党的十八届三中全会提出的完善中国金融体系迈出根本的一步。

五、中国基金治理研究文献回顾

目前国内关于公司型基金的中文文献主要集中于引入公司型基金的必要性、引入公司型基金的法律障碍两方面。在引入公司型基金的必要性方面，几乎所有观点均支持引入公司型基金。在引入公司型基金的法律障碍方面，有大量的论文涉足，且结论较为一致，即认为公司型基金存在诸多法律障碍。

此外，国内对证券投资基金的经济学研究主要关注证券投资基金效率研究，核心问题是对基金委托代理契约效率的研究，实际上就是研究委托人和代理人之间的信息不对称而造成的"委托代理问题"对契约效率的影响。

（一）当前国内有关基金公司治理研究

当前国内有关基金公司治理研究的著作主要如下。

贝政新（2006）从海外基金治理述评、基金内部治理研究与基金外部治理研究三部分，阐述了国外的基金治理述评、基金激励机制研究、契约型和公司型基金的约束机制研究、市场竞争与基金治理、基金治理与基金评级和基金监管与基金治理等内容，为中国的基金治理和基金行业的稳定发展奠定了基石。

屈年增（2006）依据其在证券和基金领域丰富的实战经验，从基金业成长的环境管理、基金业的需求成长管理、基金业的供给成长管理、基金业的组织成长管理与基金业的成长战略管理等方面为中国基金业的发展指明了方向。

杨学宏等（2006）翻译了 Gremillion 等（2005）关于共同基金的奠基作。

周泉恭（2008）以投资基金组织治理效率问题为核心，以新制度经济学及相关的经济学前沿理论为基础，围绕影响治理效率的三大治理要素（组织形式、治理结构和治理机制）及其功能释放条件展开，对投资基金组织治理和主要的制度安排进行规范研究并做实证分析，借鉴国际上投资基金组织治理的模式并结合中国当前的实际情况，搭建了中国投资基金组织治理体系的一般模式，设计了一套投资基金组织治理效率的评价指标体系。

张国清（2004）站在法学研究角度，运用解释学、比较法学、经济分析法学和社会学等多种研究方法，对投资基金治理结构的法律问题进行系统、深入和全面的研究。笔者在分析投资基金的概念、性质和投资基金中的信托等基本问题的基础上，探讨了投资管理人的信赖义务——忠实义务和注意义务、基金托管人制度和基金持人人大会制度等,并结合中国证券市场的现状及投资基金的实践需要,就完善中国投资基金治理结构提出了若干有价值的建议。

江翔宇(2011)以公司型基金的治理结构为中心而展开对公司型基金的法律制度研究。对国外公司型基金制度发展过程进行比较借鉴,阐述了对公司型基金的法律关系和治理结构的个人观点,提出了中国建立公司型基金制度的必要性和构建路径。

潘从文(2011)以"私募股权基金治理理论与实务"为题,在深入分析私募股权基金特性的基础上,揭示人力资本在私募股权资本市场中的核心作用,以及私募股权基金不同组织形式和治理机制与基金投资人特性之间存在的内在联系,探寻中国私募股权基金"租值消散"的根源,提出为中国私募股权基金建立"三位一体"的治理体系。

肖继辉(2012)提出需要依赖外部市场的约束和基金行业的竞争来解决基金治理问题;对基金经理的个人特性及基金业绩关系进行实证研究,从理论上分析基金行业竞争现状,以及基金行业业绩排名对基金经理心理、行为的系统影响,并实证检验基金锦标赛对基金资产配置、选股风格和基金风险等方面行为的影响,最终对基金业绩的影响;进一步提出如何规范中国基金行业的信息披露机制,和如何合理竞争及规范基金经理个人自律和行业约束等方面的建议。

这些文献为中国的基金产业发展提供了强有力的理论支撑。

(二)期刊论文方面

当前中国基金公司治理文献则侧重于独立董事、博弈论与委托代理关系、基金治理现状和问题的论述性研究及国际基金治理先进经验借鉴等研究。

1. 独立董事制度与基金管理公司治理结构

何杰(2005)就中国契约型基金的治理及基金管理公司治理结构、独立董事及其与基金业绩的关系进行严格的理论研究和完整经验数据的计量分析。

于宏凯(2002)探讨了独立董事在基金治理结构中的作用及质疑,并分析了以独立董事为核心的美国共同基金治理结构模式对中国基金治理的启示。

2. 博弈论与基金管理公司委托代理关系

郝旭光等(2004)从基金管理人与基金托管人之间、基金管理公司股东与管理层之间的博弈出发,提出三个理论模型,从博弈论和委托-代理理论角度研究基金公司治理问题。

崔明等(2007)在研究基金当事人之间委托-代理关系的基础上,着眼于中国当前基金业中存在的委托-代理问题,通过两个博弈模型,分析基金当事人之间的博弈,提出一些完善基金治理的具体措施。

3. 基金公司治理结构与基金绩效

李学峰和张靓（2008）通过构建多元回归模型，研究基金管理公司治理结构对其所辖基金绩效的影响，并提出了为达到基金收益最大化而建立的最优股权结构的具体构成。

徐静和张黎明（2007）对中国证券投资基金股权结构与基金绩效关系进行实证研究，发现基金份额集中持有度、基金管理公司股权集中度和证券公司持有基金管理公司的股份情况与基金绩效都存在显著相关关系，并从基金股权结构参与基金公司治理的角度提出一些政策建议。

4. 发达国家特别是美国先进基金公司治理的经验值得中国借鉴

李操纲和潘镇（2003）对比美国、法国、日本、德国和英国共同基金治理结构模式，总结共同基金治理结构模式的特点，提出对于改进中国共同基金治理结构的启示。

何媛媛和卢大印（2004）分别介绍美国为代表的公司型基金治理问题与治理模式；以德国为代表的契约型基金治理问题与治理模式，并分析中国基金业公司治理结构的特点与缺陷，提出完善中国基金业公司治理结构的建议。

5. 针对基金业出现的某些问题的具体描述性的分析和建议

何孝星（2003）从法律框架体系、相关利益主体和各主体的相互关系论述了中国契约型基金治理结构的现状，并指出存在的问题，进而提出中国证券投资基金治理结构的优化途径。

魏中奇（2005）指出中国基金管理公司监察员对基金管理公司和基金行为实施监督的实际效果并不理想，并总结出主要原因，从基金公司治理的角度来强化对违法违规行为的监督职能，提出改革基金公司治理的相关建议。

六、基金治理评价体系的构想

从上述文献分析总结中可以看出，相对于契约型基金，公司型基金能够更好地保护投资者的利益。由于公司型基金的组织形式与一般公司类似，其治理结构的建立充分借鉴了公司治理前沿理论，其相关研究已经十分丰富，基本建立起以独立董事制度为核心，重视激励与约束相结合的治理结构。而契约型基金与一般公司不同，不具有法人资格，而以信托契约的方式存在，对投资者利益的保护十分有限。国内对契约型基金治理的研究将重点放在外部治理环境的改善与基金管理公司治理。而外部治理环境的改善是一个长期的过程，新政策的引入还需要长期的适应过程，因此短期内难以改善基金治理结构。现有研究验证了基金管理公司治理减轻代理成本的作用，但基金管理公司与基金持有人利益与目标不同，二者之间也存在代理成本。仅以基金管理公司治理水平代替基金治理显然忽略了基金持有人与管理人之间的代理成本。

因此本书提出一个针对基金而不是基金管理公司内部的治理评价结构，关注契约型证券投资基金的整个代理过程。借鉴公司治理前沿理论中适用于契约型证券基金的治理变量，从激励约束、内部均衡的角度提出基金治理评价指标体系。在此处我们将初步的想法框架描绘出来，不进行具体的论证。而本书的中心仍是将投资组合管理这一全新视角作为完善基金治理的切入点，由此展开对基金治理进行完善。下面我们简要介绍基金治理评价体系的构想：结合中国经济新常态下契约型共同基金特点与公司治理评价理论，针对近年来基金损害投资者利益的事件，本书从持有人股权结构、基金管理人治理，基金经理、信息披露与外部治理和财务治理五个角度提出了开放式共同基金治理评价方法。

（一）持有人股权结构

公司治理评价中常常将股权结构是否合理作为投资者保护衡量的重要因素。基金持有人对基金管理人的监督约束机制包括股东大会制度与股东诉讼制度。

现实中中国多数基金股东人数众多，股权结构非常分散，以中小股东为主。而中小股东参与基金治理的成本较高，因此"搭便车"与"理性冷漠"心理在基金治理过程中普遍存在，常常导致基金持有人监督不足的问题。本书认为基金持有人机制发挥作用需要强化基金股权集中度。针对此，本书以基金持有户数为股权集中度衡量指标，认定基金持有户数低于均值为股权集中表现，监督约束能力较强。

相对于个人投资者，机构投资者因为持有更多的基金份额，因而会更积极地参与基金治理过程。并且机构投资者一般拥有专业的技术分析团队与法律顾问，在基金治理中会发挥更积极主动的作用。针对此，本书将机构投资者持有基金份额作为基金股权结构衡量指标之一，机构投资者持股占比超过均值即认为基金股权结构较完善，对基金管理人监督能力较强。

现有研究指出，基金管理人持有基金份额比例越高，愿意付出的努力越多，在投资时就会更加注重效益而不仅仅是基金资产规模的提升。针对此，本书将基金管理人是否作为前 5 大股东持有基金份额作为基金管理人持基比例的衡量。若基金管理人作为前 5 大股东持有基金则认为其治理结构较好，有利于保护基金股东权益。

（二）基金管理人治理

现有研究常将基金管理人治理质量作为基金治理水平的代理因素，相关实证研究也在股权结构、独立董事、董事背景和基金经理激励等方面得出基金管理公司治理水平的提高有利于提升基金业绩的结果。一方面，现行制度下基金管理公司并不需要上市，因此其财务、运营和管理等方面的信息披露并不受到严格的强制披露制度的限制。另一方面，以基金管理人治理代表基金治理忽略了基金持有人与基金管理人之间不同利益诉求。因此以基金管理人治理代替基金治理是非常有局限性的做法。但基金管理人是共同基金资产最直接的管理者，其治理结构的状况直接影响基金持有人利益的保护。因此对基金管理人治理水平的衡量是评价基金治理质量的重要方面。基于基金管理公司的披露信息和运营模式，借鉴相关公司治理理论，本书从股权结构、董事会综合评分、监事会综合评分和基金管理公司声誉来衡量其治理水平。基金经理是基金管理人治理的重要组成部分，但由于其直接对基金进行管理，且其约束与激励机制存在特殊性，本书将其独立作为一个一级指标进行衡量。

基金管理公司的股东均为机构投资者，股权相对集中，但许多公司治理的研究者均认为，过分集中的股权并不是一种有效的治理机制。其原因在于大股东可以随意挪用公司资源谋求自身利益，表现在基金业即通过关联交易与内部交易操纵市场与基金净值，损害其他管理公司股东利益与基金持有人利益。克莱森斯等（Claessens et al.，2000）发现亚洲市场中，金字塔式持股和交叉持股的行为十分普遍，由于对中小股东的保护较少，大股东常常通过"隧道行为"侵犯中小股东利益。针对此，本书通过判断第 1 大股东持股比率是否处于 20%~50%、第 2 至第 5 大股东持股比率之和是否超过第 1 大股东及第 1 大股东与其他股东之间是否不存在交叉持股来衡量基金管理公司股权结构。

董事会是代表股东权益的重要职能部门，股东大会通过董事会对基金经理施加影响，进行监管。现有实证研究中发现董事会成员背景、董事会独立董事占比以及董事会成员数量均对基金绩效产生影响。但基金管理公司董事会不同于公司型基金下设董事会，其选聘和薪酬管理都是由基金管理公司负责，也就决定了其实质代表的是基金管理公司的利益。当基金管理公司与基金投资人利益发生冲突时，基金管理公司董事会更有可能采取不作为的方式。因此本书赋予基金管理公司董事会较低权重，仅将董事会综合评分作为评价指标。我们参照达利瓦等（Dhaliwal et al.，2006）的做法，以董事会独立性、董事背景和董事会规模构建董事会综合评分，采取 0—1 打分的方式，在董事会综合得分大于等于 2 时认为基金管理公司董事会治理结构较好。同理构建监事会综合评分，作为基金管理公司监事会治理水平的反映。

基金管理人声誉是其有无损害基金持有人利益行为的直接反映。近年来，基金管理公司"老鼠仓"、内幕交易与关联交易行为屡禁不止，受到证监会处罚与公告的公司也不断增加，投资者利益受到极大的损害，也使基金管理公司丧失信誉。本书认为出现损害基金持有人的行为反映出基金管理公司对基金经理的约束不足，治理质量差。因此本书以近 3 年内是否被中国证监会公开披露"老鼠仓"等违规事件为基金管理公司声誉水平的衡量，反映其对基金经理的约束能力。

（三）基金经理

基金管理公司将基金投资组合资产交由基金经理代为管理，形成内部委托-代理关系，带来基金管理公司与基金经理之间的代理成本，最终影响到基金持有人的利益。

基金经理的任免辞退与基金业绩是否相关反映了治理结构对基金经理的约束程度。公司治理理论研究中不少学者认为对将企业业绩与高管的任免辞退挂钩对高管的不当行为具有抑制作用。因此在考察基金夏普比率低于同业均值时，基金高管是否被替换作为基金经理治理的衡量要素之一。

不少实证研究表明，适当的激励措施有利于缓解代理冲突，降低代理成本。目前国内基金费率的计征标准多为固定制，即按照基金净值规模固定比率进行管理费用的收取。本书认为，降低固定费率的征收，增加基金业绩费率的计征有利于基金经理认真管理组合资产，保护投资人的合法权益。故本书将费率中是否含有业绩费率和基金的综合费率是否不高于同类型基金均值作为衡量治理激励机制的标准。

齐岳（2007）梳理了投资组合理论的最新研究成果，为利用投资组合理论评价基金治理质量提供了重要工具。基金的招募说明书中详细地说明了其投资策略与投资目标，是引导基金持有人投资的手段。但不少基金经理在形成投资组合时，为了规避被辞退的风险或者无法有效地管理基金资产，采取从众或者消极的态度，导致组合资产的配置偏离招募说明书的要求。因此本书参考投资组合理论中风格分析的方法，通过检验基金前十大重仓股，判断其风格是否与招募说明书一致，作为基金经理投资风格的检验。此外，本书对基金经理的教育背景与海外经历进行检验，作为考察基金经理的一项标准。

（四）信息披露与外部治理

为保证投资者的利益得到充分的保护，财务、运营和管理信息的充分披露是有必要的。财务披露的及时性、具体程度和真实性是基金治理结构的重要组成部分。

郝臣等（2012）通过构建公司治理指数对上市公司年报披露时间进行研究，发现公司治理水平较好的公司及时披露年度报告，而公司治理水平较差的公司会拖延年报的披露时间。本书考察基金年报与季度报告的披露及时性，作为财务是否及时披露的度量。

针对披露的具体程度，本书选取关联交易披露、重大变动披露及异常交易行为专项说明作为检验的重点。近年来基金损害投资者利益的行为多通过关联交易、内幕交易进行。对关联交易对象、金额和时间的详细披露有利于投资者判断该行为是否损害其利益。而重大变动和异常交易行为是发生道德风险的直接信号，基金定期报告对其进行专项说明和详细披露反映了其对投资者的责任。基金财务报告详细尽责的披露是合理治理结构的体现。

基金经理的解聘是一种惩罚性激励，失去工作对基金经理来说不仅意味着收入的下降，通过声誉效应，行为不当的基金经理在之后的工作任免中也会受到影响。基金经理辞退原因和去向的详细披露有利于声誉机制充分地发挥作用。因此本书将其作为信息披露与外部效应的一项重要评价因素。

（五）财务治理

高明华（2013）创新性地将财务治理状况作为公司治理评价的一个独立板块，从财权配置、财务控制、财务监督和财务激励四个方面构建财务治理指数，对财务治理状况进行了反映。在分析近年来出现的基金治理问题的基础上，本书主张从财务角度对基金治理的状况进行衡量，直接反映基金管理人出现道德风险的可能性。

由于基金管理公司通过净值规模确定管理费数量，基金净值成为基金公司的操纵目标，而这种操纵通常会表现为净值在一个或两个会计年度内的明显波动。本书通过计算基金季报的净值变动率，并对比同类型净值变动率均值，当一个会计年度内净值变动率两次以上超过同类型均值，本书认定该基金有操纵净值变动的风险。

基金管理公司往往同时管理多只基金，而基金管理公司的声誉往往源于表现特别突出的基金。基金管理公司可能为了制造明星基金而采取关联交易的方式操纵市场。本书采用关联交易权重直接衡量这种行为的可能性，当该基金的关联交易权重超过同类型均值时，我们判定该基金由操纵市场的风险，可能损害基金所有者的利益。

综上所述，我们将基金治理评价体系具体指标设置进行整理，如表4-3所示。

表 4-3　基金治理评价

目标层	准则层	要素层
基金治理评价	基金持有人股权结构	股权集中度是否超过均值
		基金管理人是否持股
		机构投资者占比是否超过均值
	基金管理人治理水平	第1大股东持股比率是否介于20%~50%
		第2至第5大股东持股比率之和是否超过第1大股东
		第1大股东与其他股东之间是否不存在交叉持股
		董事会综合评分是否大于等于2
		监事会综合评分是否大于等于2
		3年内是否未被披露"老鼠仓"等丑闻

续表

目标层	准则层	要素层
基金治理评价	基金经理	任免辞退是否与业绩相关
		费率中是否包含业绩费率
		综合费率是否不大于均值
		投资风格是否与招募说明书一致
		基金经理是否为博士学历或者有金融发达国家或地区教育任职经历
	信息披露与外部监管	是否按时定期披露
		是否详细披露关联交易
		是否详细披露基金经理去向
		是否对重大变动进行详细披露
		是否对异常交易行为进行专项说明
	财务治理	净值波动率是否不大于均值
		关联交易权重是否不大于均值

之后，为初步验证这个基金治理评价体系的有效性，我们进行了小样本的实证分析。本书通过查询中国证监会的基金违规处罚公告与网络搜索，确定三只基金投资风格不同，基金治理质量差的证券市场基金。并通过查询业绩比较基准随机抽取与其投资风格相同，但并未被披露存在损害投资者利益行为的基金进行 2007~2012 年的年度基金治理打分比较。通过筛选，我们选择的违规基金分别为博时精选股票（050004）、交银稳健（519690）与景顺长城鼎益（162605）；与之相对比的基金分别为华夏成长（000001）、泰达宏利增长（162201）与博时主题（160505）。博时精选股票于 2013 年被披露其基金经理利用职务便利获取交易非公开信息，操作他人名下账户，在其两年半的任期内给基金投资人带来巨大的损失；交银稳健基金经理曾因出色表现而被誉为明星基金经理，但其在 2009 年利用非公开信息进行交易获得非法收益，使投资者蒙受损失；景顺长城鼎益基金经理于 2009 年利用非公开信息在个人账户操作股票，使基金投资人受到损失。我们将以上三组基金作为对比样本进行打分评价。基金治理打分的时间范围为 2007~2011 年，涵盖了上述国内基金治理违规事件。

证券市场基金主要财务数据和治理结构数据来自于深圳市国泰安信息技术有限公司 CSMAR 数据库，相关的季度报告和年度报告于天天基金网查询，作为基准的均值和测度指数由笔者自行整理计算。数据处理主要采用统计软件 SPSS19.0 与 EXCEL 2010。

1. 研究假设提出

现有公司治理研究中证明了治理指数与公司价值存在正向关系的文献主要包括 Gompers 等（2003）、Bebchuk 等（2004）、Bauer 等（2004）、Drobetz 等（2004）、Beiner 等（2006）、Bhagat 和 Bolton （2008）的相关实证研究。本书认为有效的基金治理结构缓解了基金投资者与基金管理人之间的代理冲突，有效的激励与约束机制促进基金管理人认真负责地对基金资产进行管理，在同等条件下，基金治理质量高的基金具有较好的发展前景与业绩。因此我们提出本书的研究假设，即同等条件下，证券市场基金的基金治理得分与其绩效水平正相关，即基金治理水平越高，基金绩效和成长预期越好。

2. 研究变量说明

本书的主要目标是提出一个能反映基金治理水平，指导基金治理实践的基金治理评价体系。而基金治理实践的最直接目标就是提升基金的绩效与成长预期。基于此，我们将基金绩效作为被解释变量，引入夏普比率（Sharpe ratio）、特雷纳比率（Treynor ratio）和詹森测度（Jensen measure）作为基金绩效的衡量指标。夏普比率测度了单位总波动性权衡的回报，特雷纳比率测度了单位系统风险权衡的回报，詹森测度衡量了基金的超额收益，三种测度方法均被认定为传统的基金业绩评价手段，反映了基金成长预期与实际业绩水平。

本书的解释变量为基金治理指数（FGS），考察基金业绩与基金治理水平的关系。参照 Chen 和 Huang（2011）的做法，我们引入了基金成立年限与基金资产规模作为控制变量。表 4-4 具体列出了各主要变量及其相关定义。

表 4-4 研究变量一览表

变量类型		变量名称	变量英文	预期关系	变量定义
被解释变量	基金绩效	夏普比率	Sharpe ratio	/	单位波动性回报
		特雷纳比率	Treynor ratio		单位系统风险回报
		詹森测度	Jensen measure		超额回报
解释变量	自变量	基金治理水平	FGS	+	加总计算的基金治理系数
	控制变量	基金年龄	Age	?	披露年龄−基金成立年度+1
		基金资产规模	Asset		基金资产的自然对数

为了检验我们提出的基金治理指数是否有效，检验上文提出的假设，本书建立了如下回归模型：

$$performance = a + \beta_1 FGS + \beta_2 Age + \beta_3 Asset + \varepsilon \qquad (4\text{-}1)$$

其中，performance 为被解释变量，我们用夏普比率、特雷纳比率和詹森测度来代表基金业绩；FGS 为自变量，由笔者通过基金治理评价体系自行整理而得；控制变量包括基金年龄（Age）和基金资产规模（Asset）；ε 为残差项。

3. 基于分组的基金治理对比分析

表 4-5 为基金治理打分体系对三组证券市场基金的评价结果，图 4-1 以折线图的方式十分直观地反映了三组样本基金的基金治理得分年度比较情况。结合基金经理操作"老鼠仓"的年度事件可以清晰地看出：违规基金在"老鼠仓"事件的前后三年内基金治理得分均要显著低于其对比基金，反映出基金治理的动态过程。本书采用的基金治理指数评价方法反映了年度基金治理水平变动，体现出基金治理问题。

表 4-5　基金治理评价目标层打分结果

基金＼年份	2007	2008	2009	2010	2011
000001	15	15	14	14	13
050004	15	14	10	9	9
162605	12	8	7	11	9
160505	16	15	15	14	15
519690	12	13	7	9	9
162201	15	16	14	16	14

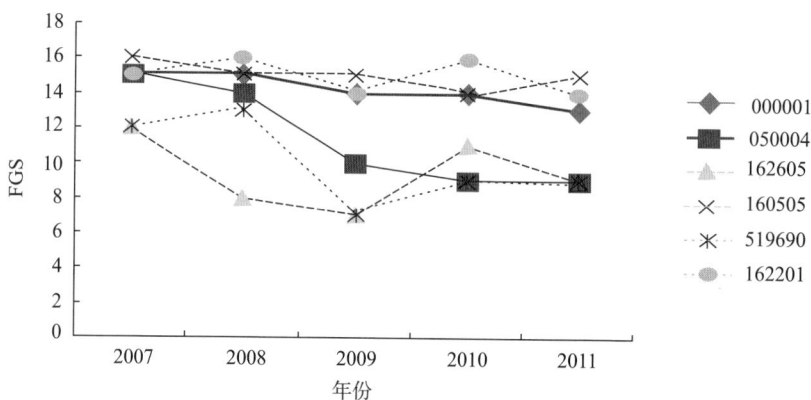

图 4-1　基金治理得分年份比较折线图

具体分析各项的得分情况，我们发现基金管理公司治理水平相对稳定，较大的变动主要由股权结构变动引起。基金治理水平的变动主要由基金经理指标、信息披露指标与财务治理指标引起，验证了以往研究中关于基金经理操作净值、通过关联交易操作市场等基金治理问题的论断。本书认为基金管理公司在出现损害基金持有人利益的行为发生时，倾向于隐瞒重大变动、异常交易与关联交易。同时，治理水平较低的基金对基金经理业绩考察不足，表现在当基金业绩持续低于同业均值时不将基金经理进行替换。并且，为了维护基金管理公司自身声誉，治理表现较差的基金倾向于不披露更换基金经理的去向，而多以个人原因作为基金经理辞退的原因，阻碍声誉效应发挥作用。投资风格方面，治理水平较差的基金投资风格明显偏离其招募说明书，损害了基金持有人的相关利益。

4. 基于 OLS 线性回归的实证分析

表 4-5 是根据 2007~2011 年的三组对比基金样本数据，进行五年总体的基金治理水平对基金业绩评价的回归分析检验结果。从表中可以看出，在夏普比率代理的基金业绩下，FGS 的回归系数为 0.041，显著性水平为 0.002；在特雷纳比率代理的基金业绩下，FGS 的回归系数为 0.131，显著性水平为 0.003；在詹森测度代理的基金业绩下，FGS 的回归系数为 0.206，显著性水平为 0.076。说明模型（4-1）在统计上是显著的，并且基金治理指数与基金业绩的相关性与本书预测的结果相吻合，即样本基金的基金治理得分确实与其业绩水平和发展前景呈现显著的正相关关系。R^2 与调整后的 R^2 均高于 0.3，F 检验概率值显著，说明对因变量基金业绩的解释能力较强，模型整体拟合的程度较好。

对于基金年龄与基金资产两个控制变量，检验结果也呈现了其显著性水平与正负相关性。除了在特雷纳比率作为被解释变量回归下基金资产系数不显著意外，其余回归系数均通过了 t 检验，表明其对基金业绩存在显著的影响。回归模型截距项系数较大，在詹森测度下通过了 t 检验，说明存在遗漏变量的可能性。

本节结合中国契约型基金的发展特点与公司治理相关理论，针对近年来基金治理频发的问题，对适合中国基金业的基金治理评价体系进行了探索性思考。并用提出的评价体系对三组投资风格不同，基金治理状况不同的证券市场基金进行了治理评价打分。打分结果显示，违规基金在其违规年度及前后一年内与其相对应的基金对比，治理评价得分均呈现较低水平，反映出基金治理结构出现严重问题，突出体现在基金经理、信息披露与财务治理方面。基于此，我们认为基金治理评价不能仅从基金管理公司评价方面展开，还需要密切关注基金的股权结构、基金经理状况、信息披露质量与及时性和财务治理方面。改善基金的治理水平需要进一步完善证券市场基金信息披露制度与基金管理公司信息披露制度。监督基金经理的行为需要积极引入声誉机制与治理评价机制。

通过对基金治理得分与基金业绩进行实证回归分析，我们发现治理结构较好的基金，业绩表现和发展前景较好。基金治理水平的提升有利于基金业绩的提升。基于此，我们认为有效的基金治理评价体系的构建对提升基金业绩至关重要，本书仅对基金治理评价进行了探索性研究，具体指标的设置与得分权重的衡量仍需更多的实证研究予以支撑。

本书探索性提出了一个评价基金治理水平的打分系统，得到了具有一定意义的研究成果，但是在研究过程中仍然存在局限性。本书选择了三组基金样本进行时间跨度为六年的打分评价反映不同治理质量的基金打分结果，将其进行分组对比之后与基金业绩指标进行了回归分析。但我们选择的样本数量仍然太少，覆盖领域也只是股票型和混合性证券投资基金的一个部分，仍需要更大样本的实证研究分析。此外，本书对指标的权重设置考虑不足，采取 0—1 变量打分直接加总的方式得出基金治理评分。基于此，在后续的研究中，应该在考虑权重基础上进行基金治理打分评价，并将治理评价结果与业绩进行全面的实证研究分析，构建具有指导性意义、充分体现中国证券基金特点的基金治理评价体系。

综上所述，当前中国公募基金治理结构中一个最大的缺陷就是基金管理人在基金治理结构中缺乏制衡和监督，一方独大。本书侧重研究的是中国契约型基金治理结构中最重要的基金管理公司，从基金投资策略这一全新视角出发，基于基金管理公司的投资组合管理，辅之以总结出的解决中国契约型基金治理结构存在的相关问题的措施，完善基金管理公司治理。从而保护基金持有人利益，优化中国契约型基金的制度设计，探讨完善中国公募基金治理结构的政策建议。接下来，我们会对管理公司发展过程和投资策略进行总结。在后面的章节，我们将具体讨论组合复制的治理策略，检验投资组合的风格是否与招股说明书一致，具体进行前文构想中所提到的投资风格分析。

第二节　中国基金管理公司发展历程

一、中国基金管理公司现状

基金管理公司，即基金管理人，是基金的组织者和管理者，在整个基金的运作中起着核心的作用。它不仅负责基金的投资管理，而且还承担着产品设计、基金营销、基金注册登记、基金估值、会计核算及客户服务等多方面的职责，基金持有人利益的保护也与基金管理人的行为密切相关。基金管理费是基金管理人的主要收入来源。基金管理人只有以投资者的利益为重，不断使投资者取得满意的投资回报时才能在竞争中立于不败之地。

图 4-2 描绘了中国基金管理公司发展状况，横轴表示时间，纵轴表示基金管理公司数量，从 1998 年 6 家基金管理公司，发展到 2012 年 10 月，已有 73 家，基金管理公司数量逐年增加（表 4-6）。这也反映了中国基金业的快速发展，同时对基金管理人才产生了较大的需求。

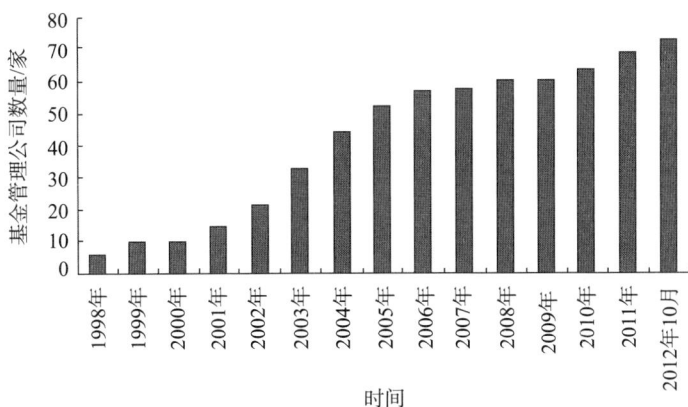

图 4-2 中国基金管理公司发展状况

表 4-6 截至 2012 年 10 月的中国基金管理公司名录（共 73 家）

公司名称	公司代码	注册资本/万元	注册地点	成立时间	网址
国泰基金管理有限公司	50010000	11 000	上海	1998 年 3 月	www.gtfund.com
南方基金管理有限公司	50020000	15 000	深圳	1998 年 3 月	www.southernfund.com
华夏基金管理有限公司	50030000	23 800	北京	1998 年 3 月	www.ChinaAMC.com
华安基金管理有限公司	50040000	15 000	上海	1998 年 5 月	www.huaan.com.cn
博时基金管理有限公司	50050000	25 000	深圳	1998 年 7 月	www.bosera.com
鹏华基金管理有限公司	50060000	15 000	深圳	1998 年 12 月	www.phfund.com.cn
长盛基金管理有限公司	50070000	15 000	深圳	1999 年 3 月	www.csfunds.com.cn
嘉实基金管理有限公司	50080000	15 000	上海	1999 年 3 月	www.jsfund.cn
大成基金管理有限公司	50090000	20 000	深圳	1999 年 4 月	www.dcfund.com
富国基金管理有限公司	50100000	18 000	上海	1999 年 4 月	www.fullgoal.com.cn
易方达基金管理有限公司	50110000	12 000	广东	2001 年 4 月	www.efunds.com.cn
宝盈基金管理有限公司	50120000	10 000	深圳	2001 年 5 月	www.byfunds.com
融通基金管理有限公司	50130000	12 500	深圳	2001 年 5 月	www.rtfund.com
银华基金管理有限公司	50140000	20 000	深圳	2001 年 5 月	www.yhfund.com.cn
长城基金管理有限公司	50150000	15 000	深圳	2001 年 12 月	www.ccfund.com.cn
银河基金管理有限公司	50160000	15 000	上海	2002 年 5 月	www.galaxyasset.com
泰达宏利基金管理有限公司	50170000	18 000	北京	2002 年 7 月	www.aateda.com
国投瑞银基金管理有限公司	50180000	10 000	深圳	2002 年 6 月	www.ubssdic.com
万家基金管理有限公司	50190000	10 000	上海	2002 年 8 月	www.ttasset.com
金鹰基金管理有限公司	50200000	25 000	广东	2002 年 12 月	www.gefund.com.cn
招商基金管理有限公司	50210000	21 000	深圳	2002 年 12 月	www.cmfchina.com
华宝兴业基金管理有限公司	50220000	15 000	上海	2003 年 2 月	www.fsfund.com

续表

公司名称	公司代码	注册资本/万元	注册地点	成立时间	网址
摩根士丹利华鑫基金管理有限公司	50230000	22 750	深圳	2003 年 3 月	www.msfunds.com.cn
国联安基金管理有限公司	50240000	15 000	上海	2003 年 3 月	www.gtja-allianz.com
海富通基金管理有限公司	50250000	15 000	上海	2003 年 4 月	www.hftfund.com
长信基金管理有限责任公司	50260000	15 000	上海	2003 年 4 月	www.cxfund.com.cn
泰信基金管理有限公司	50270000	20 000	上海	2003 年 5 月	www.ftfund.com
天治基金管理有限公司	50280000	16 000	上海	2003 年 5 月	www.chinanature.com.cn
景顺长城基金管理有限公司	50290000	13 000	深圳	2003 年 6 月	www.invescogreatwall.com
广发基金管理有限公司	50300000	12 000	广东	2003 年 7 月	www.gffunds.com.cn
兴业全球基金管理有限公司	50310000	15 000	上海	2003 年 9 月	www.xyfunds.com
诺安基金管理有限公司	50330000	15 000	深圳	2003 年 12 月	www.lionfund.com.cn
申万菱信基金管理有限公司	50340000	15 000	上海	2003 年 12 月	www.swbnpp.com
中海基金管理有限公司	50350000	14 666.67	上海	2004 年 3 月	www.zhfund.com
光大保德信基金管理有限公司	50360000	16 000	上海	2004 年 4 月	www.epf.com.cn
华富基金管理有限公司	50370000	12 000	上海	2004 年 3 月	www.hffund.com
上投摩根基金管理有限公司	50380000	25 000	上海	2004 年 4 月	www.51fund.com
东方基金管理有限责任公司	50390000	10 000	北京	2004 年 6 月	www.orient-fund.com
中银基金管理有限公司	50400000	10 000	上海	2004 年 6 月	www.bociim.com
东吴基金管理有限公司	50410000	10 000	上海	2004 年 8 月	www.scfund.com.cn
国海富兰克林基金管理有限公司	50420000	22 000	南宁	2004 年 9 月	www.ftsfund.com
天弘基金管理有限公司	50430000	18 000	天津	2004 年 10 月	www.thfund.com.cn
华泰柏瑞基金管理有限公司	50440000	20 000	上海	2004 年 11 月	www.aig-huatai.com
新华基金管理有限公司	50450000	16 000	重庆	2004 年 12 月	www.ncfund.com
汇添富基金管理有限公司	50460000	10 000	上海	2005 年 1 月	www.htffund.com
工银瑞信基金管理有限公司	50470000	20 000	北京	2005 年 6 月	www.icbccs.com.cn
交银施罗德基金管理有限公司	50480000	20 000	上海	2005 年 7 月	www.jysld.com
信诚基金管理有限公司	50490000	20 000	上海	2005 年 8 月	www.citicprufunds.com.cn
建信基金管理有限责任公司	50500000	20 000	北京	2005 年 9 月	www.ccbfund.cn
华商基金管理有限公司	50510000	10 000	北京	2005 年 9 月	www.hsfund.com
汇丰晋信基金管理有限公司	50520000	20 000	上海	2005 年 10 月	www.hsbcjt.cn
益民基金管理有限公司	50530000	10 000	重庆	2005 年 12 月	www.ymfund.com
中邮创业基金管理有限公司	50540000	10 000	北京	2006 年 2 月	www.postfund.com.cn
信达澳银基金管理有限公司	50550000	10 000	深圳	2006 年 4 月	www.fscinda.com
诺德基金管理有限公司	50560000	10 000	上海	2006 年 5 月	www.lordabbettchina.com
中欧基金管理有限公司	50570000	12 000	深圳	2006 年 5 月	www.lcfunds.com

续表

公司名称	公司代码	注册资本/万元	注册地点	成立时间	网址
金元惠理基金管理有限公司	50580000	24 500	上海	2006 年 11 月	www.jykbc.com
浦银安盛基金管理有限公司	50590000	20 000	上海	2007 年 7 月	www.py-axa.com
农银汇理基金管理有限公司	50600000	20 000	上海	2008 年 2 月	www.abc-ca.com
民生加银基金管理有限公司	50610000	20 000	深圳	2008 年 10 月	www.msjyfund.com.cn/
纽银梅隆西部基金管理有限公司	50620000	20 000	上海	2010 年 6 月	www.bnyfund.com
浙商基金管理有限公司	50630000	30 000	杭州	2010 年 9 月	www.zsfund.com
平安大华基金管理有限公司	50640000	30 000	深圳	2010 年 12 月	fund.pingan.com/index.shtml
富安达基金管理有限公司	50650000	16 000	上海	2011 年 4 月	www.fadfunds.com
财通基金管理有限公司	50660000	20 000	上海	2011 年 5 月	www.ctfund.com
方正富邦基金管理有限公司	50670000	20 000	北京	2011 年 6 月	www.founderff.com
长安基金管理有限公司	50680000	20 000	上海	2011 年 8 月	www.changanfunds.com
国金通用基金管理有限公司	50690000	28 000	北京	2011 年 10 月	www.gfund.com/gjjj/index.html
安信基金管理有限责任公司	50700000	20 000	深圳	2011 年 11 月	www.essencefund.com
德邦基金管理有限公司	50710000	12 000	上海	2012 年 2 月	暂无
华宸未来基金管理有限公司	50720000	20 000	上海	2012 年 3 月	www.hcmiraefund.com
红塔红土基金管理有限公司	50730000	20 000	深圳	2012 年 5 月	暂无
英大基金管理有限公司	50740000	12 000	北京	2012 年 6 月	暂无

二、基金托管人和基金销售机构、销售支付阶段机构简介

在此简略介绍当前中国基金托管人情况，如表 4-7 所示，截至 2012 年 10 月，中国共有 19 家基金托管银行。

表 4-7 截至 2012 年 10 月的中国基金托管银行名录（共 19 家）

托管人名称	注册地域	取得托管资格时间	网址
中国工商银行股份有限公司	北京	1998 年 2 月 24 日	www.icbc.com.cn
中国农业银行股份有限公司	北京	1998 年 5 月 29 日	www.abchina.com
中国银行股份有限公司	北京	1998 年 7 月 7 日	www.boc.cn
中国建设银行股份有限公司	北京	1998 年 3 月 18 日	www.ccb.com
交通银行股份有限公司	上海	1998 年 7 月 3 日	www.bankcomm.com
华夏银行股份有限公司	北京	2005 年 2 月 23 日	www.hxb.com.cn
中国光大银行股份有限公司	北京	2002 年 10 月 23 日	www.cebbank.com
招商银行股份有限公司	深圳	2002 年 11 月 6 日	www.cmbchina.com

续表

托管人名称	注册地域	取得托管资格时间	网址
中信银行股份有限公司	北京	2004 年 8 月 18 日	www.ecitic.com
中国民生银行股份有限公司	北京	2004 年 7 月 9 日	www.cmbc.com.cn
兴业银行股份有限公司	福建	2005 年 4 月 25 日	www.cib.com.cn
上海浦东发展银行股份有限公司	上海	2003 年 9 月 10 日	www.spdb.com.cn
北京银行股份有限公司	北京	2008 年 6 月 3 日	www.bankofbeijing.com.cn
深圳发展银行股份有限公司	深圳	2008 年 8 月 6 日	www.sdb.com.cn
广东发展银行股份有限公司	广东	2009 年 5 月 4 日	www.gdb.com.cn
中国邮政储蓄银行有限责任公司	北京	2009 年 7 月 16 日	www.psbc.com
上海银行股份有限公司	上海	2009 年 8 月 18 日	www.bankofshanghai.com
渤海银行股份有限公司	天津	2010 年 6 月 29 日	www.cbhb.com.cn
宁波银行股份有限公司	宁波	2012 年 10 月 30 日	www.nbcb.com.cn

此外，当前基金销售机构名录概况为：商业银行 63 家（全国性商业银行 17 家、城市商业银行 32 家、农村商业银行 14 家）；证券公司 94 家；证券投资咨询机构 5 家；独立基金销售机构 10 家。

基金销售支付结算机构共 7 家：为基金销售机构提供支付结算服务的第三方支付机构（7 家）分别是：汇付数据、通联支付、银联电子、易宝支付、财付通、快钱支付、支付宝。

三、法律和章程规定

2004 年 6 月 1 日起施行的《中华人民共和国证券投资基金法》对基金管理人有如下规定[①]。

第十二条　基金管理人由依法设立的基金管理公司担任。

担任基金管理人，应当经国务院证券监督管理机构核准。

第十九条　基金管理人应当履行下列职责：

（一）依法募集基金，办理或者委托经国务院证券监督管理机构认定的其他机构代为办理基金份额的发售、申购、赎回和登记事宜；

（二）办理基金备案手续；

（三）对所管理的不同基金财产分别管理、分别记账，进行证券投资；

（四）按照基金合同的约定确定基金收益分配方案，及时向基金份额持

---

① 本文写作背景是 2004 年颁布的法律文件，因此相关章程也使用的是当时的文件。若读者有兴趣，可自行查阅最新施行的文件。

有人分配收益；

（五）进行基金会计核算并编制基金财务会计报告；

（六）编制中期和年度基金报告；

（七）计算并公告基金资产净值，确定基金份额申购、赎回价格；

（八）办理与基金财产管理业务活动有关的信息披露事项；

（九）召集基金份额持有人大会；

（十）保存基金财产管理业务活动的记录、账册、报表和其他相关资料；

（十一）以基金管理人名义，代表基金份额持有人利益行使诉讼权利或者实施其他法律行为；

（十二）国务院证券监督管理机构规定的其他职责。

第二十条　基金管理人不得有下列行为：

（一）将其固有财产或者他人财产混同于基金财产从事证券投资；

（二）不公平地对待其管理的不同基金财产；

（三）利用基金财产为基金份额持有人以外的第三人牟取利益；

（四）向基金份额持有人违规承诺收益或者承担损失；

（五）依照法律、行政法规有关规定，由国务院证券监管机构规定禁止的其他行为。

基金招募说明书中对基金管理人的介绍如下。

基金管理人在基金招募说明书中分别以"基金管理人职责"和"基金管理人承诺"形式对第十九条和第二十条均有记录。此外，基金管理人在基金招募说明书中还承诺：

基金管理人承诺

1.本基金管理人将根据基金合同的规定，按照招募说明书列明的投资目标、策略及限制等全权处理本基金的投资。

2.本基金管理人不从事违反《证券法》的行为，并建立健全内部控制制度，采取有效措施，防止违反《证券法》行为的发生。

3.本基金管理人不从事违反《基金法》的行为，并建立健全内部控制制度，采取有效措施，保证基金财产不用于下列投资或者活动：

（1）承销证券；

（2）向他人贷款或者提供担保；

（3）从事承担无限责任的投资；

（4）买卖其他基金份额，但是国务院另有规定的除外；

（5）向基金管理人、基金托管人出资或者买卖基金管理人、基金托管人发行的股票或者债券；

（6）买卖与基金管理人、基金托管人有控股关系的股东或者与基金管理人、基金托管人有其他重大利害关系的公司发行的证券或者承销期内承销的证券；

（7）将基金资产用于购买基金管理人股东发行和承销期内承销的有价证券；

（8）从事内幕交易、操纵证券交易价格及其他不正当的证券交易活动；

（9）依照法律、行政法规有关规定，由国务院证券监督管理机构规定禁止的其他活动。

基金经理的承诺还包括如下。

基金经理承诺

（1）依照有关法律、法规和基金合同的规定，本着谨慎的原则为基金份额持有人谋取利益。

（2）不利用职务之便为自己、被代理人、被代表人、受雇人或任何其他第三人谋取不当利益。

（3）不泄漏在任职期间知悉的有关证券、基金的商业秘密以及尚未依法公开的基金投资内容、基金投资计划等信息。

（4）不以任何形式为除基金管理人以外的其他组织或个人进行证券交易。

此外，基金招募说明书对管理人的介绍还包括基金管理人概况和主要人员情况。以当前规模最大的华夏基金管理有限公司为例。

（一）基金管理人概况

名称：华夏基金管理有限公司

住所：北京市顺义区天竺空港工业区 A 区

办公地址：北京市西城区金融大街 33 号通泰大厦 B 座 8 层

设立日期：1998 年 4 月 9 日

法定代表人：凌新源

总经理：范勇宏

联系人：张弘弢

联系电话：（010）88066688

传真：（010）88066566

华夏基金管理有限公司注册资本为 13 800 万元，其公司股权结构如表 4-8 所示。

表 4-8 公司股权结构

持股单位	持股占总股本比例/%
中信证券股份有限公司	40.725
西南证券有限责任公司	35.725
北京证券有限责任公司	20
中国科技证券有限责任公司	3.55
合计	100

　　可以看出，当前中国基金管理公司为有限责任公司，主要由证券公司发起，两者联系密切，一定程度上影响基金管理公司独立性。

　　（二）主要人员情况

　　主要包括以下内容。

　　（1）基金管理人董事、监事、经理及其他高级管理人员基本情况

　　（2）本基金基金经理

　　（3）本公司投资决策委员会成员

　　并明确指出"上述人员之间不存在近亲属关系"。

第三节　中国基金管理公司内部控制和治理结构

一、基金管理公司机构设置

　　有效的组织构架是实现有效管理的基础。

　　（一）专业委员会

　　1. 投资决策委员会

　　投资决策委员会是基金管理公司管理基金投资的最高决策机构，是非常设的议事机构，在遵守国家有关法律法规、条例的前提下，拥有对所管理基金的投资事务的最高决策权。投资决策委员会一般由基金管理公司的总经理、分管投资的副总经理、投资总监、研究部经理、投资部经理及其他相关人员组成，负责决定公司所管理基金的投资计划、投资策略、投资原则、投资目标、资产分配及投资组合的总体计划等。具体的投资细节则由各基金经理自行掌握。

　　2. 风险控制委员会

　　风险控制委员会也是非常设议事机构，一般由副总经理、监察稽核部经理及其他相关人员组成。其主要工作是制定和监督执行风险控制政策，根据市场变化对基金的投资组合进行风险评估，并提出风险控制建议。风险控制委员会的工作为基金财产的安全提供了较好的保障。

　　（二）投资管理部门

　　1. 投资部

　　投资部负责根据投资决策委员会制定的投资原则和计划进行股票选择和组合管理，向交易部下达投资指令。同时，投资部还担负投资计划反馈的职能，及时

向投资决策委员会提供市场动态信息。

2. 研究部

研究部是基金投资运作的支撑部门，主要从事宏观经济分析、行业发展状况分析和上市公司投资价值分析。研究部的主要职责是通过对宏观经济、行业状况、市场行情和上市公司价值变化的详细分析和研究，向基金投资决策部门提供研究报告及投资计划建议，为投资提供决策依据。

3. 交易部

交易部是基金投资运作的具体执行部门，负责组织、制定和执行交易计划。交易部的主要职能包括：执行投资部的交易指令；记录并保存每日投资交易情况；保持与各证券交易商的联系并控制相应的交易额度；负责基金交易席位的安排、交易量管理等。目前，有些公司出于更好控制风险的需要，已将该部门划归基金运营体系下，从而加强对投研部门的制衡。

（三）风险管理部门

1. 监察稽查核部

监察稽核部负责监督检查基金和公司运作的合法、合规情况及公司内部风险控制情况，定期向董事会提交分析报告。监察稽核部的主要工作包括：基金管理稽核，财务管理稽核，业务稽核（包括研究、资产管理和综合业务等），定期或不定期执行、协调公司对外信息披露等工作。监察稽核部在规范公司运作、保护基金持有人合法权益、完善公司内部控制制度、查错防弊和堵塞漏洞方面起到了相当重要的作用。

2. 风险管理部

风险管理部负责对公司运营过程中产生的或潜在的风险进行有效管理。该部门的工作主要对公司高级管理层负责，对基金投资、研究、交易、基金业务管理、基金营销、基金会计、IT系统、人力资源和财务管理等各业务部门及运作流程中的各项环节进行监控，提供有关风险评估、测算、日常风险点检查和风险控制措施等方面的报告及针对性的建议。

（四）市场营销部门

1. 市场部

市场部负责基金产品的设计、募集和客户服务及持续营销等工作。市场部的主要职能包括：根据基金市场的现状和未来发展趋势及基金公司内部状况设计基金产品，并完成相应的法律文件；负责基金营销工作，包括策划、推广、组织和实施等；对客户提出的申购、赎回要求提供服务，负责公司的公司形象设计及公共关系的建立、往来与联系等。

2. 机构理财部

机构理财部是基金管理公司为适应业务向受托资产管理方向发展的需要而设立的独立部门，它专门服务于提供该类型资金的机构。之所以单独设立该部门也是相关法律法规的要求，即为了更好地处理共同基金与受托资产管理业务间的利益冲突问题。两块业务必须在组织上、业务上进行适当隔离。

（五）基金运营部门

基金运营部负责基金的注册与过户登记和基金会计与结算，其工作职责包括基金清算和基金会计两部分。

基金清算工作包括：开立投资者基金账户；确认基金认购、申购、赎回、转换及非交易过户等交易类申请，完成基金份额清算；管理基金销售机构的资金交收情况，负责相关账户的资金划转，完成销售资金清算；设立并管理资金清算相关账户，负责账户的会计核算工作并保管会计记录；复核并监督基金份额清算与资金清算结果。

基金会计工作包括：记录基金资产运作过程，完成当日所发生基金投资业务的账务核算工作；核算当日基金资产净值；完成与托管银行的账务核对，复核基金净值计算结果；按日计提基金管理费和托管费；填写基金资产运作过程中产生的投资交易资金划转指令，传送至托管行；根据基金份额清算结果，填写基金赎回资金划转指令，传送至托管行；完成资金划转指令产生的基金资产资金清算凭证与托管行每日资金流量表间的核对；建立基金资产会计档案，定期装订并编号归档管理相关凭证账册。

（六）后台支持部门

1. 行政管理部

行政管理部是基金管理公司的后勤部门，为基金管理公司的日常运作提供文件管理、文字秘书、劳动保障、员工聘用和人力资源培训等行政事务的后台支持。

2. 信息技术部

信息技术部负责基金管理公司业务和管理发展所需要的电脑软、硬件的支持，确保各信息技术系统软件业务功能运转正常。

3. 财务部

财务部是负责处理基金管理公司自身财务事务的部门，包括有关费用支付、管理费收缴、公司员工的薪酬发放、公司年度财务预算和决算等。

二、公司内部控制

（一）内部控制的概念

内部控制是指公司为防范和化解风险，保证经营运作符合公司的发展规划，在充分考虑内、外部环境的基础上，通过建立组织机制、运用管理方法、实施操作程序与控制措施而形成的系统。

基金管理公司内部控制包括内部控制机制和内部控制制度两个方面。内部控制机制是指公司的内部组织结构及其相互之间的运作制约关系；内部控制制度是指公司为防范金融风险、保护资产的安全与完整、促进各项经营活动的有效实施而制定的各种业务操作程序、管理与控制措施的总称。

有效的内部控制是保护投资者利益、确保基金安全运作的重要保障。

（二）内部控制法律规定

中国证监会 2012 年 12 月 19 日颁布《证券投资基金管理公司内部控制指导意见》，为指导证券投资基金管理公司加强内部控制，促进公司诚信、合法和有效经营，保障基金持有人利益提供了指导。包括总则、内部控制的目标和原则、内部控制的基本要素、内部控制的主要内容、负责五部分内容。

结合基金管理公司具体内部控制建设，本书主要介绍基金投资管理和投资决策业务内部控制。

公司内部控制应当遵循以下原则：

健全性原则。内部控制应当包括公司的各项业务、各个部门或机构和各级人员，并涵盖到决策、执行、监督、反馈等各个环节。

有效性原则。通过科学的内控手段和方法，建立合理的内控程序，维护内控制度的有效执行。

独立性原则。公司各机构、部门和岗位职责应当保持相对独立，公司基金资产、自有资产、其他资产的运作应当分离。

相互制约原则。公司内部部门和岗位的设置应当权责分明、相互制衡。

成本效益原则。公司运用科学化的经营管理方法降低运作成本，提高经济效益，以合理的控制成本达到最佳的内部控制效果。

内部控制主要包括投资管理业务控制、信息披露控制、信息技术系统控制、会计系统控制、监察稽核控制五部分内容。

投资管理业务控制包括研究业务控制、投资决策业务控制、基金交易业务控制等内容。本书结合中国基金管理公司内部控制建设实践，主要介绍投资决策业务控制和监察稽核控制。

投资决策业务控制主要内容包括：

投资决策应当严格遵守法律法规的有关规定，符合基金契约所规定的投资目标、投资范围、投资策略、投资组合和投资限制等要求。

健全投资决策授权制度，明确界定投资权限，严格遵守投资限制，防止越权决策。

投资决策应当有充分的投资依据，重要投资要有详细的研究报告和风险分析支持，并有决策记录。

建立投资风险评估与管理制度，在设定的风险权限额度内进行投资决策。

建立科学的投资管理业绩评价体系，包括投资组合情况、是否符合基金产品特征和决策程序、基金绩效归属分析等内容。

监察稽核控制主要包括以下几方面。

公司应当设立督察员，对董事会负责，经董事会聘任，报中国证监会核准。根据公司监察稽核工作的需要和董事会授权，督察员可以列席公司相关会议，调阅公司相关档案，就内部控制制度的执行情况独立地履行检查、评价、报告、建议职能。

督察员应当定期和不定期向董事会报告公司内部控制执行情况，董事会应当对督察员的报告进行审议。

公司应当设立监察稽核部门，对公司经营层负责，开展监察稽核工作，公司应保证监察稽核部门的独立性和权威性。

公司应当明确监察稽核部门及内部各岗位的具体职责，配备充足的监察稽核人员，严格监察稽核人员的专业任职条件，严格监察稽核的操作程序和组织纪律。

公司应当强化内部检查制度，通过定期或不定期检查内部控制制度的执行情况，确保公司各项经营管理活动的有效运行。

公司董事会和管理层应当重视和支持监察稽核工作，对违反法律、法规和公司内部控制制度的，应当追究有关部门和人员的责任。

（三）基金管理公司内部控制具体设置

当前中国基金管理公司均重视加强内部控制建设，在基金招募说明书中承诺建立健全内部控制制度，采取有效措施，防止违反《中华人民共和国证券法》和违反《基金法》行为的发生，保证基金财产不用于违法违规投资行为或活动。并建立内部控制组织体系和具体的操作控制，加强内部控制制度的实行和监督，确保基金安全运作。

以下简要介绍笔者认为比较健全和典型的南方基金管理有限公司、嘉实基金管理有限公司和华夏基金管理有限公司的内部控制设置。

1. 南方优选价值

主要内部控制制度如下。

（1）内部会计控制制度

公司依据《中华人民共和国会计法》、《金融企业会计制度》、《证券投资基金会计核算办法》、《企业财务通则》等国家有关法律、法规制订了基金会计制度、公司财务会计制度、会计工作操作流程和会计岗位职责，并针对各个风险控制点建立严密的会计系统控制。

内部会计控制制度包括凭证制度、复核制度、账务处理程序、基金估值制度和程序、基金财务清算制度和程序、成本控制制度、财务收支审批制度和费用报销管理办法、财产登记保管和实物资产盘点制度、会计档案保管和财务交接制度等。

（2）风险管理控制制度

风险控制制度由风险控制委员会组织各部门制定，风险控制制度由风险控制的机构设置、风险控制的程序、风险控制的具体制度、风险控制制度执行情况的监督等部分组成。

风险控制的具体制度主要包括投资风险管理制度、交易风险管理制度、财务风险控制制度、信息技术系统风险控制制度以及岗位分离制度、防火墙制度、反馈制度、保密制度等程序性风险管理制度。

（3）监察稽核制度

公司设立督察长，负责监督检查基金和公司运作的合法合规情况及公司内部风险控制情况。督察长由总经理提名，董事会聘任，并经全体独立董事同意。

督察长负责组织指导公司监察稽核工作。除应当回避的情况外，督察长享有充分的知情权和独立的调查权。督察长根据履行职责的需要，有权参加或者列席公司董事会以及公司业务、投资决策、风险管理等相关会议，有权调阅公司相关文件、档案。督察长应当定期或者不定期向全体董事报送工作报告，并在董事会及董事会下设的相关专门委员会定期会议上报告基金及公司运作的合法合规情况及公司内部风险控制情况。

公司设立监察稽核部门，具体执行监察稽核工作。公司配备了充足合格的监察稽核人员，明确规定了监察稽核部门及内部各岗位的职责和工作流程。

监察稽核制度包括内部稽核管理办法、内部稽核工作准则等。通过这些制度的建立，检查公司各业务部门和人员遵守有关法律、法规和规章的情况；检查公司各业务部门和人员执行公司内部控制制度、各项管理制度和业务规章的情况。

2. 嘉实研究精选

内部控制组织体系如下。

（1）公司董事会对公司建立内部控制系统和维持其有效性承担最终责任。董事会下设审计与合规委员会，负责检查公司内部管理制度的合法合规性及内控制度的执行情况，充分发挥独立董事监督职能，保护投资者利益和公司合法权益。

（2）投资决策委员会为公司投资管理的最高决策机构，由公司总经理、副总经理、总经理助理以及投资总监、固定收益部总监、资深基金经理组成，负责指导基金资产的运作、确定基本的投资策略和投资组合的原则。

（3）风险控制委员会为公司风险管理的最高决策机构，由公司总经理、副总经理、督察长、总经理助理以及部门总监组成，负责全面评估公司经营管理过程中的各项风险，并提出防范化解措施。

（4）督察长积极对公司各项制度、业务的合法合规性及公司内部控制制度的执行情况进行监察、稽核，定期和不定期向董事会报告公司内部控制执行情况。

（5）监察稽核部：公司管理层重视和支持监察稽核工作，并保证监察稽核部的独立性和权威性，配备了充足合格的监察稽核人员，明确监察稽核部门及其各岗位的职责和工作流程、组织纪律。监察稽核部具体负责公司各项制度、业务的合法合规性及公司内部控制制度的执行情况的监察稽核工作。

（6）业务部门：部门负责人为所在部门的风险控制第一责任人，对本部门业务范围内的风险负有管控及时报告的义务。

（7）岗位员工：公司努力树立内控优先和风险管理理念，培养全体员工的风险防范意识，营造一个浓厚的内控文化氛围，保证全体员工及时了解国家法律法规和公司规章制度，使风险意识贯穿到公司各个部门、各个岗位和各个环节。员工在其岗位职责范围内承担相应的内控责任，并负有对岗位工作中发现的风险隐患或风险问题及时报告、反馈的义务。

3. 华夏优势增长

具体的操作控制如下。

公司对投资、会计、技术系统和人力资源等主要业务制定了严格的控制制度。在业务管理制度上，做到了业务操作流程的科学、合理和标准化，并要求完整的记录、保存和严格的检查、复核；在岗位责任制度上，内部岗位分工合理、职责明确，不相容的职务、岗位分离设置，相互检查、相互制约。

（1）投资控制制度

投资决策与执行相分离。投资决策委员会负责制定投资原则并审定资产配置比例，在债券基金投资方面，投资决策委员会负责制订基金投资组合的久期和类属配置政策，基金经理在投资决策委员会确定的范围内，负责确定与实施投资策略、进行具体的证券选择、构建和调整投资组合并下达投资指令，中央交易室交易员负责交易执行。

投资决策权限控制。基金经理对单只证券投资超过一定比例的，须提交书面报告，经投资总监或投资决策委员会（视投资比例而定）批准后才能执行。

警示性控制。中央交易室对有问题的交易指令进行预警，并在投资组合中各类资产的投资比例将达到法规和公司规定的比例限制时进行预警。有问题的交易指令包括有操纵股价嫌疑、有与市场特定价位委托单大量对倒嫌疑的交易指令等，中央交易室发现该类指令时，向投资总监和监察稽核部门及时提出警示，基金经理须及时向投资总监和监察稽核部门说明情况，投资总监和监察稽核部门判断是否违规及是否停止交易。对投资比例的预警是通过交易系统设置各类资产投资比例的预警线，在达到接近限制比例前的某一数值时，系统自动预警，中央交易室及时向基金经理反馈预警情况。

禁止性控制。根据法律、法规和公司规定的禁止行为，制定证券投资限制表，包括受限制的证券和受限制的行为（如反向交易、对敲和单只证券投资的一定比例等）。基金经理构建组合时不能突破这些限制，同时中央交易室对此进行监控，通过预先的设定，交易系统能对这些情况进行自动提示和限制。

一致性控制。对基金经理下达的投资交易指令、交易员输入交易系统的交易指令和基金会计成交回报进行一致性复核，确保交易指令得到准确执行。

多重监控和反馈。中央交易室对投资行为进行一线监控（包括上述警示性控制和禁止性控制）。中央交易室本身同时受投资总监、基金经理及监察稽核的三重监控：投资总监监控交易指令的正确执行和交易室监控职能的有效发挥；基金经理监控交易指令的正确执行；监察稽核部门监控有问题的交易。

三、基金管理公司治理结构

基金管理公司的治理结构有其自身的特点。基金管理公司和一般公司法人的不同之处在于：基金管理公司所管理的基金财产是基于信托关系形成的，通常可以管理运作几十倍于自身注册资本的基金财产。由于基金管理公司肩负着受人之托、代客理财的重任，因此，完善的公司治理结构是保护投资者利益、确保基金安全运作的重要保障。监管部门对基金管理公司的公司治理结构提出了一些更为严格的要求。

（一）总体要求

目前，中国基金管理公司均为有限责任公司，必须满足《中华人民共和国公司法》对有限责任公司公司治理结构的规定，如股东会、董事会、监事会和经理各自的职责及其相互关系等。此外，基金管理公司在治理结构上还必须遵守《中华人民共和国证券投资基金法》、《证券投资基金管理公司管理办法》和《证券投资基金管理公司治理准则（试行）》等的相关规定，建立组织机构健全、职责划分清晰、制衡监督有效、激励约束合理的治理结构，保持公司规范运作，维护基金份额持有人的利益。

（二）公司治理的基本原则

（1）基金份额持有人利益优先原则。基金管理公司从公司章程、规章制度、工作流程和议事规则等的制定到公司各级组织机构职权的行使及公司员工的从业行为，都应当体现基金份额持有人利益优先原则。在公司、股东及公司员工的利益与基金份额持有人的利益发生冲突时，应当优先保障基金份额持有人的利益。

（2）公司独立运作原则。基金管理公司独立性的具体要求是：公司及其业务部门与股东、实际控制人及其下属部门之间没有隶属关系；股东及其实际控制人不得越过股东会和董事会直接任免公司高管人员；不得违反公司章程干预投资、研究、交易等具体事务及公司员工选聘；董事、监事之外的所有员工不得在股东单位兼职；所有与股东签署的技术支持、服务、合作等协议均应上报，不得签署任何影响公司独立性的协议等。

（3）强化制衡机制原则。基金管理公司应当明确股东会、董事会、监事会（执行监事）、经理层和督察长的职责权限，完善决策程序，形成协调高效、相互制衡的制度安排。

（4）维护公司的统一性和完整性原则。公司应当在组织机构和人员的责任体系、报告路径和决策机制等几个方面体现统一性和完整性。在董事会层面，在制度建设过程中就应当保证公司的责任体系、决策体系和报告路径的清晰、独立。股东不得要求经理层或其他员工违反章程直接向股东或其他机构和人员报告基金财产运用具体事项，不得要求经理层将经营决策权让渡给股东或其他机构和人员。在经理层面，在职权范围内应保证公司经营活动独立、自主决策，不受他人干预，不得将经营管理权让渡给股东或者其他机构和人员。在公司文化层面，应当构建公司自身的企业文化，防止在内部责任体系、报告路径和内部员工之间出现割裂情况。

（5）股东诚信与合作原则。股东对公司和其他股东负有诚信义务，应当承担社会责任。股东之间应当信守承诺，建立相互尊重、沟通协商、共谋发展的和谐关系。具体要求主要有应当审慎审议、签署股东协议和公司章程等法律文件，按照约定认真履行义务，出现有关情形立即书面通知公司和其他股东。

（6）公平对待原则。公司董事会和管理层应当公平对待所有股东，不得接受任何股东及其实际控制人超越股东会、董事会的指示，不得偏向任何一方股东。公司开展业务应当公平对待管理的不同基金财产和客户资产，不得在不同基金财产之间、基金财产与委托资产之间进行利益输送。

（7）业务与信息隔离原则。公司应当建立与股东的业务与信息隔离制度，防范不正当关联交易和利益输送。在信息传递和保密方面，股东不得直接或间接要求董事、经理层及其他员工提供基金投资、研究等方面的非公开信息和资料，不得利用提供技术支持或者行使知情权的方式将非公开信息为任何人谋利或泄漏给任何第三方。在股东知情权方面，既要求股东关注公司的经营运作情况及财务状况，同时要求股东按照相关法律、法规和公司章程的规定行使知情权，不得滥用知情权。

（8）经营运作公开、透明原则。公司的经营运作应当保持公开、透明；公司应当保障股东、董事享有合法的知情权，如定期提供有关公司经营的各项报告；公司还要依法认真履行信息披露义务。

（9）长效激励约束原则。公司应当结合基金行业特点建立长效激励约束机制；同时，营造规范、诚信、创新、和谐的企业文化，从而留住人才，保持公司的竞争能力。股东也应当尊重经理层人员及其他专业人员的人力资本价值。

（10）人员敬业原则。公司的董事、监事、高级管理人员的履职水平直接关系到广大基金份额持有人的利益。因此，上述人员不仅要专业、诚信、勤勉、尽职，遵守职业操守，而且要以较高的职业道德标准和商业道德标准规范言行，维护基金份额持有人的利益和公司的资产安全，促进公司的高效运作。

（三）独立董事制度

基金管理公司应当建立健全独立董事制度。独立董事人数不得少于3人，且不得少于董事会人数的1/3。董事会审议下列事项应当经过2/3以上的独立董事通过。

（1）公司及基金投资运作中的重大关联交易。

（2）公司和基金审计事务，聘请或者更换会计师事务所。

（3）公司管理的基金的半年度报告和年度报告。

（4）法律、行政法规和公司章程规定的其他事项。

（四）督察长制度

中国证监会发布的《证券投资基金管理公司督察长管理规定》明确要求基金管理公司应当建立健全督察长制度。督察长是监督检查基金和公司运作的合法合规情况及公司内部风险控制情况的高级管理人员。督察长由总经理提名，由董事会聘任，并应当经全体独立董事同意。督察长负责组织指导公司监察稽核工作。

督察长若履行职责的范围，应当涵盖基金及公司运作的所有业务环节。若督察长发现基金和公司运作中有违法违规行为的，应当及时予以制止，重大问题应当报告中国证监会及相关派出机构。督察长享有充分的知情权和独立的调查权。督察长根据履行职责的需要，有权参加或者列席公司董事会以及公司业务、投资决策、风险管理等相关会议，有权调阅公司相关文件、档案。督察长发现基金及公司运作中存在问题时，应当及时告知公司总经理和相关业务负责人，提出处理意见和整改建议，并监督整改措施的制定和落实。公司总经理对存在问题不整改或者整改未达到要求的，督察长应当向公司董事会、中国证监会及相关机构报告。董事会应当建立和完善督察长考核制度。董事会对督察长的考核，应当以基金及公司的合规运作情况及内部风险控制情况为主要标准。督察长的薪酬由董事会决定。公司应当保证督察长工作的独立性，不得要求督察长从事基金销售、投资、运营、行政管理等与其履行职责相冲突的工作。公司总经理、其他高级管理人员、各部门应当支持和配合督察长的工作，不得以涉及商业秘密或者其他理由限制、阻挠督察长履行职责。

第五章　中国股票型基金投资策略总结

第一节　国外共同基金投资策略研究进展

投资策略是指基金管理人以现代投资组合理论等为理论基础，根据证券市场发展变化而制定的投资方针、投资原则及策略。它是基金投资管理的核心部分，贯穿于基金投资管理的各个环节，并且将投资管理各环节有机结合，是投资管理制胜的关键。从某种程度上可以说，投资策略是基金获得收益的保证，基金收益或业绩增长依赖于合适的投资策略。

国外对共同基金投资策略的研究已经有了较充分的积累，我们在此将国外最新的共同基金投资策略研究做以简要介绍，以期对中国的相关研究有所帮助。

积极投资策略与消极投资策略方面，Holmes（2007）指出消极投资策略和积极投资策略的占优性随基金风格的差别而各异。对投资于大公司股票的混合型、成长型和价值型基金，消极投资策略的业绩优于积极投资策略，但对投资于中等公司混合型基金和小公司混合型基金，积极投资策略则优于消极投资策略。Miller和Ross（2007）研究积极投资策略真实成本的测量方法，提出了计算积极投资策略下基金资产份额和积极型支出比率、α值的公式。

资产配置策略方面，Kadiyala（2004）指出股票型基金的收益与公司和政府债券的收益密切相关，而债券型基金的收益也不仅仅来源于债券的收益，因而，基金的资产配置策略能够有效降低投资风险，并能获取超额收益。Lai和Li（2007）提出资产配置策略下投资组合构建的不同方法，通过比较均值方差和遗传算法两种不同方法下所构建的投资组合，指出这两种方法的资产配置均能战胜市场指数，且遗传算法下的资产配置策略更占优。

动量策略方面，Benson等（2007）通过研究澳大利亚基金经理的投资策略，指出动量投资策略一般与积极型资产配置策略同时使用，并且，不具备择时能力的基金经理通常是动量型投资者。

根据晨星公司和Gremillion（2005）所列共同基金投资策略，笔者将国外共同基金常用的投资策略加以整理，以表5-1的形式展现出来。

表5-1　国外常用投资策略

投资策略	内容
积极投资策略与消极投资策略	前者通过主动的信息搜集发现价值被低估的证券,最终获得超过市场平均的收益率。后者通过被动地跟踪市场指数来构造投资组合获得平均收益。前者比后者面临更多的搜寻成本和交易成本
资产配置策略	基金在构建投资组合时对于风险资产和无风险资产按不同比例的配置,主要包括策略性资产配置、动态资产配置和战术性资产配置三个层次
成长型股票选择投资策略与价值型股票选择投资策略	前者的目标是实现资本长期增值,主要投资于市场中有较大升值潜力的小公司和一些新兴行业的成长性股票;后者比较关注股息的分配和股票的"内在价值",主要投资于价值被低估的价值型股票
基础分析与技术分析	基础分析涉及对上市公司本身的研究——上市公司的财务报告、其他量化的数据及对公司质量方面因素的评估;技术分析主要是通过分析证券的历史价格和交易量来预测未来的价格走势
板块轮动策略	试图发现特定时期表现超常的股票板块,通过分析宏观经济走势,分析一个特别的经济循环如何推进并影响不同的行业,然后向那些有获益倾向的部门进行集中投资
动量策略	当金融资产价格变动是"反应不足"的,购买过去表现良好的个股并卖出表现不佳的个股,"追涨杀跌"
反转策略	当金融资产价格变动是"反应过度"的,购买过去表现不佳的个股同时卖出表现良好的个股,"追跌杀涨"
时间分散化策略	认为股票的风险将随着投资期限的延长而降低,随着投资年限的延长将持股比例逐步减少的策略

第二节　基金投资运作管理简介

基金投资运作管理是基金管理公司的核心业务,基金管理公司的投资部门具体负责基金的投资管理业务。

一、投资决策

（一）投资决策机构

中国基金管理公司大多在内部设有投资决策委员会,负责指导基金资产的运作,确定基金投资策略和投资组合的原则。投资决策委员会是公司非常设机构,是公司最高投资决策机构,一般由公司总经理、分管投资的副总经理、投资总监和研究总监等相关人员组成。

投资决策委员会的主要职责一般包括如下。

（1）制定公司投资管理相关制度,包括投资决策、交易、研究和投资表现评估等方面的管理制度。

（2）根据公司投资管理制度和基金合同，确定基金投资的基本方针、原则、策略及投资限制。

（3）审定基金资产配置比例或比例范围，包括资产类别比例和行业或板块投资比例。

（4）确定基金经理可以自主决定投资的权限。

（5）审批基金经理提出的投资额超过自主投资额度的投资项目。

（6）定期审议基金经理的投资报告，考核基金经理的工作绩效等。

（二）投资决策制定

投资决策制定通常包括投资决策的依据、决策的方式和程序、投资决策委员会的权限和责任等内容。在决策的制定过程中涉及公司研究发展部、基金投资部、投资决策委员会和风险控制委员会等部门。

中国基金管理公司一般的投资决策程序如下。

（1）公司研究发展部提出研究报告。研究发展部负责向投资决策委员会和其他投资部门提供研究报告。研究报告通常包括宏观经济分析报告、行业分析报告、上市公司分析报告和证券市场行情报告等。通常研究发展部负责建立并维护股票池。

（2）投资决策委员会决定基金的总体投资计划。投资决策委员会在认真分析研究发展部提供的研究报告及其投资建议的基础上，根据现行法律法规和基金合同的有关规定，决定基金的总体投资计划。

（3）基金投资部制订投资组合的具体方案。在投资决策委员会制定的总体投资计划的基础上，基金投资部在研究发展部研究报告的支持下，构建投资组合方案，对方案进行风险收益分析，并在投资执行过程中将有关投资实施情况和风险评估报告反馈给投资决策委员会。基金投资部在制订具体方案时要接受风险控制委员会的风险控制建议和监察稽核部门的监察、稽核。

（4）风险控制委员会提出风险控制建议。证券市场受到政治、经济、投资心理及交易制度等各种因素的影响，导致基金投资面临较大的风险。为降低投资风险，风险控制委员会通过监控投资决策实施和执行的整个过程，并根据市场价格水平及公司的风险控制政策，提出风险控制建议。

（三）投资决策实施

基金管理公司在确定了投资决策后，就要进入决策的实施阶段。具体来讲，就是由基金经理根据投资决策中规定的投资对象、投资结构和持仓比例等，在市场上选择合适的股票、债券和其他有价证券来构建投资组合。投资决策是否合理有效地得到实施，直接关系到基金投资效果的好坏和基金投资收益的高低。在具体的基金投资运作中，通常是由基金投资部门的基金经理向中央交易室发出交易指令。这种交易指令具体包括买入（卖出）何种有价证券、买入（卖出）的时间和数量、买入（卖出）的价格控制等。可以说，基金经理的投资理念、分析方法和投资工具的选择是基金投资运作的关键；基金经理水平的高低，直接决定了基金的投资收益。基金经理在实际投资运作中依据一定的投资目标，构建合适的投资组合，并根据市场实际情况的变化及时对投资组合进行调整。在实际操作中，交易员的地位和作用也相当重要。基金经理下达交易指令后要由交易员负责完成。交易员接受交易指令后，应当寻找合适的机会，以尽可能低的价位买入需要买入的股票或债券，以尽可能高的价位卖出应当卖出的股票或债券。交易员除了执行基金经理的指令外，还必须及时向基金经理汇报实际交易情况和市场动向，协助基金经理完成基金投资运作。

二、投资研究

投资研究是基金管理公司进行实际投资的基础和前提，基金实际投资绩效在很大程度上取决于投资研究的水平。

基金管理公司研究部的研究一般包括如下内容。

（一）宏观与策略研究

宏观与策略研究主要是针对国家宏观经济状况及市场的研究，提出资产配置建议。

（二）行业研究

行业研究的主体任务是对各个行业的发展环境进行评估，提出行业资产配置建议。

（三）个股研究

个股投资价值判断是基金管理公司股票投资的落脚点，基金经理主要在个股投资价值报告的基础上决定实际的投资行为。

个股研究始于对行业内上市公司的初步筛选，选出具有研究价值的公司以建立备选股票池。这主要是对行业内上市公司财务指标的横向比较，以挑出行业内资产质量和利润增长性较好的公司。在股票池的基础上，研究员必须对上市公司及其所在行业进行进一步的分析，确定值得实地调研的公司。在具体进行公司调研之后，分析师须拟订财务模型进行估值并完成投资报告。所有这些报告最后经部门讨论等方式通过后，进入股票池。

对股票投资价值的估值，最常使用四种估值方法，分别为市盈率（price to earning ratio，PE）、市净率（price/book value，PB）、现金流折现（discounted cash flow，DCF）及经济价值对利息、税收、折旧、摊销前利润（enterprise value/earning before interest，tax，depreciation and amortization，EV/EBITDA）。对特定的价值

型股票，也会采用股息率的方法。对于成长型的股票，每股盈余成长率则是最常用的辅助估值工具。此外，对上市公司非财务指标也应该给予适当的关注，尤其是公司治理结构和管理层素质，因为它们是公司长期健康发展的重要保障。

以上主要介绍的是股票投资研究。就债券研究而言，它主要侧重于债券久期的判断和券种的选择。研究员通过对宏观及利率走势的判断及对长短期债券、不同信用等级债券利差的判断，决定债券的久期策略，然后再依券种的信用程度、流动性等指标及一级和二级市场供需情况等提出分析报告。

在一般的情况下，多数基金管理公司的研究工作均需要依靠大量的外部研究报告，主要是作为卖方的证券公司的研究报告。其主要原因在于证券公司与基金管理公司各自的资源优势不同，而且基金管理公司的营运模式无法承担雇用大量研究人员的成本。外部研究机构和研究报告为基金管理公司的研究提供基础和平台，而基金管理公司自身的研究重点在于以实际投资为导向的上市公司投资价值判断。内部和外部研究力量的交流和配合主要通过基金管理公司研究员定期或不定期与证券公司分析员电话和实地交流、共同调研和参加会议等方式进行。

三、投资交易

投资交易是实现基金经理投资指令的最后环节。按规定，基金经理不得直接向交易员下达投资指令或者直接进行交易。投资指令应经风险控制部门的审核，确认其合法、合规与完整后方可执行。这样可实现决策人与执行人的分离，防止基金经理决策的随意性与道德风险。

此外，各基金管理公司设有中央交易室，严格执行交易行为准则，对基金经理的交易行为进行约束。同时，各基金管理公司还设置了相应的证券交易技术手段，以避免同一基金的交易账户对同一只股票既买又卖的反向报单委托行为。

四、投资风险控制

为了提高基金投资的质量，防范和降低投资的管理风险，切实保障基金投资者的利益，国内外的基金管理公司和基金组织都建立了一套完整的风险控制机制和风险管理制度，并在基金合同和招募说明书中予以明确规定。

第一，基金管理公司设有风险控制委员会（或合规审查与风险控制委员会）等风险控制机构，负责从整体上控制基金运作中的风险。

第二，制定内部风险控制制度。主要包括严格按照法律法规和基金合同规定的投资比例进行投资，不得从事规定禁止基金投资的业务；坚持独立性原则，基金管理公司管理的基金资产与基金管理公司的自有资产应相互独立，分账管理，公司会计和基金会计严格分开；实行集中交易制度，每笔交易都必须有书面记录并加盖时间章；加强内部信息控制，实行空间隔离和门禁制度，严防重要内部信息泄露；前台和后台部门应独立运作。

第三，内部监察稽核控制。监察稽核的目的是检查、评价公司内部控制制度和公司投资运作的合法性、合规性和有效性，监督公司内部控制制度的执行情况，揭示公司内部管理及投资运作中的风险，及时提出改进意见，确保国家法律法规和公司内部管理制度的有效执行，维护基金投资者的正当权益。

本书主要关注基金的投资决策和投资研究部分。

第三节 基金招募说明书有关介绍

一、基金的投资

投资目标：不同的基金有不同的投资目标。大部分基金都力求实现基金资产的长期、稳健增值。

投资理念：不同的基金具有不同的投资理念，即使同一基金管理公司旗下的基金也不尽相同。例如，嘉实优质企业的投资理念为投资优质企业，获取长期回报；适度均衡配置，控制组合风险；易方达行业领先的投资理念为投资具有较强竞争优势的行业领先企业，争取获得高于市场平均水平的回报。

投资范围：基金均主要投资于具有良好流动性的金融工具。包括国内依法公开发行上市的股票、权证、债券、资产支持证券及中国证监会允许基金投资的其他金融工具。本书研究股票型证券投资基金，股票投资比例范围基本都保持在60%～95%；现金、债券、权证、资产支持证券等具体比例则因不同的基金品种而占不同的投资比例。

投资策略：其主要包括资产配置策略、股票投资策略、债券投资策略、权证及其他金融工具投资策略。这是本书研究重点，将在后续章节中详细介绍。

投资决策依据：其均包括国家有关法律法规、基金合同和本基金管理人内部相关制度的有关规定。大部分基金还包括研究人员对宏观经济、金融市场、产业状况、上市公司基本面及相关政策等方面的研究成果。不同的基金还有各自不同的依据。

投资管理体制：常见的是实行投资决策委员会领导下的投资总监负责制。投资决策委员会是公司的最高投资决策机构，审议投资总监或基金经理提交的资产配置和股票投资决策。投资总监总体负责公司的投资、研究、交易工作，并向投资决策委员会报告。基金经理负责该基金的日常投资运作，按照投资决策委员会的指导意见确定基金资产的配置比例，并在此基础上分别进行股票、债券等资产类别的投资决策。有些基金还设有中央交易室，负责所有交易的集中执行。

投资管理程序：基金管理公司基本都建立了规范的投资管理流程和严格的风险管理体系。具体包括投资研究、投资决策、组合构建、交易执行、风险管理、绩效评估和组合调整等。严格的投资管理程序可以保证投资理念的正确执行，避免重大风险的发生。

业绩比较基准：不同的基金有不同的业绩比较基准，即使同一基金管理公司旗下的基金也不尽相同，具体如下。

（1）华夏行业精选：本基金股票投资的业绩比较基准为沪深 300 指数，债券投资的业绩比较基准为上证国债指数。整体业绩比较基准构成为

$$基准收益率=沪深\ 300\ 指数收益率×80\%+上证国债指数收益率×20\%$$

（2）华夏优势增长：本基金股票投资的业绩比较基准为新华富时 600 指数，债券投资的业绩比较基准为新华雷曼中国全债指数。基金整体业绩比较基准构成为

$$基准收益率=新华富时\ 600\ 指数收益率×80\%+新华雷曼中国全债指数收益率×20\%$$

（3）新华富时 600 指数涵盖市值最大的 600 只股票，新华雷曼中国全债指数涵盖国债、政策性金融债和企业债，市场代表性较强，适合作为本基金的业绩比较基准。

风险收益特征：本书研究的是普通股票型基金，风险和收益要高于债券基金、货币基金和混合型基金。

投资限制：主要包括禁止行为和投资组合比例限制两方面。

第一，基金进行投资均有以下禁止行为。

为维护基金份额持有人的合法权益，基金财产不得用于下列投资或者活动。

（1）承销证券。

（2）向他人贷款或者提供担保。

（3）从事承担无限责任的投资。

（4）买卖其他基金份额，但是国务院另有规定的除外。

（5）向其基金管理人、基金托管人出资或者买卖其基金管理人、基金托管人发行的股票或者债券。

（6）买卖与其基金管理人、基金托管人有控股关系的股东或者与其基金管理人、基金托管人有其他重大利害关系的公司发行的证券或者承销期内承销的证券。

（7）从事内幕交易、操纵证券交易价格及其他不正当的证券交易活动。

（8）依照法律法规有关规定，由中国证监会规定禁止的其他活动。

（9）法律法规或监管部门取消上述限制，如适用于本基金，则本基金投资不再受相关限制。

第二，投资组合比例均有下列限制。

（1）本基金持有一家上市公司的股票，其市值不超过基金资产净值的10%。

（2）本基金持有的全部权证，其市值不得超过基金资产净值的3%。

（3）本基金管理人管理的全部基金持有一家公司发行的证券，不超过该证券的10%。

（4）本基金管理人管理的全部基金持有的同一权证，不得超过该权证的10%。

（5）本基金进入全国银行间同业市场进行债券回购的资金余额不得超过基金资产净值的40%。

（6）本基金股票投资占基金资产净值的比例范围为60%～95%，权证投资占基金资产净值的比例范围为0～3%；债券投资占基金资产净值的比例范围为0～40%，资产支持证券投资占基金资产净值的比例范围为0～20%。

（7）本基金投资于同一原始权益人的各类资产支持证券的比例，不得超过基金资产净值的10%。

（8）本基金持有的全部资产支持证券，其市值不得超过基金资产净值的20%。

（9）本基金持有的同一（指同一信用级别）资产支持证券的比例，不得超过该资产支持证券规模的10%。

（10）本基金管理人管理的全部基金投资于同一原始权益人的各类资产支持证券，不得超过其各类资产支持证券合计规模的10%。

（11）基金财产参与股票发行申购时，本基金所申报的金额不超过本基金的总资产，本基金所申报的股票数量不超过拟发行股票公司本次发行股票的总量。

（12）本基金在任何交易日买入权证的总金额，不得超过上一交易日基金资产净值的0.5%。

（13）保持不低于基金资产净值5%的现金或者到期日在一年以内的政府债券。

（14）法律法规、基金合同及中国证监会规定的其他限制。

基金管理人代表基金行使股东权利的处理原则：①基金管理人按照国家有关规定代表基金独立行使股东权利，保护基金份额持有人的利益；②不谋求对上市公司的控股，不参与所投资上市公司的经营管理；③有利于基金财产的安全与增值；④不通过关联交易为自身、雇员、授权代理人或任何存在利害关系的第三人牟取任何不当利益。

基金的融资、融券：这部分介绍很少，一般指出基金均可以按照国家的有关规定进行融资、融券，具体投资原则和投资方式均未做详细披露。

二、基金的投资策略

基金的投资策略包括资产配置策略、股票类品种投资策略、固定收益类品种投资策略（主要是债券投资策略）、权证投资策略、股指期货投资策略和其他投资策略。

（一）资产配置策略

资产配置策略主要进行大类资产的配置决策，在股票、债券、权证、现金及其他等资产类别之间进行资产配置，确定各类资产的投资比重。并结合宏观经济、政策形势和证券市场走势等因素定期或不定期地进行调整。本书研究股票型证券投资基金，股票资产占基金资产的 60%~95%。

（二）股票投资策略

其行业配置方面；具体投资策略；个股选择方面

股票投资结合"自上而下"的行业分析，根据宏观经济运行、产业政策、行业成长性分析、市场估值等方面对大类行业及细分行业和产品的前景进行分析评价。

个股投资方面，采取"自下而上"的个股精选策略，结合定量和定性分析，采取各种分析体系和选股模型，重点分析成长性因素和估值因素，综合考虑基金关注的一些特定因素，如公司相关信息的发布、股票价格走势与成交量、投资者关注度等，精选价值被低估预期能够实现高成长或行业领先的公司的股票作为投资对象。构建投资组合并适时做出调整。

（三）债券投资策略

其一般目标为通过类属配置和券种选择两个层次进行投资管理，在严格控制风险基础上获取稳健回报。相比股票投资策略而言，债券投资策略不是本书所研究股票型证券投资基金的重点投资策略，基金招募说明书中对其介绍也较为简略。下面以华夏优势增长和南方优选价值为例简要介绍。

1. 华夏优势增长

3.债券投资策略

本基金债券投资将以优化流动性管理、分散投资风险为主要目标，同时根据需要进行积极操作，以提高基金收益。本基金将主要采取以下积极管理策略。

1）久期调整策略

根据对市场利率水平的预期，在预期利率下降时，增加组合久期，以较多地获得债券价格上升带来的收益；在预期利率上升时，减小组合久期，以规避债券价格下降的风险。

2）收益率曲线配置策略

在久期确定的基础上，根据对收益率曲线形状变化的预测，采用子弹型策略、哑铃型策略或梯形策略，在长期、中期和短期债券间进行配置，以从长期、中期和短期债券的相对价格变化中获利。例如，预测收益率曲线平行移动或变平时，将采取哑铃型策略；预测收益率曲线变陡时，将采取子弹型策略。

3）债券类属配置策略

根据国债、金融债、企业债、可转债、资产支持证券等不同债券板块之间的相对投资价值分析，增持价值被相对低估的债券板块，减持价值被相对高估的债券板块，借以取得较高收益。其中，随着债券市场的发展，基金将加强对企业债、可转债、资产支持证券等新品种的投资，主要通过信用风险、内含选择权的价值分析和管理，获取超额收益。

2. 南方优选价值

本基金可投资的债券品种包括国债、金融债和企业债（包括可转换债）等。本基金将在研判利率走势的基础上做出最佳的资产配置及风险控制。在选择债券品种时，本基金重点分析债券发行人的债信品质，包括发行机构及保证机构的偿债能力、财务结构与安全性，并根据对不同期限品种的研究，构造收益率曲线，采用久期模型构造最佳债券期限组合，降低利率风险；对可转债的投资，结合对股票走势的判断，发现其套利机会。

（四）权证投资策略

有关权证投资的介绍很少，一般将权证作为辅助性投资工具，投资原则为有利于加强基金风险控制，有利于基金资产增值。在实现权证投资时，通过对权证标的证券基本面的研究，运用权证定价模型寻求其合理估值水平，结合市场波动，谨慎地进行投资，在严格控制风险的前提下，以追求较稳定的当期收益。介绍最详细的为博时卓越品牌股票型证券投资基金，下面介绍介绍博时卓越品牌和南方绩优成长招募说明书所列示权证投资策略。

1. 南方绩优成长

本基金在进行权证投资时，将通过对权证标的证券基本面的研究，并结合权证定价模型寻求其合理估值水平，主要考虑运用的策略包括杠杆策略、价值挖掘策略、获利保护策略、价差策略、双向权证策略、卖空保护性的认购权证策略和买入保护性的认沽权证策略等。

本公司将充分考虑权证资产的收益性、流动性及风险性特征，通过资产配置、品种与类属选择，谨慎进行投资，追求较稳定的当期收益。

2. 博时卓越品牌

本基金将以投资组合的避险保值为目标，在风险可控的前提下，本着谨慎原则，参与股指期货的投资，以管理投资组合的系统性风险，改善组合的风险收益特性。

（1）时机选择策略根据本基金对经济周期运行不同阶段的预测和对市场情绪、估值指标的跟踪分析，决定是否对投资组合进行套期保值以及套期保值的现货标的及其比例。

（2）期货合约选择和头寸选择策略在套期保值的现货标的确认之后，根据期货合约的基差水平、流动性等因素选择合适的期货合约；运用多种量化模型计算套期保值所需的期货合约头寸；对套期保值的现货标的的 β 值进行动态的跟踪，动态的调整套期保值的期货头寸。

（3）展期策略当套期保值的时间较长时，需要对期货合约进行展期。理论上，不同交割时间的期货合约价差是一个确定值；现实中，价差是不断波动的。本基金将动态的跟踪不同交割时间的期货合约的价差，选择合适的交易时机进行展仓。

（4）保证金管理本基金将根据套期保值的时间、现货标的的波动性动态地计算所需的结算准备金，避免因保证金不足被迫平仓导致的套保失败。

（5）投资组合管理策略本基金建仓时，将根据市场环境，运用股指期货管理建仓成本。本基金出现较大申购赎回时，将运用股指期货管理组合的风险。未来，随着中国证券市场投资工具的发展和丰富，在符合有关法律法规规定的前提下，基金可相应调整和更新相关投资策略。

（五）其他投资策略

其他投资策略主要包括资产支持证券投资策略、其他衍生工具投资策略等。这类投资策略基金招募说明书中介绍更少，以华安中小盘成长股票型证券投资基金为例进行简要说明。

1. 资产支持证券的投资策略

本基金投资资产支持证券将综合运用久期管理、收益率曲线、个券选择和把握市场交易机会等积极策略，在严格遵守法律法规和基金合同基础上，通过信用研究和流动性管理，选择经风险调整后相对价值较高的品种进行投资，以期获得长期稳定收益。

2. 其他衍生工具投资策略

本基金将密切跟踪国内各种衍生产品的动向，一旦有新的产品推出市场，将在届时相应法律法规的框架内，制定符合本基金投资目标的投资策略，同时结合对衍生工具的研究，在充分考虑衍生产品风险和收益特征的前提下，谨慎进行投资。

　　本书研究对象为普通股票型证券投资基金，股票投资策略特别是个股精选策略是最主要的投资策略，也在基金招募说明书披露最详细。债券、权证、其他衍生工具和资产支持证券等均为辅助性投资工具，投资原则为有利于加强基金风险控制，有利于基金资产增值。债券投资策略、权证投资策略和其他投资策略在招募说明书中的介绍则十分简略，也不是本书的研究重点。

三、中国股票型基金投资策略归纳总结

　　本书共整理 317 只普通股票型基金招募说明书，全面总结中国普通股票型基金投资策略中的股票投资策略，并主要集中于基金个股精选策略的研究。笔者对中国当前普通股票型投资基金个股选择策略进行全面系统归纳，总结出一些共性特征和较常见的投资策略，以及基金管理公司自身的分析体系和模型，并摘取典型基金在招募说明书中列示的个股选择策略展现给读者，使读者能够充分了解当前中国股票型证券投资基金的个股选取策略，也争取为广大普通股民在进行股票分析时提供一定的借鉴经验。

　　当前股票型证券投资基金普遍采用最多的个股精选策略包括如下。

　　1. "自上而下"的行业选择与"自下而上"的个股选择相结合（包括但不限于）

　　南方绩优成长、华商盛世成长、易方达价值精选、诺德价值优势、诺安成长、农银汇理消费主题、农银汇理中小盘、国投瑞银成长优选、泰信蓝筹精选、鹏华新兴产业、华泰柏瑞行业领先、国联安优选行业、金鹰主题优势基金、民生加银精选、鹏华盛世创新、浦银安盛价值成长、富安达优势成长、富国高新技术产业、中欧中小盘成长、中银中小盘成长、大成新锐产业、富国通胀通缩主题轮动、天治成长精选、长信量化先锋、申万菱信竞争优势、 汇丰晋信 2026 生命周期、东吴新产业精选、诺德成长优势和中银持续增长。

　　2. 定量分析与定性分析相结合（包括但不限于）

　　南方绩优成长、易方达价值精选、汇添富成长焦点、华夏行业精选、长盛同德、农银汇理行业成长、广发聚丰、汇添富价值精选、诺德价值优势、农银汇理大盘蓝筹、银河行业优选、农银汇理消费主题、诺安主题精选、泰达宏利领先中小盘、泰达宏利首选企业、银华领先策略、光大保德信中小盘、大摩卓越成长、鹏华精选成长、泰信蓝筹精选、鹏华新兴产业、 兴全轻资产、国联安优选行业、金鹰主题优势基金、招商大盘蓝筹、鹏华盛世创新、华宝兴业大盘精选、浦银安盛价值成长、汇丰晋信低碳先锋、嘉实周期优选、新华中小市值优选、华商价值精选、富安达优势成长、富国高新技术产业、长城中小盘成长、中欧中小盘成长、

华宝兴业医药生物优选、中银中小盘成长、富国通胀通缩主题轮动、信诚新机遇、长盛电子信息产业、天治成长精选、方正富邦创新动力、信诚周期轮动、民生加银稳健成长、国泰成长优选、东吴新产业精选、长安宏观策略、中海消费主题、海富通国策导向和中银持续增长。

3. 注重运用各种模型、多种指标对股票估值（包括但不限于）

华宝兴业行业精选、广发小盘成长、华商盛世成长、汇添富成长焦点、易方达价值精选、农银汇理行业成长、国泰金牛创新成长、汇添富价值精选、建信核心精选、交银先锋股票、银河行业优选、大成积极成长、交银趋势优先、汇丰晋信龙腾、诺安主题精选、工银瑞信基本面量化策略、泰达宏利领先中小盘、光大保德信中小盘、大摩卓越成长、兴全轻资产、国联安优选行业、民生加银精选、鹏华盛世创新、华宝兴业大盘精选、中邮战略新兴产业、浦银安盛价值成长、招商中小盘精选、交银先进制造、嘉实周期优选、新华中小市值优选、华商价值精选、国泰价值经典、大成新锐产业、富国通胀通缩主题轮动、信诚新机遇、长盛电子信息产业、申万菱信量化小盘、东吴新创业、长信量化先锋、申万菱信竞争优势、华富量子生命力、东吴新产业精选和金元比联消费主题。

4. 注重成长因子与价值因子相结合（包括但不限于）

中邮核心成长、广发小盘成长、华商盛世成长、汇添富成长焦点、长信金利趋势、交银成长股票、华安中小盘成长、农银汇理行业成长、国泰金牛创新成长、广发聚丰、诺安成长、广发核心精选、建信核心精选、交银先锋股票、大成积极成长、农银汇理中小盘、国投瑞银成长优选、海富通中小盘、景顺长城中小盘、汇丰晋信大盘、大摩卓越成长、国富成长动力、国联安优选行业、浦银安盛价值成长、招商中小盘精选、汇丰晋信中小盘、新华中小市值优选、华商价值精选、富安达优势成长、长城中小盘成长、中欧中小盘成长、中银中小盘成长、申万菱新量化小盘、天治成长精选、东吴新创业、民生加银稳健成长、国泰成长优选、长信量化先锋、东吴新产业精选、长安宏观策略、金元比联消费主题、诺德成长优势和金鹰策略配置。农银汇理中小盘、招商中小盘精选、汇丰晋信中小盘、新华中小市值优选、富安达优势成长、长城中小盘成长、天治成长精选、民生加银稳健成长、长安宏观策略和诺德成长优势。

5. 注重多因素进行基本面分析（包括但不限于）

中邮核心成长、华宝兴业行业精选、广发小盘成长、农银汇理行业成长、交银先锋股票、工银瑞信基本面量化策略、鹏华新兴产业、金鹰主题优势基金、南方策略优化、民生加银精选、嘉实优化红利、嘉实周期优选、华商价值精选、长城中小盘成长、中银中小盘成长、大成新锐产业、信诚新机遇、长盛电子信息产业、长信量化先锋、长安宏观策略、嘉实优化红利、上投摩根健康品质生活。

大部分基金都采用上述一般性投资策略，按照基金管理人的投资风格和体系构建股票库，多重过滤，层层筛选，构建其认为最优的投资组合，并结合宏观经济形势、行业动向以及具体公司相关因素适时进行调整。

此外，较多基金定量和定性结合分析，并且对股票进行基本面分析、估值以后，还结合自身特点，关注某些特定因素，运用某些特定投资策略或自身开发的选股模型进行个股精选，如关注中小盘股票、公司治理水平、注重周期主题投资策略和践行价值投资原则等。以下也将分别予以总结，并给出具体实例。

第四节　中国股票型证券投资基金投资策略具体介绍

为了让各位读者对中国股票型证券投资基金主要投资策略具有更加充分的理解，在本节中，笔者基于投资风格各具特色的股票型证券投资基金募股说明书，进行系统性地分类与剖析，并提炼其中展现投资风格的关键要素，全面地介绍当前中国股票型证券投资基金的个股精选策略。

一、一般性投资策略

（一）"自上而下"与"自下而上"相结合

1. 诺德价值优势

诺德价值优势在其募股说明书中强调将资金集中配置于具有独特优势的行业的优秀个股。通过"自上而下"的方式判断优势行业，再通过"自下而上"的方式选择优势个股，从而通过积极管理的方式获得风险超额回报。

1）"自上而下"选择优势行业

实质在于采用宏观分析的方法挖掘具有投资价值的行业，基于全球经济走势和中国宏观背景来选择基金投资行业。一方面立足于全球经济发展方向，研究证券市场与经济运行的相关性；另一方面结合行业所处的生命周期、市场前景、产业链中所处位置、行业景气水平对行业投资价值进行挖掘。该基金在行业选择中强调工业化、城市化、人民币国际化、全球化四大主题。

2）"自下而上"选择优势企业

选择优势企业的过程体现基金的选股能力。在募股说明书中，该基金强调企业的商业基础、盈利模式、成长潜力和成长价值。具体的管理流程为三级股票池的筛选，首先通过挑选符合基金投资风格的个股，然后通过基本面分析发现发展潜力较好的个股，最后结合行业优势与个股基本面分析选择符合条件的公司股票构建股票池，其主要的筛选过程为基本面分析，在募股说明书中并未详细介绍其基本面分析所重视的相应财务指标和企业基本面指标。

（二）定性定量相结合

1. 长安宏观策略

长安宏观策略强调在行业配置的基础上，发挥基金管理者的选股能力，通过结合定量分析与定性分析的方法，精选具有良好基本面和成长预期良好的上市公司，以作为投资组合构建的股票池。

（1）定量分析

基金管理人对重点考察的基本面指标进行了比较详细的列示：

成长指标：通过考察个股过去三年平均主营业务收入增长率、主营业务利润增长率、预测未来一年每股收益增长率等指标来衡量成长性。

盈利指标：通过考察个股过去三年平均总资产收益率（ROA）和净资产收益率（ROE）等指标来衡量上市公司的盈利水平。

估值指标：强调投资组合的未来获利空间和投资安全边际。针对不同行业特点，采用市盈率（P/E）、市净率（P/B）、市盈增长比率（PEG）等估值指标，参考主要的国际估值分析方法，结合个股估值、行业估值与市场估值的结果，选择具有动态估值优势的公司。

（2）定性分析

结合定量分析的筛选结果，该基金提出运用实地调研和分析卖方研究报告等方式，从定性的角度对个股进行再次筛选。该基金主要从以下几个方面对个股进行定性分析：

行业地位及竞争优势：选择处于目标行业领先地位的个股，挖掘其核心竞争优势，分析个股未来成长性与盈利能力。从资源优势、商业模式、销售系统、品牌战略和创新能力等方面对个股进行筛选。

公司运营稳定性与发展潜力：分析企业外部运营环境、内部核心竞争力以及业绩增长的稳定性与可靠性。选择公司治理水平较高，资产周转水平良好，各项财务指标健康，具有清晰的发展战略的个股。

该基金在募股说明书中主要强调利用基本面分析的方法从定量和定性的角度选取投资组合资产池，但是并未给出具体的估值方法和定性判断标准的介绍。

2. 银华领先策略

银华领先策略结合定量与定性的标准来选择具有优势的个股构成股票资

产池，个股选取运用的定量的指标主要包括：相对估值指标、绝对估值指标、收入成长性、利润率等指标；定性的标准主要包括：核心竞争优势、市场预期、市场情绪等。

选股目标为：在优势行业中遴选行业领先、被市场低估、具有较高成长性的个股。

（1）选股标准

在股票资产池构建方面，银华领先策略首先从短期流动性、资产周转能力、盈利能力和成长性四个层面计算财务比率评价个股的财务状况，选择财务状况良好的个股。具体指标如下：

短期流动性指标包括：流动比率、速动比率、资产负债率和有息负债投资资本比率等指标；资产周转能力指标包括：存货周转率、应收账款周转率、流动资产周转率和总资产周转率等指标；

盈利能力指标包括：毛利率、销售净利率、净资产收益率等指标；

成长能力指标包括：营业收入增长率、营业利润增长率、净利润增长率、EBIT 增长率、PEG 等指标。在对企业进行了绝对价值评估之后，利用可以反映股东财富增长的 EVA 增长率等指标分析上市公司成长性。

在对上市公司进行财务分析评估的基础上，银华领先策略主要关注具备以下定性分析标准选择基金的投资对象：

1）所属行业满足该基金设定的领先行业标准，具有中长期可持续增长的前景，但该基金在募股说明书中并未阐明具体的行业选择判断标准。

2）公司拥有的资源、产品和经营能力在行业处于领先地位并可以保持长期竞争优势。

3）在所处的经济周期上升阶段中能有领先于同行业的其他企业、获得超越行业平均值的利润水平的优势。

4）在估值方面，在同行业与公司发展历史中具有领先优势。

银华领先策略在募股说明书中展现了其定量与定性相结合的选股方法，也强调了定量分析关注的指标和定性分析判断的标准，但是并未具体介绍指标分析方法和定性判断过程。

3. 强调定量投资、数量化筛选

汇丰晋信龙腾、光大保德信优势、工银瑞信基本面量化策略、招商大盘蓝筹、申万菱新量化小盘、华富量子生命力、华泰柏瑞量化先行、大摩多因子策略。

4. 大摩多因子策略

本基金采用数量化模型驱动的选股策略为主导投资策略，结合适当的资产配置策略。本基金所指数量化模型是建立在已为国际市场上广泛应用的多因子阿尔法模型（Multiple Factors Alpha Model）的基础上，根据中国资本市场的实际情况，由本基金管理人的金融工程团队开发的更具针对性和实用性的修正的多因子阿尔法选股模型（简称大摩多因子阿尔法模型）。本基金在股票投资过程中将保持模型选股并构建股票投资组合的投资策略，强调投资纪律、降低随意性投资带来的风险，力争基金资产长期稳定增值。为降低资本市场系统性风险对基金的影响，基金管理人在综合分析国内外宏观经济形势以及资本市场环境等因素的基础上，在对证券市场中长期走势判断的基础上，采取适度的资产配置策略。

本基金以"量化投资"为主要投资策略，通过基金管理人开发的"大摩多因子阿尔法模型"进行股票选择并据此构建股票投资组合。"大摩多因子阿尔法模型"在实际运行过程中将定期或不定期地进行修正，优化股票投资组合。

本基金将在本公司股票备选库的基础上选股。只有符合公司的基本投资要求、得到公司研究团队认可的个股才能进入公司股票备选库。在备选股票库中选股，能在一定程度上降低个股选择风险。

本基金利用"大摩多因子阿尔法模型"计算每只股票的因子加权得分，并挑选总得分最高的若干只个股构建投资组合。每隔一段时期，我们将重新计算个股加权因子得分，并以新得分值为依据对股票投资组合进行调整，始终保证组合中个股具有相对较高的分值。

定性分析

5. 易方达医疗保健

在医疗保健行业配置的基础上，易方达医疗保健主要通过考虑以下定性分析的要素对医疗保健行业个股的投资价值进行综合评估，并在此基础上进行选股。

1）产品竞争优势

公司利用在专利技术、品牌战略、营销策划等方面的优势，使其产品相对于同行业其他企业具有较强的竞争力，而且该优势能够在未来较长时间内继续保持。

2）产品生命周期

分析医疗保健行业上市公司产品的生命周期，选择产品正处于成长期或成熟期的个股，将其作为投资重点。

3）营销能力

将资金投资于已经建立较为完善的营销体系的上市公司，关注上市公司的销售资源利用能力和整体销售能力，要求个股所销售的医疗保健产品在同行业中具有较高的市场占有率。

4）管理能力

关注上市公司的管理能力，考察上市公司管理团队的管理绩效，将资金重点投资于在战略、生产、质量、技术、成本以及营销等管理要素具有竞争力的企业。

5）研发能力

关注上市公司的产品研发能力，选择对市场需求反应迅速，能根据需求对老产品进行迅速改进或者自主研发能力较强的医疗企业进行投资。

6）成长潜力

公司具有较好的成长预期，反映成长性的财务指标高于行业均值，成长可持续性显著。

7）盈利能力

公司具有较强的盈利能力，反映盈利能力的财务指标高于行业均值，未来具有较大提升潜力。

8）财务结构

关注公司的长期流动性，选择资产负债结构相对合理，财务风险较小的个股进行投资。

9）公司治理结构

选择公司治理水平较高的企业进行投资，表现在公司的治理结构完善，管理层关注股东利益。

易方达医疗保健基金在募股说明书中对定性分析所关注的要素和判断依据进行了较为详细的梳理，在关注医疗保健行业的基础上结合定性分析进行选股。

（三）个股成长性与价值水平兼顾

1. 海富通中小盘

本基金的股票投资将兼顾个股的成长性和估值水平，寻找具有较强的持续成长能力，同时价值又没有被高估的股票。

1）价值分析

价值分析包括公司的品质分析及估值水平分析。健康的品质是公司未来持续成长的良好基础，也可以提高公司的抗风险能力，因此本基金对上市公司的价值分析首先将分析公司的品质，将着重对公司进行财务分析，考察每股收益率（EPS）、净资产收益率（ROE）等指标，另外将根据上市公司所处行业景气度及其在行业中的竞争地位等多方面的因素进行综合评估，挖掘上市公司的投资价值。

如果公司具有成长性，但是股价已经被严重高估，股票将丧失吸引力。因此本基金将对股票进行估值分析，本基金管理人将关注 PE、PB、PS 等指标。对于这些指标，除了静态分析以外，本管理人还将根据对公司的深入研究及盈利预测，进行动态分析。

2）成长分析

对于成长性分析，本基金管理人将重点关注企业的内涵式增长。内涵式增长主要是来自企业的管理技能的可复制、企业的创新能力、产品的竞争优势及公司抵抗风险持续生存的能力等。本基金将从定量分析及定性分析两方面分析企业的成长能力。

（四）估值分析

1. 华夏优势增长

2. 股票投资策略

GARP（Growth At Reasonable Price）是指在合理价格投资成长性股票，追求成长与价值的平衡。GARP 模型精选出的股票既具有清晰、可持续的成长潜力，同时市场价格被低估，这样，基金的潜在收益来源就包括两方面，一是不考虑个股成长潜力的情况下个股价值回归所带来的投资收益，二是个股成长潜力释放过程中所带来的价值增长收益，从而可以在承担较低风险的情况下实现较高回报。本基金个股选择将主要关注以下因素：

1）成长性因素

我们优先挑选具有持续、稳定的业绩增长历史，且预期盈利能力将保持增长的公司；对于部分处于成长阶段没有盈利的行业，优先考虑营业收入能够保持增长、且成本控制基本合理的公司；对于部分处于周期性调整的行业，优先考虑市场份额能够保持增长的公司。

在成长性因素中，除了关注业绩增长速度之外，业绩增长质量同样重要。在财务指标方面，我们将重点关注公司的净资产收益率（ROE）和现金流指标；在定性分析方面，我们将考察公司的核心竞争能力、内部管理和外部经营环境等因素。只有那些业绩增长具有合理基础、在未来能够持续的公司，才符合我们的初选标准。

（2）估值因素

我们重点关注市盈率（P/E）和市净率（P/B）指标，并与其业绩增长结合，计算 PEG 指标。PEG 指标综合了股票的未来成长潜力以及当前估值水平，能够反映目前的股票价格相对于股票的成长潜力是否存在高估。对于 PEG 指标小于 1 或低于行业平均水平的股票，将进入我们的核心股票池。

考虑到股票估值的回归需要催化剂，我们还将关注公司有利信息的发布（如宏观政策、行业政策或公司行为）、分析师评级的变动、股票价格走势与成交量、投资者关注度等因素。当有利因素推动市场认知即将转变时，基金将买入股票；当股票的成长价值已经得到充分反映，市场开始出现过度乐观情绪时，基金将卖出股票。

2. 华泰柏瑞量化先行

定量估值识别：

本基金认为，研究和识别非完全有效市场中蕴含的各种潜在投资机会的公司，是以相对估值较低为前提。本基金管理人基于对中国证券市场的大量实证研究、分析和筛选，选取代表性最强的能够反映股票长期超额收益的量化指标，以此为基本要素，建立多因子定量估值筛选模型。

本基金管理人基于对上市公司财务数据的分析，将涵盖公司估值的各种影响因子进行数量化识别，并通过单指标统计模型建立因子与股价涨幅之间的联系，从而测试及比对各因子的有效性，最终确定模型中的选股因子。在实证检验的基础上，本基金所采用的多因子定量估值筛选模型选取以市息率（PD）、市现率（PCF）、市销率（PS）、市盈率（PE）、市净率（PB）等价值因子作为主要选股标准而构建。基于历史数据的有效性检验，本基金管理人根据不同行业的周期性质、商业模式、资源属性等特性，选取相应行业优化估值因子，在行业内进行排序，挑选出各估值因子处于行业排序前三分之一的股票，构成初选股票组合。本基金将根据上市公司季度财务数据，按照该模型和流程，定期对上市公司进行筛选和排序，从而调整和优化股票组合。

相对价值分析

3. 中欧价值发现

3）相对价值判断

与传统的价值股投资策略注重绝对价值相比，我们认为价值是相对的，这体现在我们不仅比较股票内在价值与股票价格的差异、可比公司之间的估值差异，更着重以发展的眼光进行动态估值，并积极关注创造价值的因素。

本基金将从安全边际、横向比较和纵向比较等相对价值的角度衡量和比较股票的估值合理性，挖掘具备相对价值的股票：

首先，比较股票价格与内在价值的差距，判断拟投资个股是否存在较大幅度的安全边际；

其次，分析可比公司之间的相对估值，而非绝对估值。相对估值法主要根据股票的市场估价比率与全市场或者同行业/板块其他公司的估值比率对比来衡量个股估值的相对高低。其中估值比率包括市盈率法（P/E）、市净率法（P/B）、市销率法（P/S）、经济价值法（EV/EBITDA）等。

第三，通过深入分析公司的业绩增长潜力，以发展的眼光对企业进行动态估值，比较拟投资股票的静态估值和动态估值，判断不同时点估值的合理性；

第四，研究团队的深入细致调研是分析股票是否具备相对价值的基础，这有助于判断公司的价值驱动因素、资产增值潜力、潜在风险等。

4）股价催化剂分析

本基金管理人认为，长期内股票的价格将反映价值，并围绕价值上下波动。一旦发现某只股票的价值出现了较大幅度的相对低估，首先需要分析影响市场整体判断从而造成股票低估现象的因素；

同时，投资效果不仅取决于所投资个股相对于公允价值被低估的幅度，也取决于投资周期的长短。个股低估较早被市场所认识能够提高单位时间内的投资收益率。因此，通过因素分析确认某只个股被低估后，另一个重要环节就是进一步分析市场通过某种契机发现该股票被低估的可能性，即是否存在促使被低估个股股价上涨的催化剂。该类催化剂可能包括新产品和项目的投产预期、公司产品定价能力、行业集中度以及同类公司股价表现等。

（五）基本面分析

1. 上投摩根大盘蓝筹

（3）公司基本面分析

本基金管理人将通过案头分析和实地调研，对备选股票的基本面进行深入分析，通过公司的盈利能力、行业地位、财务状况和公司治理结构等方面的因素对上市公司进行全面系统的评价，挖掘具有良好基本面的大盘蓝筹公司。

1）行业地位评估。重点选择在行业或者细分行业处于垄断地位或者具有独特的竞争优势，如具有专利技术、垄断的资源优势、稳定良好的销售网络、独特的市场形象、较高的品牌认知度、创新产品等。

2）盈利能力分析。挖掘盈利模式清晰且具备可持续性，在生产经营、产品研发以及售后服务等方面拥有较强的、不易为竞争对手所模仿的核心竞争力的上市公司。

3）财务状况分析。从资产流动性、经营效率等方面分析公司的财务状况及变化趋势，判断公司财务状况是否运行良好，剔除存在重大陷阱或财务危机的公司。本基金将重点关注财务稳健、经营效率高的上市公司。

4）公司治理结构评估。分析上市公司的治理结构、管理层素质及其经营决策能力、投资效率等方面，判断公司是否具备保持长期竞争优势的能力。

2. 诺安主题精选

3）投资价值分析

在个股的投资价值分析的层面，我们将从定性和定量的角度，对股票的基本面情况、估值水平进行分析，并结合基金经理和研究团队的实际调研，对个股赋予投资价值权重。

　　在定量方面，本基金主要从两个层次进行分析：一是通过对企业财务指标（包括盈利能力指标、营运能力指标、偿债能力指标和成长能力指标）进行分析，判断企业的基本面情况和成长空间；二是通过对估值指标的分析，判断企业的投资价值。

　　从财务角度来看，我们主要关注四方面的指标：

　　①盈利能力指标，如净资产收益率（ROE）、销售毛利率、净利润/营业总收入、每股收益（EPS）等——这是判断企业赚取利润能力的基本指标，我们会结合历史数据、卖方研究以及实地调研对未来数据变化做出研判，从而力图对企业的成长性作出基本的判断；

　　②营运能力指标，如总资产周转率（ATO）——这是销售额和总资产的比率，其综合考察了长期资产和短期资产，显示了公司总体的投资效率，周转率越快反映公司销售能力越强。

　　③偿债能力指标，如资产负债率（TDO）——这是负债总额（长期债务加短期债务）与资产总额（债务类资产加权益类资产）的比率。

　　④成长能力指标，如三年净利润平均增长率——这是企业三年内净利润增长的平均比率，反映企业的利润增长趋势和效益稳定程度，较好地体现了企业的发展状况和成长能力。

　　从估值角度来看，我们主要关注股票的 P/B，P/E，P/S，PEG 等相对估值指标和自由现金流价值（FCF）等绝对估值指标。

　　在定性方面，我们主要从上市公司股权结构、信息透明度、公司治理情况、产品创新能力等方面进行考量。

　　我们将结合个股基本面情况、估值水平分析，以及定性分析的结果赋予个股投资价值权重。基本面情况良好、估值水平合理，同时公司股权结构和治理结构合理，信息透明度高，产品创新能力强的股票赋予较高权重；反之则赋予较低的权重。

多重过滤、行业-个股双重优选

3. 国联安优选行业

　　2.股票投资策略

　　本基金通过自上而下的行业配置和自下而上的个股精选相结合的方法，在投资策略上充分体现双重"优选"概念，即，前瞻性地把握中国经济成长和结构转型过程中行业景气度的变化，以定量分析和定性分析相结合的方法，动态优选不同经济周期阶段的景气行业；并结合价值投资理念，挖掘该行业的成长性个股，获取超额收益率。

......

（2）选股策略

在对行业景气程度和投资价值的分析过程中，本基金将前瞻性地把握中国经济成长及结构转型中受惠的行业高成长公司，使投资者分享这些上市公司在中国经济发展和结构转型中获得的高成长溢价，获得长期、稳定的投资回报。

在得到了最优化的行业配置比例之后，基金管理人将从已经优选出的行业中，挑选高成长上市公司进行投资。在个股选择上，主要对品质、成长性和估值三个方面进行评估。

1）品质

本基金主要通过盈利能力指标（如 P/E、P/S、P/EBIT 等），经营效率指标（如 ROE、ROA、ROIC 等）和财务状况指标（如资产负债率、流动比率等）衡量上市公司的品质。

2）成长性评估

本基金主要通过企业利润增长率等指标以及成长性综合评价来评估公司的成长性。

首先对企业利润增长率、销售毛利率等成长性指标进行定量评估，然后根据企业成长性评价体系，对公司的成长性进行综合评分并排序，挑选出其中最具成长潜力而且成长质量优良的股票进入核心股票池。企业成长性评价体系从宏观环境、行业前景、公司质量和成长性质量方面对企业的成长性进行评价，采用定性分析结合定量分析的方法对企业的成长性进行综合评分。

3）估值水平

对上述核心股票池中的重点上市公司进行内在价值的评估和成长性跟踪研究，在明确的价值评估基础上选择定价相对合理且成长性可持续的投资标的。

二、重点关注特定因素，实施特定投资策略

（一）关注中小盘股票

中小盘股票主要包括农银汇理中小盘、招商中小盘精选、汇丰晋信中小盘、新华中小市值优选、富安达优势成长、长城中小盘成长、天治成长精选、民生加银稳健成长、长安宏观策略和诺德成长优势等。

1. 农银汇理中小盘

2. 自下而上的股票精选

（1）中小盘股票库的筛选标准

本基金是中小盘股票型基金，在股票投资的比例中必须有不少于80%的

比例需投资于中小盘市值的股票。为充分防范投资风险，并保证基金的投资风格的一致性，基金管理人将在本公司股票库制度的框架内，建立相应的中小盘股票库。本基金股票投资中投资的不少于80%市值的股票必须从股票库中选择，仅有最多20%的股票投资比例可以从本股票库外选择。该股票库的基本标准如下：

1）基金管理人每3个月对中国A股市场中的股票按流通市值从小到大排序并相加，累计流通市值达到总流通市值2/3的股票纳入下个半年度的中小盘股票库（若某股票流通市值累加后的累计流通市值恰好超过总流通市值的2/3，则该股票及其以下流通市值的股票进入中小盘股票库）；

2）对未纳入最近一次半年度排序范围的股票（例如主板市场新股、恢复上市股票等），若其流通市值或管理人预测的流通市值按最近一次排序的标准符合中小盘股标准，则可以即时纳入中小盘股票库；

3）若因市值变动等原因使得原中小盘股票库内的股票不再符合筛选标准，则基金管理人需在适当的时间内（不得超过3个月）进行相应的调整。

……

（3）中小盘股的筛选

中小盘股票库仅是为基金管理人的投资提供了一个相对比较宽泛的投资范围，在具体执行投资决策时基金管理人还需要对股票库内的股票进行详细的研究，主要采取定性和定量相结合的方式。由于中小盘股票的最大的特点是其较高的成长性，因此在分析的过程中，将主要考察目标公司成长性要素，同时综合考察其估值水平、盈利指标等其他因素。

……

（4）中小盘股票组合的构建

在中小盘股票库的基础上，通过定性和定量的双重指标的筛选，基金管理人初步筛选出可以进入投资组合的目标中小盘股票。此后，基金管理人再综合目标股票的估值状况和当前的市场状况等多种市场因素，择机将相应的股票纳入投资组合之中，从而形成最终的股票投资组合。

（二）"核心–卫星"策略

"核心–卫星"策略包括华安核心优选、天治核心成长、中银动态策略、长盛量化红利策略、华安核心优选、东方核心动力、金元比联核心动力等。

1. 长盛量化红利策略

本基金在数量化股票选择模型所生成的红利风格股票池的基础上，采用核心–卫星策略配置股票资产。

（1）核心股票组合的构建

本基金核心股票组合以量化方法和模型进行构建，是基金股票资产配置的核心内容。核心股票组合是保证基金股票投资收益的稳健性并使基金资产具有明显红利收益的风格特征。

核心股票组合构建是通过对红利风格股票池中的股票再进一步量化筛选，并根据多因子指标来对红利风格股票池中的股票进行评分，选取评分排名在前50%的股票为所选择投资的红利核心股票。其中，多因子指标包括预期股息率、PB、PE、PCF、净利润增长率、ROE等指标，采用等权重法确定股票评分。

通过上述多因子量化评分及筛选方法选出核心红利股票后，采用股票组合优化模型来确定个股权重，从而构建基金股票资产的红利核心股票组合。其中，股票组合的优化目标是使核心组合的风险调整后收益最大化。

（2）卫星股票组合的构建

本基金在保证核心股票组合风险和收益稳健性的同时，积极利用卫星股票资产的灵活增强配置以获取基金股票组合的超额投资收益。

根据宏观经济波动、行业周期性及上市公司基本面等因素的分析，确定宏观及行业经济变量的变动对股票市场的潜在影响，并根据基金管理人的研究及投资决策判断，增强配置具有超预期增长和深度投资价值的股票作为卫星资产，以此灵活构建卫星股票组合。

（3）核心-卫星策略的实施

本基金核心-卫星股票组合的比例根据风险预算来确定和配置实施，其中核心股票组合的配置比例不低于股票资产的60%。每季度对基金股票资产中核心-卫星组合进行再平衡和头寸管理，即再平衡核心-卫星资产的比例及组合中个股权重，以使得红利股票组合中的个股在组合中的权重符合风险收益要求，并达到投资目标。"

2. 大成核心双动力

"本基金采用自上而下的方式实施大类资产间的战略配置，并采用'核心-双卫星'策略管理股票资产。核心策略指"稳健成长策略"，主要采用合理价格成长选股策略（Growth at a Reasonable Price，GARP），精选受益于内需增长的行业和企业的股票进行投资，稳健获取市场总体收益。双卫星策略指"积极进取策略"和"超额收益策略"。积极进取策略以中小板、创业板股票为主要投资对象，精选高成长性个股构建投资组合，采用该策略选取的股票呈现较高的风险收益特征，即具有较高的贝塔值；超额收益策略以大成数量化行业配置模型（以下简称"DCBMA"模型）为基础，进行数量化投资管理，优选预期超额收益优势明显的行业构建投资组合，力争获取持续的超额收益。

为有效控制投资风险，本基金采用稳健成长策略进行投资管理的股票资产不低于基金股票资产合计的60%，采用积极进取策略和超额收益策略进行投资管理的股票资产不高于基金股票资产合计的40%。本基金将在上述范围内，根据市场情况，不断优化各投资策略所管理资产之间的相对比例，追求超越业绩比较基准的中长期投资收益。

（三）重视价值投资

重视价值投资包括信诚深度价值、金鹰稳健成长、华泰百瑞价值成长等。

1. 信诚深度价值

本基金的核心理念是价值投资，即投资于市场价格低于其内在价值的股票。公司内在价值的评估和判断包括公司的历史纪录和未来前景两方面。具体考量因素包括公司未来的预期收益和股息以及未来预期收益和股息的乘数（既包括历史可测的纪录影响，也要考虑一些重要的其他因素，例如行业的性质、公司的竞争地位、管理层的才能等等）是否在股价中被完全反映；公司的分红情况即股息收益率是否稳定并在将来可以持续；公司的资产本身是否会因重组、并购等行为发生重大变化等等。

结合中国经济和 A 股市场的特点，根据上述因素考量的不同角度，我们进而把价值型股票归为三类：低估值类、稳定收益类和反转类。

1）低估值类股票，即市盈率、市净率、市现率等相对估值水平较低的股票，可能由于该公司属于成熟行业或其他原因使市场在一定时期内对该公司形成较为一致的低估值判断。

2）稳定收益类股票，即有较稳定分红能力的股票，股利收益水平相对高于市场平均水平，并期望能保持稳定增长（并非快速增长），或至少保持不变。

3）反转类股票，即公司当前处于较为困难的阶段且业绩表现不佳，因而被市场忽略并导致估值水平较低，但公司在可预见的将来存在业绩改善的潜力，并促使市场对其重新定位估值，从而给投资者带来资本增值机会。

加入技术分析

2. 泰达宏利红利先锋

（3）组合的构建及策略

根据不同时期市场的实际情况，在基金的风险承受范围内，基金经理将结合对红利股和具有潜在增长价值特征股票的研究分析结果，从基金的股票备选库中精选股票构建基金的实际投资组合，并通过使用资本增值、均值回归、动量、反向操作等投资策略中的一个或多个，获取投资的超额收益。

资本增值策略——以资本最大化增值为目的，在既定的资产配置策略和基金风险承受能力的基础上，根据市场环境变化调整基金中各类资产的配置比例。

均值回归策略——以上市公司真实价值为标准，通过比对上市公司市场价格所反映出的价值，提前发现并买入价值被低估的个股，利用市场价格向真实价格回归的规律，获得相应的投资回报。

动量策略——在实际操作过程中，基金经理会通过对市场整体、行业、个股的分析判断，确定它们是否显示出反应不足、反应过度等特征，利用市场表现的短期连续性，获取超额收益。

反向操作策略——在保证流动性和安全性的基础上，利用市场对相对表现略差企业的高风险补偿及负面信息反应过度补偿等的特点，获取超额投资回报。

逆向投资策略

3. 泰达宏利逆向策略

（2）股票投资策略

本基金采用逆向投资策略自下而上精选价值被市场低估的优质公司股票，同时回避由于被投资者追捧而高估的股票。

运用定量分析和定性分析相结合的方法，构建逆向策略股票备选库，精选具有相对价值优势的上市公司股票。

1. 逆向策略股票备选库筛选

1）定量筛选

剔除禁投股票、流动性差股票、涉及重大诉讼的股票，以及流通市值在1亿元以下的股票；

剔除市盈率（P/E）为负的股票；

在以上两步选定的范围内，计算股票前期的涨幅；

综合P/E和涨幅指标排名，取P/E相对较低、涨幅较小的上市公司的股票构建逆向策略股票备选库。

如果未来市场运行规律发生变化，在充分研究的基础上，经基金管理人投委会决策，可以新增其他辅助指标，以改善股票库的绩效。

2）非量化逆向投资机会筛选

研究表明在特别事件中的公司常会产生逆向投资机会，而这些投资机会无法通过量化指标简单识别。基于此，本基金管理人将依靠深入的上市公司调研及基本面分析，全面挖掘公司事件中股价潜在上涨机会。本基金重点关注的事件冲击类股票包括：

①反转及改善类——在重组和购并事件中，历史业绩较差的公司出现了

早期改善迹象；

②隐藏收益类——公司新成立的分支机构和新业务具有未完全被市场认知的潜力；

③公司事件类——市场对上市公司突发的公司事件反应过度或反应不足，股价偏离了其内在价值；

④其他符合逆向投资理念的个股。

以上事件冲击类个股的筛选不受量化选股指标限制，且由于事件冲击类个股的特殊性，可以投资 ST 股票。优选出的事件冲击类个股及其他基金经理认为符合逆向投资理念的个股，均可由研究员提出申请，提交内外部研究报告，通过股票库审批流程后纳入逆向策略股票备选库。

2. 投资组合构建

为了降低基金风险，保证逆向投资的效果，对于具有逆向投资机会的个股基金经理还需进一步研究其是否具有优质公司特征并分析具体投资时机。首先对逆向策略备选库股票的公司治理结构、财务状况、行业集中度及行业地位等基本面因素综合分析与预判，确定上市公司的盈利能力、运营能力和增长潜力，然后结合股价"催化剂"等因素寻找投资时机。

（四）实地调研

实地调研主要包括国泰中小盘成长、长城同祥泛资源、泰信中小盘精选、汇丰晋信大盘、浦银安盛红利精选、金元惠理价值增长、新华钻石品质企业、华夏复兴和银华领先策略等。

1. 金元惠理价值增长

本基金管理人投资团队进行上市公司调研具体内容体现在：

1）调研对象

除了与上市公司管理层进行沟通外，本基金管理人投资团队还需要同以下这些对象进行访谈：行业监管部门、行业协会与研究机构、客户与供应商、竞争对手、目前以及以前的雇员。

2）调研要点

产品与服务的市场潜力；

公司的研发投入与实力；

公司的销售渠道与销售队伍；

产品的利润率；

公司维持与改善利润率的手段；

管理层与员工的关系；

公司的财务控制；

公司所特有的优势；

长期发展与短期盈利的平衡；

公司的财务结构与融资需求；

公司与外界的信息交流。

依据上表所示的评价体系以及上市公司实地调研，本基金管理人的投资团队对股票二级库中的每家上市公司的各项基本指标进行打分，加权得出上市公司成长前景的综合排名，本基金选择排名前 150 位的上市公司作为具有真正成长潜力的明星公司。

（五）重视企业社会责任　如兴全社会责任、汇添富社会责任等

汇添富社会责任

本基金股票投资采用'自下而上'的个股精选策略，精选积极履行社会责任，并具有良好的公司治理结构、诚信优秀的管理层、独特核心竞争优势的优质上市公司。为了深刻理解投资对象的特征，持之以恒地贯彻和保持本基金股票投资风格，本基金管理人应用过滤模型来动态建立和维护核心股票库，审慎精选，严格高效管理风险，力求实现本基金投资目标。

首先，在全部股票中，按照本基金投资范围的界定、本基金管理人投资管理制度要求以及股票投资限制，剔除其中不符合投资要求的股票（包括但不限于法律法规或公司制度明确禁止投资的股票、筹码集中度高且流动性差的股票、涉及重大案件和诉讼的股票等），筛选得到的公司组成本基金的初选股票库。初选股票库将不定期地更新。

其次，基于初选股票库，本基金管理人从利益相关者责任（包括但不限于上市公司对股东、债权人、职工、国家等的责任）和资源、环境责任（包括但不限于上市公司对生态环保承担的责任）等方面，将净资产收益率、资产负债率、职工获益率、资产纳税率、单位净利润废物排放量等定义为本基金所关注的社会责任指标。各指标具体计算公式如下：

净资产收益率=上市公司净利润÷上市公司平均净资产×100%，

资产负债率=上市公司负债总额÷上市公司资产总额×100%，

职工获益率=上市公司支付职工工资、福利及社保基金总额÷上市公司营业收入总额×100%，

资产纳税率=上市公司企业纳税总额÷上市公司平均资产总额×100%，

单位净利润废物排放量=上市公司年废物排放量÷上市公司年净利润×100%。

根据上述社会责任指标，本基金管理人对备选股票进行动态综合评级，选择排名在前1/3的上市公司作为积极履行社会责任的上市公司。

在此基础上,本基金管理人通过扎实的案头研究和详尽紧密的实地调研,结合卖方研究的分析,从信息披露、重要股东状况、激励约束机制等方面衡量公司治理结构,从管理层稳定性、工作能力、品行等方面考察管理层,从经营许可、规模、资源、技术、品牌、创新能力等方面评估竞争优势,从中选择具有良好的公司治理结构、诚信优秀的管理层、独特核心竞争优势的优质上市公司,组成本基金的精选股票库。

然后,在精选股票库的基础上,本基金管理人从内在价值、相对价值、收购价值等方面,考察市盈增长比率（PEG）、市盈率（P/E）、市净率（P/B）、企业价值/息税前利润（EV/EBIT）、企业价值/息税、折旧、摊销前利润（EV/EBITDA）、自由现金流贴现（DCF）等一系列估值指标,从中选择估值水平相对合理的公司,组成本基金的核心股票库。

最后,基金经理按照本基金的投资决策程序,审慎精选,权衡风险收益特征后,根据二级市场波动情况构建股票组合并动态调整。

（六）重视环保如兴全绿色投资、富国低碳环保等

兴全绿色投资

本基金在运用'绿色投资筛选策略'的基础上,采用环境因子与公司财务等基本面因子相结合,进行综合评估筛选,对那些表现相对突出的公司予以优先考虑,从而构建本基金的各级股票池。

（1）定量指标

本基金运用静态与动态数据相结合的方式考察股票的成长质量和可持续性,选择那些被低估且有稳定持续增长潜力的股票。

在考察个股的估值水平时,本基金考察企业贴现现金流以及内在价值贴现,结合市盈率（PE）、市净率（PB）、市销率（PS）等指标考察股票的价值是否被低估。本基金认为高成长性的股票,尤其是绿色科技产业通常具有高市盈率,但高市盈率又往往意味着对该股票的高估值。因而本本基金在个股选择中会强调对成长性和估值水平的甄别。

本基金采用年复合营业收入增长率、盈利增长率、息税前利润增长率、净资产收益率,以及现金流量增长率等指标综合考察上市公司的成长性。

在盈利水平方面,本基金对盈利速度和盈利质量并重,而不单纯追求上市公司盈利的速度。本基金重点考察主营业务收入、经营现金流、盈利波动程度三个关键指标,以衡量具有高质量持续增长的公司。具体而言,营业收入增长率/应收账款增长率（GAR/GSales）、核心营业利润与净资产比例（CE/Equity）、经营性现金流与核心营业利润比例（CFFO/CE）等核心指标都将被运用到盈利水平的度量上。

（2）定性指标

在定性指标方面，本基金综合考察科技创新能力、商业模式、管理团队等等因素，并据此给以相应的折溢价水平，并最终股票合理价格区间。

本基金认为公司的研发及科技创新能力与其长期绩效紧密相关，一个公司的科研与创新能力是实现企业履行环境责任的关键点，也是绿色产业发展的源泉；而且好的绿色产业商业模式才是决定公司能否持续经营的根本；当然，公司持续的技术创新与保持有活力的商业模式，都需要优秀的团队与员工的积极参与。

本基金还将定期（一般一个季度）或不定期（突发事件）根据本基金"绿色投资筛选策略"和"股票选择策略"进行重新评估，结合上市公司披露财报、社会责任报告、媒体公开信息、第三方评价机构和环保绿色组织提供的数据、以及内部研究员的实地调研，丰富环境责任指标监控体系，定期、动态调整本基金的各级股票池。并综合结合上述多种因素作出投资决策，从而构建实际股票组合。

关注新兴产业

华宝兴业新兴产业

对于入选的新兴产业相关细分行业中的上市公司股票，本基金将其分为两类：一类为以新兴产业为主业的上市公司；另一类为与新兴产业密切相关的上市公司。对两类公司分别进行系统地分析，最终确定投资标的股票，构建投资组合。

1）以新兴产业为主业的上市公司

对于以新兴产业为主业的上市公司，本基金将依靠定量与定性相结合的方法。

定量的方法包括分析相关的财务指标和市场指标，选择财务健康，成长性好，估值合理的股票。具体分析的指标为：

成长指标：预测未来两年主营业务收入、主营业务利润复合增长率等；

盈利指标：毛利率、净利率、净资产收益率等；

价值指标：PE、PB、PEG、PS 等。

定性的方法则是结合本基金研究团队的案头研究和实地调研，深入分析企业的基本面和长期发展前景，精选符合以下一项或数项定性判断标准的股票：

公司掌握了相关领域的新科研成果、新技术、新工艺、新商业模式，研发投入水平高、效果好，拥有的专利数量多，创新体系顺畅，进入壁垒高；

公司是细分行业的龙头企业，即在细分行业中市场占有率及盈利能力综合指标居前列的企业，也包括经过快速成长即将成为细分行业龙头的企业；

公司拥有一只管理能力较强的经营团队，治理结构较为完善、并制定了对管理层有效激励约束的薪酬制度；

经营管理机制灵活，能根据市场变化及时调整经营战略，并充分考虑了产业发展的规律和企业的竞争优势；已形成或初步形成较完备的生产管理、成本管理、薪酬管理、技术开发管理、营销管理的制度体系。

2）与新兴产业密切相关的上市公司

部分上市公司虽然主营业务并不属于本基金所界定的新兴产业相关行业，但是却与新兴产业有着密切的联系。如：生产经营过程中新兴产业相关技术和产品的运用而使得其效率大幅提高；公司直接投资于新兴产业相关行业，或是提供人力、技术上的支持；公司在相关新兴产业领域具有重要的地位等。

对于此类上市公司，除了使用 1）中提到的定量和定性分析方法外，还会重点关注该公司的业务构成指标和行业占比指标，分析公司主营业务与新兴产业相关业务的比例；因为新兴产业相关技术产品的运用而为企业带来的经济收益占企业总利润的比例；该公司在相关新兴产业总市场规模中的占比等，来确定该公司与新兴产业的相关程度。

关注创新

关注创新主要包括：银河创新成长、博时创业成长、天治创业先锋、方正富邦创新动力、汇丰晋信科技先锋等。

银河创新成长

2.股票投资策略

本基金主要投资于具有良好成长性的创新类上市公司。本基金所指的创新，包括技术创新和商业创新两种类型。技术创新是指企业应用新知识和新技术，或采用新工艺，开发生产新的产品，提供新的服务，或提高产品质量、降低产品成本，占据市场并实现市场价值的活动。商业创新是指企业通过商业模式、市场营销、管理体系、生产流程等方面的创新，使企业的盈利能力和竞争实力得到持续改善的行为。

（1）企业初选

本基金认为技术创新是创新的核心内容，是企业价值的关键来源，因此本基金资产主要投资于伴随新的科研成果和新兴技术的发明、应用而出现的新的部门和行业。参考《国家中长期科学和技术发展规划纲要（2006-2020）》中提出的引领未来经济发展的前沿技术的确定，本基金现阶段主要投资于伴随新的科研成果和新兴技术的发明、应用而出现的新的部门和行业，主要为微电子与信息技术、生物技术及现代农业、新材料、新能源、环境保护、先进制造、医药与医学工程、航空航天、海洋技术等。由于科学技术的发展日新月异，新技术和新的行业不断涌现，本基金将动态调整新技术、新行业的范围。

（2）企业创新能力评价

对于纳入本基金初选范围的股票，本基金将区分企业创新的类型，对企业的创新能力进行评价。

1）技术创新类企业的创新能力评价

创新的组织体系分析：创新不是一种随机的行为，而是持续不断的追求，因此本基金将重点分析企业是否建立了规范的研发管理体系、是否有清晰的研究开发规划、是否吸引优秀的人才加入研发队伍、是否建立了合理的激励机制以鼓励创新等。

创新行为的投入保障：企业为开发新技术或保持技术上的领先地位，必须保持持续和一定规模的资金投入，本基金将重点考察研究开发费用占销售收入的比重，近三年研究开发费用的规模以及增长情况等。

创新行为的成效：对技术创新类企业本基金将重点分析企业研究开发活动的成效，本基金从企业专利申请量、发明专利比重、拥有专利数量、专有技术、新产品推出周期等方面对企业的技术创新成效进行分析。对商业创新，将重点分析其商业模式的可复制性、销售收入增长、市场份额增长、成本降低等方面。

本基金将根据具体的研究需要，重点考察包括但不限于企业的研发费用、市场份额增长、成本降低等各项具体指标对企业的创新能力进行评价。

2）商业创新类企业的创新能力评价

对商业创新型企业，将重点分析商业创新的持续性，分析商业创新在商业模式的可复制性，促进销售收入增长、市场份额增长、成本降低等方面的持续性。

经过企业创新能力评价，本基金将筛选出创新能力居于前1/2的企业。

富国高新技术产业

2.股票投资策略

（1）高新技术产业相关股票的界定：

根据本基金管理人自身的研究、券商研究机构的研究等，本基金管理人认为，随着科学技术的不断进步和发展，高新技术产业的各个门类往往会经历从破茧而出的新兴产业，向国民经济的先导性和支柱性产业的转化。

因此，高新技术产业一般包含两个方面，一是经过长期的发展，已经趋向成熟的传统的高技术产业；二是随着社会经济结构和市场需求的演变、科学技术的新突破和孵化，而出现的新兴的高技术产业。由此，本基金管理人认为，高新技术产业相关股票主要包含以下两类：一是传统高技术产业股票，即经过长期发展，技术已趋于成熟的高技术产业股票，如电子、信息服务、信息设备、医药生物、机械设备、交运设备、家用电器、化工等相关的股票；

二是新兴高技术产业股票，即处于技术突破和技术创新阶段的高技术产业股票，目前主要包括与节能环保、新一代信息技术、生物、高端装备制造、新能源、新材料和新能源汽车等新兴产业相关的股票。

未来，由于科学技术发展、产业结构升级等因素，高新技术产业的外延将会逐渐扩大或发生变化，本基金将视实际情况调整上述对高新技术产业相关股票的识别及认定。

重视红利

如泰达宏利红利先锋、大成策略回报、浦银安盛红利精选、嘉实优化红利、易方达科翔、信达澳银红利回报等。

嘉实优化红利

本基金主要投资于盈利稳定增长的红利股票。在高现金红利的股票中精选具备成长潜力的公司股票进行投资，追求稳定的股息收入和长期的资本增值。

……

本基金在股票池的选取上突出对红利股票的侧重，本基金的股票池由市场上高股息率的股票组成，不分红或低分红的股票被自动排除在股票池外。本基金根据上市公司的分红历史，选取在过去两年连续分红，过去两年累积净利润大于 0 的公司组成备选股票池，本基金按照股息率对备选股票池的股票进行排序，选取排名前 50% 的股票构成最终的红利股票池。

高红利的股票提供了高的当期回报，而红利的稳定增长决定了未来的资本利得。在一个偏重价值属性的股票库中挑选具有成长性的股票是本基金投资策略的核心。本基金通过运用嘉实优化红利股票模型，通过选取能够体现公司的竞争优势、盈利能力、内生增长能力的因子和能够体现公司财务状况、抗周期波动能力、和分红持续性的因子，寻找基本面健康、具有技术优势、品牌优势和市场优势、内生增长能力好、财务健康、经营风险小、抗周期能力强，且能够实现稳定增长的高红利股票进行投资。

具体的，本基金主要运用下列量化指标分析上市公司的基本面特征，具体包括：

（1）毛利率。高毛利率的公司具有一定的技术优势，品牌优势和市场优势，主要集中在壁垒较高的行业或掌握核心技术，具有技术优势，品牌优势和市场优势的细分行业龙头；

（2）ROE，即净资产收益率。高 ROE 公司具有较高的资本的利用效率，在没有外来融资的情况下，高 ROE 的公司具有高的内生增长的潜力；

（3）业绩波动。低业绩波动的公司经营稳定，抗周期能力强，分红的持续性好；

（4）负债率和流通比率。低负债率和高流通比率的公司财务健康、流通性好、经营风险小。

本基金将充分利用基金管理人强大的研究平台及有关团队的成果，对高红利的公司股票进行深入分析，尽力降低陷入价值陷阱的概率，从而降低投资的非系统性风险，力争提高长期的投资回报。本基金在充分考虑交易成本后，对股票组合进行优化分析，以实现风险收益的最佳匹配。

关注投资资本回报率 ROIC

如博时卓越品牌、国泰估值优势可分离、博时主题行业等。

博时卓越品牌

2.股票投资策略

（1）投资理念

本基金的股票投资采用品牌精选的主动式投资策略，即在战略上，以自下而上的精选个股为主导，在战术上，强调个股选择与自上而下的资产配置和组合管理相结合，在风险控制的基础上，力求获取投资组合的超额收益。

（2）投资策略

1）品牌投资的基本原则

不同行业属性的品牌的投资价值具有不同的特征，本基金将根据品牌的行业属性对品牌进行评估，跟踪研究不同行业中品牌的作用，及时更新不同行业的品牌评价标准。

2）品牌投资策略

本基金从品牌分析和估值分析两个方面来考查品牌的投资价值，选择品牌优秀、估值具备优势的投资标的，作为本基金对具有投资价值的品牌上市公司股票的投资。品牌分析包含：品牌强度、品牌优势、盈利能力和财务品质四个部分。

品牌强度分析

品牌强度用以衡量消费者对品牌认知情感强弱。本基金用以评价品牌强度的指标包括但是不限于：市场份额、客户忠诚度和品牌知名度等。

品牌优势分析

品牌优势是指品牌所具有的独特的竞争优势。本基金对用于评价品牌优势的指标包括但不限于：创新力、行业发展、议价能力、产品独特性或者稀缺性和公司治理和员工激励等。

盈利能力

本基金在关注投资资本回报率（Return on investment capital，简称 ROIC）的基础上，重点关注 ROIC 增长率的可持续性，寻找 ROIC 出现改善的上市公司。ROIC 增长率的提高体现了企业持续改善的业务品质和不断增强的盈利能力，本基金在考虑到安全边际的基础上，将深入挖掘企业的成长性特征。

财务品质

本基金通过品质评估模型，筛选具有安全边际和潜在价值的公司，便于针对性地展开深入的盈利能力分析和品牌精选。评价品牌财务品质的指标包括：偿债能力、获利能力、财务结构、资产利用效率等方面的财务比率指标。我们相信，从长期看，财务稳健的上市公司理应获得更好的市场表现。

3）估值分析

本基金将继续秉承博时长期投资、价值投资的理念，在分析、评估上市公司的品牌价值的基础上，给予充分的安全边际。

重视公司治理

如景顺长城公司治理、汇丰晋信中小盘等。

景顺长城公司治理

2.股票投资策略

本基金的股票投资遵循"自下而上"的个股选择策略，并遵守透明而有纪律的选股流程。

（1）股票研究数据库（SRD）

本公司建立了完善的股票研究数据库，采用定量分析和定性分析相结合的方法。以沪深300指数的成分股为基础，剔除被ST以及被证监会和交易所公开谴责的上市公司，并剔除公司治理结构有严重问题的上市公司和股价被严重操纵的股票，其余公司进入股票库。此外，投资研究联席会议可以依据主动选股的标准加入部分上市公司，二者结合形成股票研究数据库。

（2）公司治理分析（CGA）

景顺长城参照国际上先进的公司治理实践标准，同时结合中国市场实际情况，本着随经济条件变化不断改进和完善的原则，建立了景顺长城公司治理评价体系。本基金综合运用该体系对股票研究数据库（SRD）中个股所属上市公司的公司治理情况进行系统性分析，现阶段主要包括三方面内容：

公司治理评级体系。这是一个多因素综合评分体系，运用综合评分法确定所研究上市公司的相对治理评级。

内部研究。运用公司股票研究数据库（SRD）中的标准分析模板从违规记录、信息披露透明度等方面对上市公司公司治理状况进行分析。

卖方研究报告。其在分析过程中起到对评级结果和内部研究进行参照验证的作用。

（3）综合分析

本基金以股票研究数据库（SRD）为基础，运用公司治理评级体系对上市公司的治理情况做出评价，重点投资于以下两类上市公司股票：

公司治理情况良好，具有较高的业务价值和良好的发展前景。

公司内部管理得到明显提升，盈利能力增强或有较强的业绩增长潜力。同时，我们将利用 SRD 对跟踪的每一家上市公司进行系统的财务分析。

板块轮动、主题、周期策略

板块轮动、主题、周期策略主要包括博时主题行业、农银汇理消费主题、交银趋势优先、诺安主题精选、金鹰主题优势基金、民生加银内需增长、万家公用事业、华宝兴业医药生物优选、长盛电子信息产业、金元比联消费主题、中海消费主题、宝盈策略增长、中邮战略新兴产业、汇丰晋信低碳先锋等。

主题投资策略

中邮核心主题

本基金采用主题投资策略与核心投资策略相结合的方法进行股票投资：主题投资策略是 20 世纪 90 年代在国外兴起的一种投资方法，已经与传统的价值投资、成长投资形成鼎足之势，它不同于传统的按照行业进行组合配置的投资思路，而是自上而下挖掘出可能导致经济结构发生根本性变化的因素，分析这些根本变化的内涵，再形成与之相匹配的投资主题，然后再选择能够受益于该投资主题的上市公司，构建股票组合进行投资。

（3）个股选择

本基金通过主题投资策略和核心投资策略相结合的方法构建股票备选库和精选库，重点投资核心主题企业。核心主题企业是指与本基金确立的投资主题相符且具有核心竞争力的企业。核心投资策略是指对企业核心竞争力的综合评价方法，主要从公司盈利模式、政策环境、财务状况、治理结构以及市场估值等方面进行评估。通过定性和定量分析相结合的方法筛选出具有如下特质的上市公司进行投资：主营业务突出，发展战略明晰，具有良好的创新能力，信息披露透明；主要股东资信良好，持股结构相对稳定，注重中小股东利益，无非经营性占款；管理规范，企业家素质突出，具有合理的管理层激励与约束机制，建立科学的管理与组织架构；具有持续经营能力和偿债能力，资产负债率合理；业务稳定运行，收入及利润保持合理增长，资产盈利能力较强，净资产收益率处在领先水平；财务管理能力较强，现金收支安排有序；股东回报良好，分红比例稳定。

备选库的构建

在确立投资主题及投资主题配置比例之后，本基金将选择与投资主题相关联的股票进入备选库，并依据个股的"主题相关度"排序。本基金主要根据企业能够受惠于投资主题的程度来确定"主题相关度"。具体来说，就是由研究员衡量主题因素对企业的主营业务收入、主营业务利润等财务指标的影响程度并打分，作为企业和投资主题的相关度标准。打分的依据主要有以下几个方面：

公司所处行业受宏观经济环境和国家产业政策的影响程度。

公司主营业务收入和利润受此主题驱动的变动幅度。

公司的盈利模式。

公司竞争力分析,包括管理者素质、市场营销能力、技术创新能力、专有技术、特许权、品牌、重要客户等。

公司财务状况及财务管理能力,包括财务安全性指标,反映行业特性的主要财务指标、公司股权与债权融资能力与成本分析、公司再投资收益率分析等。

精选库的构建

在备选库的基础上,精选主题相关度得分高、流动性好、市场估值合理且具有核心竞争力的优质上市公司构成本基金的精选库。

主题相关度由研究员根据公司业绩受主题驱动弹性的大小进行打分确定;

流动性指标主要参考流动市值、总市值和日均成交金额等指标;

估值指标选用市盈率、市净率和市销率;

企业核心竞争力的评价采用核心投资策略,兼顾价值和成长因素,采用定性和定量相结合的方法配合研究员实地调研结果筛选公司发展战略明晰、具备比较优势、治理结构良好的企业。具体而言,应从以下方面精选个股:

公司主营业务突出,发展战略明晰,具有良好的创新能力和优良的核心竞争力,信息披露透明。

主要股东资信良好,持股结构相对稳定,注重中小股东利益,无非经营性占款;管理规范,企业家素质突出,具有合理的管理层激励与约束机制,建立科学的管理与组织架构。

具有持续经营能力和偿债能力,资产负债率合理。主营业务稳定运行,收入及利润保持合理增长,资产盈利能力较强。净资产收益率处在领先水平。

财务管理能力较强,现金收支安排有序。

股东回报良好,分红比例较为稳定。

消费主题
鹏华消费优选

2.股票投资策略

本基金致力于挖掘大消费类行业中的优质上市公司。通过对宏观经济、行业竞争格局、企业竞争优势等进行综合分析、评估,精选具有良好基本面及估值优势的大消费类上市公司构建股票投资组合。

(1)大消费类行业的范畴

本基金所指的大消费类是指为了满足个人日常生活所需,所购买、使用商品或接受服务的直接或间接的行为。大消费类行业包括消费行业以及与消费行业密切相关的行业。消费行业指居民通过货币购买有形或无形的消费品所形成的行业。如果按照消费对象划分，消费行业可分为两大类：一是实物消费，即以商品形式存在的消费品的消费，比如食品、饮料、日用品等；二是劳务消费，即以劳务形式存在的消费品的消费，比如旅游、教育、娱乐等。消费行业密切相关的行业指为生产消费品的行业提供服务或产品的行业，比如银行为企业运作提供融资或贷款，航空货运物流为实物商品运输提供航空货运、快递及物流服务，包装印刷为食品、日化产品、医药等提供外包装等。

以申银万国的行业分类为例，申银万国23个一级行业分类标准中属于大消费类行业的包括餐饮旅游、电子元器件、房地产、纺织服装、公用事业、交通运输、交运设备、家用电器、建筑建材、金融服务、农林牧渔、轻工制造、商业贸易、食品饮料、信息服务、信息设备、医药生物等。

（2）个股选择

本基金根据消费及消费相关行业的定义筛选出备选股票池，并在此基础上通过自上而下及自下而上相结合的方法挖掘优质的大消费类上市公司，构建股票投资组合。

1）自上而下

本基金根据经济发展的不同阶段，居民不同收入水平和财富水平下，大消费类各个子行业不同发展周期，寻找消费领域带来的投资机会，发掘在消费增长的某个阶段体现出增长较快特征的行业。根据发达国家经验，随着收入和财富水平的不断提高，有些行业在消费支出中占有的比重将越来越大，比如医疗、娱乐、交通等行业，增速会快于整个消费行业，长期来看，更容易孕育有竞争优势的公司。

2）自下而上

①公司基本面

通过对公司所处行业的竞争格局、市场地位、财务状况、盈利能力、发展潜力、经营能力、核心产品竞争力、公司治理结构、管理层经营能力、人才资源等各方面的分析研究，选择基本面优异的上市公司。

②公司估值水平

公司的估值决定于公司的资产负债及其获利能力，通过相对估值法及绝对估值法选取价值被低估的上市公司，主要采用的估值指标包括 PE、PEG、PB、EV/EBITDA 等。

关注经济周期：抵御通货膨胀与通货紧缩

诺德周期策略

3.个股投资策略

本基金将采用定性分析与定量研究相结合的方法，根据当前通货膨胀（或通货紧缩）形势精选行业中受益于通货膨胀（或通货紧缩）主题、成长性好且估值有优势的上市公司进行投资。我们将关注上市公司的资源优势、产品优势、行业地位等，并同时考虑估值的合理性。

1）资源优势

不论科技发达程度如何，地球上的自然资源总是有限的，资源瓶颈常常会制约经济发展的速度。对于上市公司而言，拥有上游的资源是至关重要的。具有资源优势的公司往往也能够获取超过行业平均的利润水平。尤其当通货膨胀来临的时期，资源价格的上涨速度往往要快于通货膨胀的上涨速度，从而成为抗通胀的优秀投资标的。

具有自然资源优势的行业主要有：拥有土地资源、水资源或者生物资源的农林牧渔业；拥有或开采矿产及能源资源的采掘业；拥有基础原材料基地的制造业；对水资源进行开发的水电、自来水行业；对土地资源、水资源进行开发的交通设施行业；对土地资源进行开发的房地产上市公司；对旅游资源进行经营、开发的旅游业等。

2）产品优势

具备产品优势的公司，往往已经具备了各个方面的竞争力，管理水平优秀、技术水平卓越、装备水平先进等等，因此这样的公司通常具备长期的市场竞争力，是我们关注的重点。

企业的产品优势可以体现在三方面：一是产品的使用价值；二是产品的具体形态（如产品的花色、式样、包装等）；三是产品的销售服务、品牌商标等；而具有优势的产品就是在以上三方面中任何一个方面有别于竞争产品且更受者青睐。

3）行业地位与竞争优势

本基金认为，当景气周期处于上升期时，行业龙头企业会获得更多的利润，业绩增长会更快；即使当景气周期拐头时，行业龙头企业也能更好地抵御周期性波动和宏观调控带来的负面影响。因此，本基金将重点关注公司的行业地位与竞争优势，并考察公司治理结构、团队管理、发展战略、市场开拓能力等重要指标。

行业龙头企业，一般指在该行业里股本、市值、规模、市场占有率居前的代表性企业。这些企业由于规模巨大，市场占有率高，所以其自身发展对全行业有重大影响，往往引领全行业的发展方向和兴衰。

行业（周期）轮动

华安行业轮动股票

2.股票投资策略

本基金的股票资产投资采取行业轮动策略。所谓行业轮动投资策略是指，在宏观分析和个股选择的基础上强调行业的动态优化配置。通过超配不同时期的相对强势行业，获得超越市场平均水平的收益。

……

（1）行业配置

本基金将基于 GICS 二级行业分类标准，采用自上而下和自下而上相结合的行业配置方法构建投资组合。所谓自上而下的行业配置是指，通过深入分析宏观经济指标和不同行业自身的周期变化以及在国民经济中所处的位置，确定本基金重点投资的行业，并对行业发展进行预测，以期把握今后一段时间内行业轮动的特征。所谓自下而上的行业配置是指，从上市公司的业绩、估值和市场表现出发，寻找行业中的轮动规律。

……

（2）个股选择

本基金股票资产以 A 股市场基本面良好的上市公司为投资对象，基金经理将基于行业配置的要求，对 A 股市场的股票进行分类和筛选，选择各行业龙头企业和价值被低估的企业作为重点关注对象。对重点公司建立财务模型，预测其未来几年的经营情况和财务状况，在此基础上对公司股票进行估值，以决定是否纳入本基金的投资范围。

……

（3）组合构建

在组合构建的过程中，基金经理着重行业的优化配置，对以下几个方面加以考虑：

行业间的相关性矩阵。基金经理通过行业间的相关性矩阵分析，在超配强势行业的同时尽可能降低组合风险。

买卖时机和操作周期。基金经理根据数量分析小组的模型分析和自身判断，把握合适的市场时机和行业的周期性拐点，在预期的操作周期内完成投资组合的构建。

三、基金管理公司自行分析体系及选股模型

（一）运用基金管理人自行开发的内部分析体系进行选股的基金

运用基金管理人自行开发的内部分析体系进行选股的基金主要包括光大保德信优势、广发小盘成长、交银蓝筹股票、长信金利趋势、交银成长股票、国富弹性市值、国泰金牛创新成长、诺德价值优势、汇丰晋信龙腾、景顺长城中小盘、光大保德信中小盘、招商行业领先、泰信蓝筹精选、金鹰主题优势基金、国泰估

值优势可分离、南方策略优化、民生加银精选、交银先进制造、中欧中小盘成长、申万菱信量化小盘、天治成长精选、长信量化先锋、申万菱信竞争优势、东吴新产业精选、金鹰策略配置。

信达澳银领先增长

本基金通过积极主动的投资管理为投资人创造价值，秉承自下而上的投资分析方法，对企业及其发展环境的深入分析，寻求具有长期竞争力的成长型企业和他们被市场低估时产生的投资机会，通过投资具有持续盈利增长能力和长期投资价值的优质企业为投资人实现股票资产的持续增值。

一般情况下，本基金通过投资每股盈利持续增长能力被市场低估的优质公司来把握市场无效性发生时产生的投资机会。本基金的股票投资策略有以下三个主要的立足点：投资在管理层素质高，核心业务价值突出的公司；坚信每股盈利的增长推动股票价格的长期增长；力争对公司长期每股盈利增长潜力予以合理的定价，当认为市场低估了这一合理定价时坚决买入并持有该公司股票，当认为市场对公司的合理定价给予了太高预期则果断出售该公司股票。

运用"信达澳银公司价值分析体系（QGV，Quality，Growth & Valuation）"，从公司素质、盈利增长和估值三个方面对公司进行严格的综合评估，以深度挖掘能够持续保持盈利增长的成长型公司。

运用"信达澳银行业优势分析体系（ITC，Industrial Trends & Competitiveness）"，从行业长期发展的维度对比分析行业内的公司，从行业层面对公司做出筛选，挑选行业内竞争力强、符合行业发展趋势的优秀公司。

运用"信达澳银宏观景气分析体系（MDE，Macro Drivers & Environment）"，考察不同宏观景气状态下的行业景气变化、宏观景气变动对不同行业及相关公司的潜在影响，以及宏观经济政策对相关行业的影响，进而判断行业景气周期、盈利能力、成长性、相对投资价值的变化，选择未来一段时间内持续增长能力突出的行业并调整对相关公司的价值判断，最终完成对行业配置的适度调控。

相关公司根据满足"信达澳银公司价值分析体系（QGV）"和"信达澳银行业优势分析体系（ITC）"的不同程度，以及投资团队对该公司的研究深度，分别被确定为"核心品种"、"重点品种"和"观察性品种"3 个层级并不断循环论证，在此基础之上基金经理根据自身判断，结合"信达澳银宏观景气分析体系（MDE）"提出的行业投资建议，构建基金的股票投资组合。

大成核心双动力

超额收益策略以大成基金公司研发的 DCBMA 模型为基础，进行数量化投资管理，旨在获取持续的超额收益。

通过 DCBMA 模型，分析各行业超额收益与估值、动量、大宗商品、国内实体经济、国际实体经济、国内外经济差异、通胀、金融条件等 8 大类因素、共计百余个因子的内在关系规律，预测各行业超额收益，并根据预测结果，在稳健成长策略和积极进取策略的投资范围以外，精选优质股票，进行行业配置。

1）运用模型进行行业配置

运用 DCBMA 模型，预测各个行业未来一段时间内的超额收益，根据预测结果，按照事先确定的配置规则实施行业配置。

DCBMA 模型由 8 个子模型组成，每个子模型分别对应各自的解释变量。在模型运用过程中，首先对每个子模型采用 DCBMA 方法进行线性回归，计算各个子模型关于每个行业未来一段时间内的超额收益预测值；在此基础上，以每个子模型的预测值作为解释变量，采用 DCBMA 方法再次进行线性回归，计算关于每个行业未来一段时间内的超额收益综合预测值，即模型的最终预测结果。

通过这种方法，能够在每一期对所考虑的各解释因子的重要程度以及各子模型的重要程度加以识别，从而形成行业配置依据。

2）因子的选择

因子的选择对于预测结论的正确性至关重要。DCBMA 模型借鉴海外主流行业预测模型的因子选择标准，结合国内投研领域通常采用的因子群，根据中国各类统计数据的现实情况，按照以下原则筛选纳入模型的因子：

①全面性原则

就 DCBMA 模型自身特点而言，因子涵盖范围越全面，预测结论越准确。本基金确定的宏观因子、估值因子和动量因子 3 组因子群，能够较好的将宏观指标、企业基本面指标和交易市场指标全部纳入到模型当中。

②相关性原则

对于初步筛选的因子，本基金分别采用相关性分析和模型的实证验证两种方法进行第二次筛选，在保证所选因子对行业收益具有较强的预测功能的同时，尽量削减预测功能重复、相关性较低因子，进一步提升预测结论的准确性。

③完整性原则

DCBMA 模型基于统计原理对未来行业收益进行预测，对样本数量要求较高，所以只选择具有足够历史样本且数据来源可靠、稳定、连续的因子。

中海量化策略

（四）投资策略

本基金在对经济周期、财政政策、货币政策和通货膨胀等宏观经济因素进行前瞻性充分研究的基础上，通过比较股票资产与债券资产预期收益率的高低进行大类资产配置，动态调整基金资产在股票、债券和现金之间的配置比例。同时，本基金运用现代金融工程技术，对各类宏观经济指标与股票市场的领先滞后关系与相关性进行分析，筛选出一组针对股票市场的宏观经济领先指标。此外，本基金将采用我公司的市场泡沫度模型（SMBMM，Stock Market Bubble Measure Model）定期计算股票市场的泡沫度，以度量市场情绪状况。这些宏观经济领先指标和市场泡沫度模型将用于辅助大类资产配置。

1、股票投资

本基金产品的特色在于采用自下而上的选股策略，施行一级股票库初选、二级股票库精选以及投资组合行业权重配置的全程数量化。

首先，选取代表性最强的反映公司盈利能力的指标，主要包括过去三年平均 EPS、ROE、毛利率三项指标，对所有 A 股上市公司进行筛选从而得到一级股票库。

其次，在一级股票库初选的基础之上，本基金选取相应的盈利性指标、估值指标以及一致预期指标，基于熵值法确定各个指标权重，对一级库股票进行打分排名，从而筛选出二级股票库。其中，盈利性指标包括过去三年平均毛利率、EPS 及 ROE；估值指标包括 PE、PB、PS、PCF 及 PEG 等指标；一致预期指标包括 EG、RC、RA 及 EY 等指标。

在选股指标权重的确定上，以往对于选股指标权重的确定主要采用主观评定法或是简单等权法。"熵值法"动态赋权的特点在于可根据市场情况的变化而动态量化赋权，即若所有股票的某项选股指标差异度高，则该指标的权重就会相对较高；相反，若所有股票的某项指标差异度低，则该指标的权重就会相对较低。

最后，在行业权重配置方面，我们采用 Black-Litterman 模型（以下简称 BL 模型），结合市场均衡状态和一致预期数据计算出最优行业配置权重。结合 BL 模型给出的行业配置权重，我们确定股票组合每只股票的配置比例。

基金管理公司自身模型
光大保德信优势

B.在一级股票池基础上，本基金管理人将结合相关研究报告和实地调研结果，在光大保德信内部定量模型和定性分析体系的支持下，筛选出备选股票，作为二级股票池。

C.对二级股票池中的股票进行相关性分析，并结合其他的定量分析模型确定出投资组合，在有效分散风险的前提下，为基金份额持有人获取尽可能高的稳健回报。

D.通过光大保德信股票实时跟踪模型，对投资组合内的目标公司进行实时跟踪，当目标股票价格跌入估值水平以下时发出购买信号。

此外，考虑到一、二级市场的价差带来的套利机会，本基金将在分析新发行股票内在价值的基础上、在基金合同规定的额度内积极参与新股申购，为投资者获取稳定的套利回报。

光大保德信中小盘

1）本基金将利用光大保德信中小企业价值评估模型对中小盘上市公司的价值进行初步排序。

光大保德信中小企业价值评估模型着重考察一下几个方面并进行量化赋权：

中小企业公司市盈率（P/E），包括静态市盈率及预测未来两年的动态市盈率；

上市公司基本面指标：

A.盈利能力指标：主营业务收入增长率，盈利增长率；

B.财务质量指标：财务杠杆；

C.经营效率指标：股权回报率（ROE）。

首先，市盈率是模型最重要的考察指标。本基金非常重视以合理的价格买入中小企业的高成长，故选用该指标作为价值评估模型的首要控制指标；

其次，加入基本面指标以控制所投资上市公司的经营风险。具体来说，主营业务收入及边际增长率对于提升中小企业的价值非常重要，故模型加入了盈利能力指标以控制投资标的的盈利能力；

此外，经营效率指标也将进入模型以区分中小企业的经营效率的差异。

主营业务收入增长率和盈利增长率数据采用未来两年盈利预测数据；其余指标采用上市公司披露的最近一个季度末的数据。

广发小盘成长

2）根据本基金管理人开发的广发企业价值评估系统，通过考察企业的基本面状况，筛选出基本面良好的股票。

广发企业价值评估系统是本基金管理人建立的，全面评估企业价值的系统。广发企业价值评价系统中各项指标的选取遵循了定性指标与定量指标相结合、静态指标与动态指标相结合的原则，能够有效的对行业内的企业价值进行分析判断。具体而言，广发企业价值评估系统对企业价值的考察重点是以下四个方面：企业财务状况、经营管理状况、竞争力优势及所处行业环境。四类指标考察具体情况如下：

财务状况类指标

该类因素考察反映了企业资本、资产、资金的运用情况、增值或消耗的程度，用以评价公司持续发展的财务可行性。

经营管理类指标

该类因素主要反映企业中人和制度等因素对企业价值的影响。

核心竞争力类指标

该类因素主要反映企业的核心技术、所掌握的核心资源、核心优势及其可持续性等因素对企业价值的影响。

行业背景类指标

该类因素主要反映市场环境因素对企业价值的影响、及企业潜在的扩张能力、反收购接管能力即持续生存的能力。

在研究团队深入研究结合经验判断的基础上，提交行业内质地优良公司的名单，确定备选股票的主要范围。

经过上述两个步骤筛选出的公司进入一级股票库。

交银成长股票（交银施罗德基金管理有限公司）

本基金充分发挥基金管理人的研究优势，将严谨、规范化的选股方法与积极主动的投资风格相结合，在分析和判断宏观经济运行和行业景气变化，以及上市公司成长潜力的基础上，通过优选成长性好、成长具有可持续性、成长质量优良、定价相对合理的股票进行投资，以谋求超额收益。

为此，本基金建立了一套上市公司成长性评价指标体系，该评价体系以上市公司未来两年的预期成长性为核心，通过定量与定性相结合的评价方法，选择出满足以下三个条件的上市公司为主要投资对象：

①未来两年预期主营业务收入增长率和息税前利润增长率超过 GDP 增长率；

②根据该成长性评价体系，在全部上市公司中成长性排名前10%；

③根据交银施罗德多元化价值评估体系，投资评级不低于 2 级。

其中，对于一些高成长性行业中具备显著竞争优势的企业，或者面临重大的发展机遇，具备超常规增长潜力的公司优先考虑。满足上述条件的股票占全部股票投资组合市值的比例不低于80%。

······

对公司成长性的评估分为两个部分：收入和利润增长率预测，以及成长性综合评价。首先对未来两年预期主营业务收入增长率和息税前利润进行预测，对根据预测结果计算的主营业务收入和息税前利润未来两年预期的年复合增长率低于 GDP 未来两年预期的年复合增长率的股票进行剔除。然后根据交银施罗德企业成长性评价体系，对公司的成长性进行综合评分并排序，挑选出其中最具成长潜力而且成长质量优良的股票进入核心股票池。交银施罗德企业成长性评价体系从宏观环境、行业前景、公司质量和成长性质量四个方面对企业的成长性进行评价，采用定性分析结合定量分析的方法对企业的成长性进行综合评分。核心股票池的股票数量占全部上市公司数量的 10%。如果根据收入和利润增长率预测结果剔除后剩下的股票的数目不足全部上市公司数量的 10%，则这些股票全部直接进入核心股票池。

国富弹性市值（国海富兰克林基金管理有限公司）

2、股票选择

本基金在学习和借用富兰克林邓普顿基金集团弹性市值基金管理经验的基础上，创造性地科学制定规范的股票选择流程，该选择流程包括如下步骤：

（1）检验所有 A 股

通过定性和定量方法全面研究中国股市整体状况，在分析经济周期的影响和各行业投资机会时，横跨三种不同的市值大小，力争寻找各行业中最好的机会，形成初级股票池。

（2）鉴别成长驱动因子

在形成初级股票池后进行上市公司成长的驱动因子分析，以进一步寻找能推动企业未来收益增长的驱动因子。其中，独特的产品领域、特有的生产技术、出色的财务状况、良好的企业管理和领先的行业地位都是蕴涵增长潜能的竞争优势，也就是所谓的成长驱动因子。具体操作上，本基金将那些在一个或者多个驱动因子方面具有明显优势的上市公司选择出来以形成次级股票池。并不要求进入初级股票池的所有股票同时具备四个驱动因子的全部条件，本基金管理人将根据具体的上市公司的实际情况深入挖掘其具有的成长驱动因子。

（3）评估成长潜力和风险。

本基金考察的财务风险指标主要包括长期负债权益比率、资产负债率、长期负债资产比率；经营风险指标主要包括主营收入增长率、净利润增长率、总资产增长率、固定资产增长率、股东权益增长率、主营利润增长率等；此外，如上市公司的应收账款周转率、获利能力、偿债能力、高级管理人员的信用记录、操作品性评估等指标也是上市公司经营风险分析的主要内容。

（4）利用三层次分析方法有效把握股票的成长性机会和特殊情况下的市场机会。

本基金重点关注和选择具有成长性的股票，那些收益增长潜力尚未完全反映在目前股价上的股票构成了我们投资组合的基础，在此基础上，我们根据市场机会的变化，捕捉套利性和特殊性机会，以降低基金的整体风险并提升基金的超额收益。

国泰金牛创新成长

（1）成长型股票筛选

本基金采用"成长因子评估体系"对上市公司进行成长性评价，分析和预测企业未来的成长性。成长因子主要包括以下 4 个指标：

1）销售收入增长率

2）净利润增长率

3）总资产增长率

4）净资产收益率增长率

为反映企业的"可持续成长性"，主要以最近三年平均增长率为评价依据。按上述指标对上市公司分别进行排名，对排名值进行简单平均后，形成一个复合型的成长因子，并依其结果对上市公司进行再排名，最终得到上市公司的成长性排名。本基金选择排名在前的 600 个上市公司作为成长型股票池。

......

（2）创新型股票筛选

在成长型股票池的范围内，本基金根据"创新型上市公司评价体系"对上市公司进行创新型的甄别。评价创新型上市公司的标准主要包括技术创新、制度创新、市场创新和管理创新等范畴。

......

在坚持科学性、可比性、可操作性、系统性、绝对指标分析和相对指标分析相结合等 5 项原则的基础上，基金管理人根据系统论的思想，创建了"创新型上市公司评价体系"。

在评价体系的指标选择中，企业技术创新能力为总指标，亦为一级指标。一级指标下设四个二级指标，分别为企业技术创新指标、制度创新指标、市场创新指标和管理创新指标。二级指标下设六个三级指标。三级指标下设十四个四级指标。

在评价体系的评价方法上，主要运用 AHP 法确定权重，利用模糊数学方法进行综合评价。

本基金利用创新型上市公司评价体系，选择排名在前的 300 个以内上市公司作为创新成长型股票池。

汇丰晋信龙腾

3）以 CFROI（投资现金回报率）指标为核心的财务分析和估值体系

本基金借鉴股东汇丰投资集团的全球化投资经验，建立了以 Cash Flow Return on Investment（CFROI），即投资现金回报率为核心指标的上市公司财务分析和估值体系。本基金将集中分析上市公司的盈利水平和盈利的持续能力、将利润转换成现金流的能力、产生现金流所需的资本等，也就是重点分析投资现金回报率，并在此基础上对其投资价值形成判断，重点如下：

企业的价值即是其全部资产的经营活动所产生的未来现金流的净现值，因此对上市公司估值的重点在于预测公司未来的现金流并确定适当的贴现率；

一个赢利的公司如果没有足够的现金流量满足其流动性需求，公司仍然会有倒闭的可能，因此稳定的现金流远比会计利润更能反映公司的真实运营状况；

不同公司间会计政策的不一致导致了他们各自的会计利润不具有可比性，而给予现金流的分析可以调整对会计利润的扭曲。

现金流的基本驱动因素在于投资资本、经济回报、再投资比率、行业竞争力、公司经营和治理水平，因此以投资现金回报率（CFROI）分析为基础的上市公司估值公式如下：…

泰信优质生活

3.股票精选策略

在个股选择层面，本基金首先根据行业地位评估系统和优质股票评估系统建立股票备选库。其次通过股票价值评估系统和尽职调研评估系统建立股票组合。

本基金的行业地位评估系统，一方面从主营业务收入、主营业务利润占整个行业的比例、市场占有率等量化指标来鉴别各公司在行业中的地位，另一方面也考虑资源垄断、产业整合、市场定价、政策支持、品牌优势等方面的因素。

本基金的优质股票评估系统主要通过净资产收益率、自由现金流增长率、主营业务收入增长率、净利润增长率等量化指标选出具有持续成长潜力的优质上市公司。

本基金的股票价值评估系统在传统定价分析的基础之上，寻找具有持续成长能力的公司，同时结合对股价走势的分析，挑选出被市场低估的公司。

本基金的尽职调研评估系统主要通过实地调研和第三方佐证的信息来评估上市公司在公司治理、信息披露、运营管理、竞争力、诚信守法、意外风险管理等方面的能力和可信性。

虽然上述因素都是难以量化的定性指标，但本基金将运用本公司开发的"上市公司调查四十问"方法，对股票组合的候选公司在资信、诚信、竞争力、意外风险等四大方面进行综合打分，以选出优质的令人放心的持续成长性公司，尽最大努力为基金份额持有人增加财富。

金鹰主题优势基金

（1）投资主题遴选策略

在宏观经济所处投资时钟的不同象限，以及证券市场运行的不同周期阶段，"防御型主题"与"进取型主题"的比较优势亦不相同。宏观经济与资本市场的上行周期当中，进取型主题具有比较优势；而在宏观经济与资本市场的下行周期当中，防御型主题具有比较优势；

为了对可供选择的投资主题进行综合评价，本基金通过定性与定量相结合的方法建立了"金鹰投资主题评价模型"，该模型的主要考量因素包括：投资主题是否源于国际经济环境，是否源于政府财政政策，是否源于央行货币政策，是否源于国家战略，是否源于政府其他特定政策目标，是否源于社会变迁，是否源于国内外政治环境，是否源于科技进步，向实体经济各行业传导的时滞，对实体经济产生牵引的广度、深度、持续时间，证券市场是否存在明确的投资标的，是否源于国内外突发事件、重大事件，投资主题对于实体经济、金融市场的影响是否随着国内外突发事件、重大事件的平息而立即消失等等。

借助"金鹰投资主题评价模型"对于可供选择的投资主题进行评价，筛选出可持续性强、对于实体经济将产生重大影响、对于传导所至的行业与企业经营绩效提升空间较大的投资主题，作为本基金的重点配置方向。

南方策略优化

（三）个股投资策略

基于对国内外股票市场大量的实证研究，基金管理人开发了"南方多因子量化选股模型"，模型将影响个股超额收益的因素归纳为以下四个主要方面：

（1）基本面因子

基本面因子主要包括上市公司的盈利能力、现金流情况、财务杠杆水平以及未来成长性等，如主营业务收入、毛利率、每股收益、总资产回报率、企业现金流、资产负债率等指标，上述因子反映了上市公司的当前价值和成长潜力。通过对上市公司大量财务数据的筛选和加工，基金管理人构建了比较完整的股票数据库，其中也包括市场对于上述主要指标的一致预期数据。采用相应的一致预期数据，"南方多因子量化选股模型"可以测算出整体市场对于各个上市公司盈利水平和成长潜力的预期。

（2）价值因子

价值因子主要是指股票的绝对和相对估值水平。价值因子既包含上市公司基本面的信息，也包含股票价格的信息。对于不同行业的股票，该模型根据上市公司经营的特点和历史实证检验结果，采用不同的估值指标，如市盈率、市净率、市现率、市销率、EV/EBITDA 等，挑选具有绝对或相对估值吸引力的股票。

（3）市场面因子

市场面因子主要包括股票价格的动量/反转趋势、股票所处风格板块的轮动，股票价格的历史波动等。在构建模型的过程中，通过历史数据实证检验的方法确定各个行业最适用的市场面因子，同时动态跟踪相关市场数据，对模型进行不断地检验和修正。

（4）流动性因子

流动性因子也是"南方多因子量化选股模型"的重要组成部分，该因子直接影响投资组合的构建。"南方多因子量化选股模型"采用移动时间窗的方法计算平均成交量、平均流通市值、Amivest 流动比率等各种指标，对个股流动性进行衡量。

此外，基金管理人还将对上市公司治理结构、对股价有影响的潜在事件等作进一步定性分析，对模型筛选出的结果进行复核和优化，追求同等条件下的较高收益。

综上，基金管理人将利用"南方多因子量化选股模型"对股票进行综合评分，并根据评分结果配置各行业内具有超额收益能力或潜力的优势个股，从而构建本基金的股票组合。

民生加银精选

2）构建精选股票池

本基金在初选股票池的基础上，通过民生加银核心竞争力识别系统筛选出具有核心竞争力优势企业，然后通过严谨的财务分析进行验证分析，构建精选股票池。

核心竞争力识别系统

本基金认为在激烈的市场竞争中，具有核心竞争力优势的企业能够在市场中持续的比其他竞争对手更有效率、更有效益的提供产品或者服务，赢得企业持续有利的生存和发展空间。企业核心竞争力优势的形成是一个复杂的系统性工程，既包括展现在表面的直接体现竞争力强弱的资源获取能力、生产制造能力、市场营销能力等外部因素，也包括支持企业竞争力生存和保持持续优势的公司治理能力、战略管理能力、企业文化能力等内在根基性因素。因此，本基金将分别通过民生加银核心竞争力外部特征识别系统、民生加银核心竞争力内在根基识别系统，由外及内、由浅到深的逐步细致深入分析和评价企业的竞争力，精选出具有核心竞争力优势的企业作为股票投资备选对象。

申万菱信量化小盘

2.股票投资策略及组合构建流程

本基金坚持数量化的投资策略，专注于小盘股的投资。基金管理人基于对国内股票市场的大量实证研究，专门开发了适合小盘股投资的数量化投资模型（简称"量化小盘投资模型"），作为本基金投资的核心。本基金的股票选择行为，都是基于该投资模型而定。这种完全基于模型的数量化投资方法能够更加客观、公正而理性的去分析和筛选股票，并且不受外部分析师的影响，极大地减少了投资者情绪的影响，从而能够保持投资策略的一致性与有效性。

本基金的"量化小盘投资模型"包括以下几个子模型：

1.财务分析模型

基于小盘股的定义，界定出小盘股股票池，作为本基金投资的初始股票池。

财务分析模型，主要是基于一系列财务指标，对初始股票池中的股票进行筛选，甄选出财务指标较佳的股票，构建本基金的一级股票池。本基金主要从企业变现能力、营运能力、长期债务偿付能力、盈利能力这四个方面进行财务分析，已实现对初始股票池中上市公司的财务状况以及经营管理质量的评估。

2.多因子ALPHA选股模型本基金管理人对上市公司的财务数据和市场指标数据进行统计分析，筛选出最有效的成分因子，寻求ALPHA来源，构建选股模型。

本基金采用的因子指标主要分为三大类：

（1）市场面因子

本基金管理人认为，市场面因子对市场的反应比较直接，比基本分析更能反映实际市场的局部现象；在一个非完全有效的市场中，这些因子对选择股票的表现具有一定的正面贡献。本基金主要采用的市场面因子包括换手率和相对强弱指标等。

（2）成长因子

本基金通过量化统计模型，建立企业成长因子库，根据历史表现，将直接能反映超额收益的成长因子作为本基金的成分因子。本基金入库的成长因子主要包含主营业务增长率、净利润增长率等。

（3）估值因子

本基金管理人认为，估值是投资中最困难也是最重要的部分，它直接体现着持股的安全边际与风险；估值因子是本模型中相当重要的指标，按传统基本面投资思想，上市公司的历史表现和分析师的未来预期都会最终反映在估值因子中。为了更合理的对公司的估值进行评价，本基金采用多种估值方法构建估值因子体系，主要的参考估值指标包括市盈率、市净率、市销率和市现率等。

天治成长精选

2.股票投资策略

本基金认为，公司未来盈利的增长是股价上涨的主要驱动力，因此将对上市公司基本面的深入研究作为基金的投资基础，精选具有高成长性的股票。一般来看，成长性公司是指那些销售额和利润的增长速度明显快于其他同类公司和整体经济的公司。本基金将通过净利润增长率、营业收入增长率和净资产收益率三个指标来确定成长性股票。具体方法是：将这三个指标由高到低分别进行排序，然后将排名结果相加，所得的排名作为上市公司的综合排名，选取综合排名高于行业和市场平均水平的上市公司确定为成长性股票。在此基础上，本基金将进一步采用定性分析和定量分析相结合的方法精选优质成长性股票。在分析过程中，本基金将应用"天治基金上市公司成长性评估体系"和综合评分法（Composite Score Method，简称 CSM）。

（1）定性分析方法

本基金的定性分析主要通过"天治基金上市公司成长性评估体系"来研究。

上市公司成长性评估以宏观分析和行业分析作为评估的基础，对公司内部因素进行深刻理解和分析，预测其未来的成长性，从而优选出品质优良、成长潜力大的上市公司。上市公司成长性评估包括宏观环境分析、行业前景分析、公司显在因素分析和公司潜在因素分析四个组成部分。

……

（2）定量分析方法综合评分法（CSM）：根据成长能力、盈利能力、盈利质量、估值指标、运营能力以及负债水平等指标，给出单个指标得分评级，并求取综合分数，以此排序，选取最好的股票。

……

该方法中运用到的指标有：

①成长能力指标：主营业务收入增长率，净利润增长率

②盈利能力指标：净资产收益率（ROE），总资产报酬率（ROA）

③盈利质量指标：企业自由现金流量（FCF）

④估值指标：PEG，市盈率（PE），市净率（PB），市销率（PS）

⑤运营能力指标：总资产周转率（TAT）

⑥负债水平指标：资产负债率

长信量化先锋

（2）个股选择

本基金在确定行业配置权重后运用长信行业多因素选股模型进行个股的选择。个股选择分为股票库的建立和个股的精选两个部分。

A、股票库的建立

本基金利用反映估值水平的财务指标对全部 A 股上市公司股票进行筛选，通过对估值指标（PE、PB、PCF 等）为负值或异常值的股票的剔除，构建本基金股票库。本基金股票库定期进行调整，原则上每三个月调整一次。

B、个股精选

考虑到二级市场业绩驱动的复杂性，长信行业多因素选股模型基于对申银万国一级行业运行特征的长期跟踪研究以及大量历史数据的实证检验，选取出对 A 股股价具有较强影响的四类因子，分别是价值因子、成长因子、基

本面因子和市场因子。

价值因子考虑市盈率（PE）、市净率（PB）、市现率（PCF）、股息率、净资产收益率（ROE）等指标；

成长因子考虑主营收入增长率、净利润增长率、预期每股收益（EPS）、预期每股收益（EPS）增长率、PEG等指标；

基本面因子考虑销售毛利率、息税前利润/营业总收入、营业总成本/营业总收入、总资产周转率等指标；

市场因子考虑个股收益率的动量和反转等指标。

长信行业多因素选股模型通过对个股历史数据及一致预期数据的实证检验以及对行业景气周期的考量，利用聚类分析、横截面数据与面板数据分析、遗传算法等量化技术考察上述四类因子对申银万国一级行业分类体系下各行业的影响，从而确定行业内部各因子的重要性顺序，并按照此顺序对各行业股票进行分步筛选来确定股票投资名单。当股票投资组合名单及行业配置权重确定后，本基金将通过个股权重的优化来构建本基金股票资产的投资组合。其中，优化权重的目标是使股票投资组合的风险调整后收益最大化。当股票投资组合构建完成后，基金管理人会进一步根据组合内个股价格波动、风险收益变化的实际情况，定期或不定期优化个股权重，以确保整个股票组合的风险处于可控范围内。

东吴新产业精选

B.基金备选股票池的构建

在初选股票池的基础上，本基金管理人根据成长性、价值性指标对上市公司进行进一步筛选形成基金备选股票池，再根据"东吴基金企业竞争优势评价体系"，精选出具有竞争优势的上市公司股票作为基金股票池。

（1）根据投资组合成长性的定量分析，形成基金备选股票池

①成长性定量指标

本基金通过定性和定量相结合的方法来确定描述成长性的指标，定性的方法主要是研究国内外主要投资机构选择的成长性定量指标，结合国内的实际情况进行归纳总结，在此基础上，运用单因素分析，对各因素在国内市场的效果进行分析，找出最有效的指标。

……

②根据成长性综合分值，形成基金备选股票池

按照以上七个成长性定量指标，对初步基金股票池中股票组合的过去三年，共三十六个月的历史数据进行分析。搜集组合中个股过去三十六个月的成长性指标数据，取各个成长性指标的数学平均值，将各项指标按等权重加权并相加汇总，得到个股成长性综合分值。

......

（2）根据投资组合价值性的定量分析，形成基金备选股票池

在上述使用价值性指标筛选出的股票后，对这些股票进行价值评估，筛选过程的计算方法和步骤同价值性指标一样，也是分为两个部分：分别是确定描述价值的定量指标和计算股票价值分值。

......

（3）东吴基金企业竞争优势评价体系

形成基金备选股票池之后，本基金将根据"东吴基金企业竞争优势评价体系"，计算备选股票池中上市公司的竞争优势综合分值，评价新兴产业上市公司的投资价值，精选出竞争优势综合分值排名靠前50%的上市公司股票作为基金股票池。

融通领先成长

（3）企业领先性分析：本基金管理人运用"融通企业核心竞争力评估体系"，对前两步选择出的公司进行定性分析。定性指标主要包括：经营模式、行业地位、人（管理层过往业绩评估、公司核心竞争力评估）、财（管理能力评估）、物（市场空间、科技创新能力评估）、环境（行业环境和政策环境评估）、市场经济专利（区域垄断、政策垄断、资源垄断、技术优势、营销优势、品牌优势）以及公司分红派息政策；与此同时，我们还运用企业生命周期识别系统识别企业所处生命周期。最后从重点公司中精选出在以下三方面的价值评估中最具优势的股票，作为重点投资标的。

具有技术自主创新优势、领先的经营模式、优势的品牌渠道和值得信赖的管理层；

盈利能力较强且具有优良增长潜力；

估值水平具有吸引力。

长城双动力

（三）投资策略

采用"自下而上、个股优选"的投资策略，运用长城基金上市公司价值创造评估系统分析上市公司内生性增长潜力与外延式扩张潜质，选择以内生性增长为基础或具备外延式扩张能力的优秀上市公司构建并动态优化投资组合。

1.资产配置策略

本基金为主动型股票基金，在对宏观经济、政策环境、资金供给以及资本市场现状及发展趋势等因素进行分析研究的基础上，依据成长优势确定基金资产在股票、债券、现金类资产上的配置比例。

2.股票投资策略

本基金重点投资于具备内生性增长基础或具备外延式扩张能力的价值创

造型企业。在股票选择方面，充分发挥"自下而上"的主动选股能力，结合对宏观经济状况、行业成长空间、行业集中度、公司内生性增长动力的判断，选择具备外延式扩张能力的优势上市公司，结合财务与估值分析，深入挖掘盈利预期稳步上升、成长性发生根本变化且价值低估的上市公司，构建股票投资组合，同时将根据行业、公司状况的变化，基于估值水平的波动，动态优化股票投资组合。

长城品牌优选

（三）投资策略

采用"自下而上、个股优选"的投资策略，运用长城基金成长优势评估系统在具备品牌优势的上市公司中挑选拥有创造超额利润能力的公司，构建并动态优化投资组合。运用综合市场占有率（企业销售收入/行业销售收入）、超过行业平均水平的盈利能力（企业销售毛利率/行业销售毛利率）及潜在并购价值（企业销售收入/企业销售费用）等三项主要指标判断品牌企业创造超额利润的能力，采用 PEG 等指标考察企业的持续成长价值，重点选择各行业中的优势品牌企业，结合企业的持续成长预期，优选具备估值潜力的公司构建投资组合。

华商产业升级（华商基金管理有限公司）

（3）股票库管理

本基金的股票库构建先利用华商基金上市公司综合评价模型进行初选形成基础股票库，然后再由投研团队有针对性地进行实地调研、集中研讨、委托课题、实证分析等多种形式的系统研究，结合卖方研究机构的覆盖调查进行价值优选，经过投研联席会审核无异议后形成股票备选库，并经由上述程序和标准对备选股票库进行管理和维护。

1）基础库构建

本基金的基础库建立步骤如下：

第一步，建立行业评分模型。行业评分模型主要考虑产业政策和产业景气度两个因子，两个因子在进行量纲处理后按6：4进行加权。其中产业政策因子对政策支持的产业该因子值取3，对政策压制行业该因子值取1，没有明显产业政策行业该因子值取 2；行业景气度因子是通过计算所有股票按照行业汇总分析行业的资产增长率、存货周转率等增长性、运营性财务指标的变化，对行业的景气度进行相对评分。

第二步，建立行业内上市公司财务综合评分模型。财务综合评分模型采用功效系数法对上市公司按照行业分类在行业内部对财务指标进行综合评分。为了更准确地筛选出具有受益于产业升级一般性特征的上市公司，我们在建立财务综合评分模型时给以下财务指标赋予了较高的权重：

① 反映行业地位的指标：我们选择主营业务收入行业内占比和总资产行业内占比等指标。通常行业内收入规模和资产规模较大的公司对行业未来的发展有较大的影响力，这些公司在行业内的地位也较重要，更有实力推动技术升级，而且在行业资源整合中占据较有利地位，也更易受益于产业政策的扶植。

② 反映产业链升级的指标：我们选择销售毛利率、成本费用利润率、存货周转率、应收账款周转率等指标。产业链升级主要体现在投入产出效率的提升和经营效率的提高等方面，销售毛利率高和成本费用率低的企业往往有较高的投入产出效率，其产品的附加值通常也较高；而存货周转率和应收账款周转率等指标能比较好的体现企业的经营效率，在产业升级过程中，那些能够提高生产效率、降低生产成本的企业大多能够获得较快的发展速度，从而在产业链的分工合作中具有更强的议价能力。

③ 反映技术升级的指标：我们选择无形资产加商誉、研发支出占营业成本的比率等指标。一般情况下，无形资产和商誉主要指是上市公司的专利权、非专利技术、商标权、特许权等，反映公司管理和技术的先进性，这类资产通常能使公司获得高于市场平均的投资报酬率，也是技术升级在上市公司报表上的具体体现形式；研发支出占营业成本的比率反映了上市公司对研发投入的重视程度，基本能表征上市公司技术升级的潜力。

第三步，对行业评分在前 1/3 的行业取该行业内财务综合得分在前 3/4 的股票进入基础库；对行业评分在 1/3 到 2/3 之间的行业取该行业内财务综合得分在前 1/2 的股票进入基础库；对行业评分在后 1/3 的行业取该行业内财务综合得分在前 1/4 的股票进入基础库，同时限制行业评分在后 1/3 的行业每个行业进入基础股票库的数量不超过 20 只。

第四步，基础库在每个季度财务数据公布后进行定期更新。

（二）各类分析模型

GARP 投资策略
新华中小市值优选

本基金以合理价格成长选股策略（GARP）为核心，精选各行业中具有高成长性且价格合理的中小市值股票进行投资。

GARP（Growth At Reasonable Price）是国际上普遍应用的选股策略，其核心思想是以相对较低的价格买入成长性较高的公司股票，综合运用成长性指标和价值性指标对股票进行筛选。

①定量分析

I.成长性指标

i. 营业收入增长率。该指标所隐含的往往是企业市场份额的扩大，体现公司未来盈利潜力的提高，盈利稳定性的加大，公司持续成长能力的提升。本基金选取过去两年的平均营业收入增长率。

ⅱ．净利润增长率。该指标反映上市公司的盈利能力和盈利增长情况，是衡量上市公司经营效益的主要指标。本基金选取过去两年的平均净利润增长率。

ⅲ．净资产收益率。该指标着眼于企业整体的经营效率，充分反映投资者投入企业的自由资本获取收益的能力。本基金选取过去两年平均净资产收益率。

Ⅱ.价值性指标

价值性指标是基于上市公司的估值水平而确定的，本基金主要选取市盈率倒数（E/P）、市净率倒数（B/P）以及 PEG 指标作为企业价值性的考察指标。

Ⅲ.综合评分

本基金采用加权评分法，根据各指标的重要性、影响力以及包含信息量的大小设定相应权数，在此基础上对各指标分值进行加权汇总得到股票的综合评分。本基金将重点投资于综合评分排名居前的股票。

②定性分析

Ⅰ.盈利能力的稳定性和持续性

主要分析公司盈利的构成、盈利主要来源、公司盈利模式和扩张方式等。

Ⅱ.核心竞争力

主要分析上市公司是否拥有领先的核心技术，该技术是否具备一定的竞争壁垒；是否具备较强的自主研发能力和技术创新能力；未来公司主业的产品线是否存在进一步延伸的可能；在所属的细分行业是否已经拥有较高的市场份额、较为强大的品牌和良好的口碑等。

Ⅲ.法人治理结构及管理层能力

主要分析公司股权结构是否规范；是否建立了有效的股东大会制度以保障中小股东利益；董事会权利的合理界定与约束；管理层对公司的控制力如何；公司是否建立了对管理层有效的激励和约束机制；管理层是否具有良好的诚信度；管理层是否稳定。

重视 PEG 指标

天弘永定成长

2.股票投资策略

本基金股票投资主要集中于具有良好成长性且估值具有比较优势的上市公司。通过综合考察上市公司的成长性以及这种成长性的可靠性和持续性，并结合其股价所对应的市盈率水平与其成长性相比是否合理，作出具体的投资决策。

本基金在股票选择方面遵循以下原则：

重点投资于具有良好成长性且估值具有比较优势的上市公司

采取自上而下和自下而上相结合的选股原则

（1）定量分析

本基金以价值成长比率（PEG）为主要参考指标对股票的投资价值进行定量分析，通过对市盈率与成长性的综合权衡评估，初步筛选出兼具良好成长性及较高内在价值的股票。

本基金根据 PEG 指标筛选出全部 A 股（不包括可能存在退市风险、财务状况严重恶化的股票）前 60%的股票构成 PEG 股票池。该股票池每年更新一次。基金投资组合中股票资产的 80%以上（含 80%）必须来自 PEG 股票池。

（2）定性分析

本基金通过实地考察和调研上市公司，对上市公司的行业属性、行业的周期性、国家产业政策、公司的治理结构、经营管理水平、公司的透明度等方面作出定性分析。在对上市公司进行评估时，要在综合考虑历史数据、最新财务状况和以上多个因素的基础上作出公司是否具备良好价值成长特征的判断。

（3）组合构建

综合定量评估和定性分析的结果，选择兼具成长和价值特征的股票构建本基金的投资组合。

MVPS 模型 SRS 模型 QSE 模型

泰达红利行业精选

全面引进荷兰银行的投资管理流程，采用"自上而下"资产配置和行业类别与行业配置，"自下而上"精选股票的投资策略，主要投资于具有国际和国内竞争力比较优势和长期增值潜力的行业和企业的股票。

资产配置和行业类别与行业配置，主要采用"自上而下"的投资策略：（1）投资决策委员会根据 MVPS 模型，结合宏观和行业分析，确定投资组合资产配置比例；（2）根据行业特点和市场状况，确定行业类别与行业配置比例。

精选个股主要采用"自下而上"的投资策略包括：（1）以流动性指标筛选股票。（2）对筛选后的股票进行定量分析和评分筛选。（3）以定性的股票评级系统全面考察公司股票的未来发展。

本基金股票投资流程如下图所示：

1.投资决策委员会根据 MVPS 模型，确定投资组合资产配置比例

MVPS 模型———通过四个层面研究确定基金资产配置比例

M—宏观经济环境（Macro Environment）

研究分析的主要指标包括：

√ 季度 GDP 的增长速度

√ 每月 CPI 的数据

√ 每月工业增加值的增长速度

√ 货币供应量 M2 的增长

V-价值（Valuation）

研究分析的主要指标包括：

√ P/B、P/E 运行模型

√ 公司治理结构

P-政策（Policy）

√ 国家宏观经济政策和监管政策对证券市场下一阶段的发展具有的重要影响作用。

S-气氛（Sentiment）

研究分析的主要指标包括：

√ 保证金

√ 分析师指数

√ 基金仓位

√ 市场的特殊效应

2.利用 SRS 模型进行行业分析和行业类别与行业配置

根据行业特点和市场状况，确定行业类别与行业配置比例

根据波特理论，通过以下分析，确定行业相对投资价值和行业在投资组合中的配置比例范围。

对全球、地区、国内行业发展趋势和发展环境进行分析，判断行业或产品的增长前景（全球观念下，行业景气趋势分析）

宏观经济周期对行业发展的影响（宏观分析）

优势行业的发展模式分析（评价商业模式）

与最佳行业的比较分析（测量竞争优势）

该行业财务状况分析（财务稳健性分析）

根据行业（P/E）指标和资金流指标，对行业类别与行业配置比例进行调整

在调整行业配置比例时，应综合考虑行业（P/E）指标和资金流指标，对资金流指标的临界数值应根据市场变化进行相应调整。

3.利用市值指标作为流动性指标，对股票进行筛选，建立待投资股票库：

首先对股票市值按大小进行排序，挑选出符合基金投资规模和流动性需要的股票，作为模型的基础股票池。

4.对待投资股票库的股票利用 QSE 模型，对股票投资价值和股票预期收

益增长性进行定量分析与评分筛选。

5.利用商业评估、公司评估、价值评估和盈利预测，在基础股票库中寻找价格合理、基本面良好的上市公司：

（1）将上市公司作为一个商业组合，根据上市公司所在行业包括的业务类别，从商业性质、上市公司管理水平、竞争优势、上市公司发展前景、市场份额、营业利润率、财务能力等方面对基础股票库中的股票进行评级。将影响上市公司的因素概括为商业因素、公司因素、财务因素，结合上述评级，确定上市公司商业因素、公司因素、财务因素的分值和上市公司的综合评分。

（2）利用财务定价模型对企业的长期盈利状况进行预测，依靠多种价值参数，选择自身投资价值被市场低估、与同类公司相比定价较低、对比市场以往历史数据定价有合理上涨空间的上市公司。结合盈利预测和价值评估对上市公司进行打分。

（3）按照本基金认为合理的权重，对商业评估和公司评估、盈利预测与价值评估进行综合评分，按分值大小，选择股票基础库中最好的上市公司。

6.基于"自上而下"进行的资产配置和行业类别与行业配置，"自下而上"选择的股票，结合自身的研究分析，基金经理构建、执行投资组合。

7.风险控制小组运用引进荷兰银行的风险控制模型，对基金投资组合的风险进行定期跟踪、监控、评估和风险构成的度量预测分析。监察稽核部负责对基金投资过程进行定期监督。

8.基金经理将跟踪证券市场和上市公司的发展变化，结合基金申购和赎回导致的现金流量变化情况，以及对基金投资组合风险和流动性的评估结果，对投资组合进行动态调整。

SRS 系统 IRS 系统 PFG 模型
招商优质成长

本基金的股票资产将投资于招商基金认为具有优质成长性并且较高相对投资价值的股票。

本基金对优质成长股票的筛选主要关注的因素包括：公司是否具备良好的治理结构及长期的核心竞争力，公司是否有持续的经济利润的增长，公司股票的估值是否合理等等。

本基金对公司治理结构的考核主要包括一系列定性的指标，如监督和制衡机制是否有效，激励机制是否合理，公司管理层是否具有良好的诚信度等等。在对公司核心竞争力的考核上，本基金主要关注的指标包括公司的管理能力、产品/市场的竞争力、市场网络、品牌和商誉、创新能力、核心技术、政策环境等。在对公司盈利能力的考核上，本基金在一般的盈利及盈利增长指标之外，还加入了控制企业盈利增长质量的指标，如 ROIC-WACC、EVA

等，来挑选具有优质成长特征的上市公司股票。并且，本基金利用 FGV、FGV/MV 等指标来对公司股票进行估值，选出价值被低估的优质成长公司的股票作为投资对象。

本基金股票投资强调将定量的股票筛选和定性的公司研究有机结合，并实时应用风险控制手段进行组合调整。深入的公司研究和分析是发掘这些价值被低估的成长性股票的核心，通过定性的分析和定量的筛选，得出对公司未来盈利成长的潜力、质量以及持续性的评价，从而发掘出价值被市场低估并具有良好成长性的股票。

构建股票模拟组合时，本基金将采用数量模型分析方法：股票筛选模型、股票评级系统 SRS、行业评级系统 IRS、定量分析模型 PFG 及风险管理系统等模型，并对股票池中所有股票进行相对投资价值的评估和排序。

本基金股票筛选和组合构建过程：

（1）利用股票筛选模型进行股票排序和筛选。

股票筛选模型是一个数量化的股票筛选模型，主要原理是以定量指标对备选股票按盈利增长性和投资价值进行评分排序。该模型选取了每股收益及增长率、市盈率、流动性等核心指标，这些核心指标均建立在研究人员对公司未来收益预测值的基础之上，并且每周对更新的数据进行处理，从而得到不断更新的备选库股票的排序。

（2）运用 SRS 系统对股票池股票进行深入研究和分析。

SRS 股票评级系统是对股票基本面进行定性分析的核心系统。它是对公司的短期增长、长期增长、竞争环境、管理能力、资本结构、资本密集水平和股票的相对价值等因素进行全面系统评价的投资分析系统。SRS 建立了一套有纪律的公司分析检讨步骤，对不同行业、不同公司的研究采用统一的评价标准，使得股票评级具有可比较性和一致性。在 SRS 系统中，本基金尤其关注公司的治理结构和核心竞争力因素。

（3）利用 IRS 系统进行"自上而下"的行业调整。

仅应用筛选模型和 SRS 系统对股票进行排序，完全是通过自下而上的方法得到的，可能导致模拟组合在单个行业的股票集中度过高，行业配置不够分散，或者使得组合的行业配置与基准指数的差异过大，造成组合的非系统性风险过高。因此有必要根据经济周期、市场形势的变化以及本基金管理人对未来行业发展的判断，对组合的行业配置进行适当的调整。IRS 系统通过对细分行业的行业成长性、行业进入壁垒、行业政策因素等方面的相对评估，体现宏观经济周期对行业的影响及各行业自身发展特色，从自上而下的角度进一步发掘投资机会，调整股票相对评估。

（4）结合本基金的特点，利用 PFG 模型构建模拟股票组合。

　　PFG 模型在股票筛选模型、SRS 系统、IRS 系统的评价结果的基础上，综合考虑市场短期其他因素，运用 ING 长期投资经验形成的核心算法进行分析和运算，对研究范围内的股票进行排序，并根据投资组合风险-收益特征和要求给出模拟组合。

　　通常情况下，PFG 模型主要是以利润增长和价值为主要指标对股票进行筛选。但是在本基金中，为了考虑企业业绩成长的质量，本基金在 PFG 模型中加入了以下几个控制盈利成长质量的指标，如 NOPLAT Growth、ROIC-WACC、EVA、FGV，FGV/MV 等，来挑选合理价格下的优质成长的上市公司股票。

　　上述指标中，NOPLAT Growth（Growth of Net Operating Profit Less Adjusted Tax），经调整税后经营利润增长率。与一般的会计利润相比，NOPLAT 排除了非经常性的利润，能更好地反映公司核心的盈利能力。

　　ROIC-WACC，价值创造率。其中，ROIC（Return on Invested Capital）为资本投资回报率，WACC（Weighted Average Cost of Capital）为资本加权成本率，它是股本资本成本率和债务资本成本率的加权平均。

　　EVA，经济利润或经济增加值。与会计利润最大的区别是，会计利润只考虑了债务资本成本，而经济利润还要减去股本资本成本。经济利润为正的成长才是创造股东价值的成长。

　　FGV（Future Growth Value），未来成长性所隐含的价值。通过公司市值（MV）将其"标准化"，从而取得横向比较的功能。所以，本基金采用 FGV/MV 作为估值指标。

　　（5）运用 ING 的成熟模型进行风险控制和组合调整。

　　风险度量除了常用的夏普比例（Sharpe Ratio）、信息比例（Information Ratio）等指标外，本基金主要运用跟踪误差（Tracking Error）指标进行风险评估和控制。

　　（6）模拟组合的执行。

　　经过风险控制模型调整后所确定的股票组合，将成为最终可供执行的股票组合，用以进行实际的股票投资。

ISTR 模型
建信恒久价值

　　本基金强调对具有良好流动性、价值被低估和重视股东价值的上市公司股票的发掘。在选股过程中，吸收与借鉴美国信安（Principal）金融集团的 ISAR 模型（以下简称"ISAR 模型"），结合中国证券市场实际情况，作进一步优化，以此为基础，构建初选股票池，投资与研究团队对所选择的股票进行研究和确认，形成核心股票池。

股票选择流程

（1）流动性筛选

在进行个股选择时，本基金将首先对市场中的各只股票进行流动性筛选，原则上规避流动性欠佳的股票。

（2）优化 ISAR 模型的定量选股分析

在流动性筛选的基础上，本基金将利用 ISAR 模型对股票进行排序及评分，评分结果作为选择股票的参考。

ISAR 模型包含以下几个方面：

A）基本面正在提升

B）基本面提升的可持续性

C）具有吸引力的相对估值

D）投资者预期提升

（3）进一步研究优化

在利用优化后的 ISAR 模型对股票进行排序、评分并选择股票后，研究团队与投资团队通过实地调研等多种方式，深入地分析上市公司对股东价值的重视程度、公司治理结构、发展战略和战略执行力，以确保所选股票确实具备较高投资价值。经确认后的股票，构成本基金股票投资组合。

GEVS 模型

国投瑞银创新动力

本基金的股票投资决策，以自下而上的公司基本面分析为主。构建股票组合的步骤是：确定股票初选库；基于公司基本面全面考量、企业创新性评价与 GEVS 等估值方法，分析股票内在价值；风险管理；构建股票组合并对其进行动态调整。

（1）全面考量公司基本面。本基金评估公司基本面的主要指标包括价值评估、成长性评估、现金流预测和行业环境评估等。分析师从定性和定量两个方面考量行业竞争趋势、公司的竞争地位、短期和长期内公司现金流增长的主要驱动因素，业务发展的关键点以及公司治理结构状况。分析师要说明做出财务预测（包括 GEVS 模型输入变量）的重要假设条件，并评估这些假设的可靠性，对公司基本面状况做出明确的定性判断和定量研究，给出明确的公司评价和投资建议。

（2）企业的创新属性评价。本基金通过研究企业的 R&D 投入和创新行为，来衡量企业是否具有创新型企业属性。创新行为包括技术创新、产品或服务创新、商业模式创新、需求创新、流程创新和管理创新，等等。其中，分析师要着重考量创新行为的预期效果，创新是否成为企业成长的驱动力。在分析行为的预期效果时，需结合企业创新管理能力的考量。针对具体的创新项目,分析师将努力通过分析项目的预期投资回报率对创新效果进行评价;预期投资回报率衡量指标包括销售收入边际增长率、毛利率边际增长率、投入资本回报率等。

（3）本基金借鉴 GEVS,以合适方法估计股票投资价值。GEVS 是 UBS Global AM 在全球使用了 20 多年的权益估值模型。模型分阶段考量现金流量增长率,得到各阶段现金流的现值总和,即股票的内在价值。市场价格与内在价值的差幅是基金买入或沽出股票的主要参考依据。借鉴 GEVS 方法,需要考虑中国股票市场特点和某些行业或公司的具体情况。在实践中,现金流量贴现模型可能有应用效果不理想的情形。根据实际情况,我们不排斥选用其他合适的估值方法,如 P/E、P/B、EV/EBITA 等方法。

（4）构建（及调整）模拟组合。股票策略组借鉴 UBS Global AM 全球股票研究经验,评估股票投资价值,考量分析师最有价值的研究成果,在充分评估风险的基础上,构建（及调整）股票模拟组合。

（5）风险管理与归因分析。在形成可执行组合之前,模拟组合需经风险考量和风险调整。国投瑞银借鉴 GERS 等风险管理系统技术,对模拟组合（事前）和实际投资组合（事后）进行风险评估、绩效与归因分析,从而确定可执行组合以及组合调整策略。

GSV 三维分析模型
建信优选成长

本基金将通过定量分析和定性分析相结合的手段,对上市公司业绩的成长性和投资价值进行综合评估,主要包括上市公司业绩成长性、业绩成长可持续性和投资价值分析（GSV 三维分析）,优选能够在未来实现业绩持续、快速增长并具备投资价值的上市公司,将其作为重点投资对象。

GSV 三维分析主要包括以下三个方面:

（1）上市公司业绩成长性分析

基金管理人将参考上市公司的历史业绩表现,从不同角度对上市公司未来的业绩成长前景进行深入研究,可分为宏观和微观两个层面。

在宏观层面,基金管理人将对宏观经济、国际经济、行业发展阶段等进行研究,判断上市公司所属行业的中长期发展前景和整体业绩增长前景,对于市场空间较大、需求饱和程度较低、行业成长对企业盈利推动能力较强等特征的行业予以重点关注。

在微观层面,基金管理人将对企业个体的业绩增长潜力作个案分析,挖掘盈利绝对增长和相对行业平均增长均具有较高水平的公司。

（2）业绩成长的可持续性分析

除上市公司业绩增长速度之外,本基金管理人还将对业绩成长的可持续性给予高度关注。通过对公司的规模、产能、创新能力、竞争环境、竞争优势、公司治理、管理水平等因素的分析，判断推动公司业绩成长的原因可望保持的时间，进而判断公司业绩成长的持续性，从而发现能够在较长时间内保持业绩增长的公司。

（3）投资价值分析

在进行行业成长性和成长的可持续性分析，并挖掘出业绩可望实现持续、快速增长的上市公司之后，基金管理人还将对此类公司的投资价值进行研究，包括股票内在价值分析和运用市盈率（P/E）、市净率（P/B）及 PEG 等多种相对估值指标与国内、国际相同行业中可比上市公司进行相对定价水平的对比研究。

在股票投资过程中，本基金强调定量研究的宽度与定性研究的深度相结合。基金管理人运用预期主营业务收入增长率、净利润增长率、毛利率变化、净资产收益率、市盈率、市净率、PEG 等定量指标对上市公司的业绩成长潜力和投资价值作出综合评判并得到重点关注的对象，同时，通过实地调研等多种方式，进行更为深入的研究，借助包括竞争优势、公司治理、管理水平等在内的定性指标对公司进行深入研究，确认公司业绩增长的真实性和投资价值高低，判断公司未来业绩持续成长的潜力，并最终构建本基金股票备选库。

FQ 模型

工银瑞信基本面量化策略

本基金以'工银瑞信可选股票池'为主要的标的，在基本面研究的基础上，同时考虑投资者情绪、认知等决策因素的影响，将影响上市公司基本面和股价的增长类因素、估值类因素、盈利类因素、财务风险等因素进行综合分析，构建基本面数量化股票投资价值分析选择模型（Fundamental Quantitative Model，简称"FQ 模型"），并建立相应的投资分析技术系统，对股票进行系统化、程序化筛选、排序。

（1）股票池构建

本基金使用 FQ 模型在"工银瑞信可选股票池"中进行筛选，同时保证投资组合中不少于 70% 的个股属于"工银瑞信基本面研究股票池"。"工银瑞信可选股票池"的个股包含但不限于"工银瑞信基本面研究股票池"的个股。"工银瑞信基本面研究股票池"既有从整个市场挑选出的有行业代表性的企业，也有通过财务分析、实地调研评估推荐的优质公司，股票池具有覆盖全面、结构合理、重点突出的特点。同时，工银瑞信研究部根据公司既定的投资理念，结合内外部资源，系统、连续地评估"工银瑞信基本面研究股票池"的个股价值，以保证股票池及其投资评级系统的实时性和有效性，用于基金的投资与风险防范。这种股票筛选方法既能将量化选股的范围扩大，发挥量化选股的优势，又能将基本面研究与量化模型相结合，避免纯量化选股可能出现的风险。

（2）股票投资价值评估及排序

基本面数量化股票投资分析系统对股票池的个股，分别从增长因素、估值水平、盈利能力、负债率等因素组进行量化评分。然后根据每组因素对投资价值的贡献，赋予相应的权重。最后通过每个个股的综合排序，选择最具投资吸引力的上市公司。

1）增长因素

主要考虑上市公司盈利的历史及将来预期的增长率。此因素不仅含有公司的历史盈利增长能力，也包含了市场预期的将来盈利增长能力。此盈利因素组的因子有销售收入、净利润及现金流增长率等。

2）估值水平

估值因素是对预期投资回报的重要把关因素。估值因素组中不仅包含了净利润估值（P/E）与净资产估值（P/B）因子，也包括了更为深入的现金流估值因子，如经营活动现金流，自由现金流估值因子等。此因素组与上述增长因素及基本面研究结果结合，可以在全市场范围内找到增长与估值性价比最好的公司。

3）盈利能力

盈利能力是反映公司经营管理及盈利方面的能力，此因素是对估值因素的重要补充，因为市场通常会对盈利能力强弱不同的公司给予不同的估值，在盈利能力因素组中的因子有净资产回报率（ROE），资本投资回报率（ROIC）等因素。

4）财务风险

财务风险因素是反映公司为维持正常运行或某些盈利目标所采用的融资规模，此因素也是对估值因素的重要补充。同样的，市场通常会对负债率不同的公司给予不同的估值。考虑此因素可以在市场极端的情况下，寻找安全边际，有效地避免高风险投资，此因素组中的因子有净资产负债率（Dt/Eq），总资产负债率（Dt/A）等因素。

（3）基本面重新审核

基本面重新审核的目的是为了对准备进入投资组合的公司进行基本面再次确认或检查。通过对上市公司的行业特性、盈利模式，经营管理能力及公司治理状况等因素进行综合分析，考察上市公司的竞争能力及持续增长能力，剔除上市公司在公司治理、企业经营及财务报告等方面存在潜在问题的上市公司。

（4）投资组合构建

本基金基于各只股票的风险收益特性，根据风险控制要求，结合前述行业配置策略构建投资组合，对投资组合的风险控制要求包括个股权重限制、行业权重限制、换手率、流动性及法律法规等其他限制。

SWOT 模型
浙江聚潮产业成长

基金管理人将发挥其在股票研究方面的专业优势，综合利用卖方研究报告、实地调研和财务分析等多种手段，运用 SWOT 模型（企业的优势（Strength）、劣势（Weakness）、机会（Opportunity）和威胁（Threats））分析对个股的基本面做定性的分析，判断企业是否具备以下特征：

①分析公司外部的环境能否持续优化，公司内部核心能力的提高和竞争优势的维持在短期内会不会发生重大改变。

②考察企业的商业模式是否可以维持企业销售规模和净利润的持续增长。包括产品的市场容量是否足够大；商业模式是否独特、不容易被模仿；利润率能否随着销售规模的扩大而逐渐提高；公司通过内生增长或外生增长实现规模扩张的可能性；

③分析技术开发能力与创新能力。在生产经营中的关键环节，拥有自主技术开发能力、掌握专利或专有保密技术，技术水平是否位居行业前列，且这种优势不容易被复制；是否能不断向市场提供新型的产品与服务，进行营销模式的创新、管理的创新等，增加核心竞争力。随着规模的扩大和技术实力的提升，是否可以提高行业的进入壁垒，增强企业的持续竞争优势。

④分析企业在所处产业中是否具有垄断优势，包括：在规模效应较明显的产业中，企业是否已形成较高的市场占有率和先发优势；在市场地域分割的产业，企业在所在地区是否已形成垄断地位；在资源性产业中，企业是否已拥有较为丰富的稀缺矿产或自然资源经营权；在高度管制的产业中，企业是否已优先取得经营牌照等。

⑤考察企业营销是否灵活，面对广阔的发展空间有较强的市场开拓能力，国内市场份额是否逐渐提高。是否可以同时使业务打入国际市场，增加销售。

⑥企业是否存在潜在购并重组机会，购并重组后可以提升盈利能力，扩大市场占有率，并且能够有效释放合并后的协同效应。

⑦分析公司治理结构，是否注重股东回报，是否已建立起市场化经营管理机制、决策效率高、对市场变化反应灵敏并内控有力，是否有针对管理层和核心技术人员、核心销售人员设计有效的激励机制。公司高管的诚信记录是否良好，公司的关联交易是否合理、透明，是否存在侵占用上市公司资源的行为。

⑧分析管理层素质，是否具有良好的专业背景，是否具备前瞻性战略眼光，对全球化的经济趋势与对本产业的影响的洞察力，发现潜在机遇能力，资本观念与运作能力以及外来资本保持开放合作的态度，熟悉资本运作规律，并以此改造和发展企业的能力；

⑨公司财务状况良好、稳健，资产负债率健康，营运能力和经营效率指标优良。

本基金将符合以上条件的股票优先纳入备选库，作为重点投资对象，80%以上的股票资产将投资于拥有相关优势的上市公司。

FFM 模型

浦银安盛红利精选

本基金所指的红利型股票是基本面健康的、盈利能力较强、分红稳定或分红潜力大的快速及长期稳定增长的上市公司。本基金将采取基础库初选、核心库精选个股的策略，并辅之以公司特有的数量化公司财务研究模型 FFM 对拟投资的红利型上市公司加以甄别。具体策略上，主要从定量分析、定性分析和实地调研三个层面对上市公司进行考察。

1.基础库的建立

满足以下一项或多项条件的股票可以入选基础库：

A、最近 3 年内至少有 2 次分红的个股；

B、上市时间不足 3 年的个股中，至少有 1 次现金分红的个股；

C、预期将推出高于市场平均水平红利分配方案的个股；

D、具有良好投资价值的新股。

2.核心库的建立

A.定量指标考核

本基金将主要依据公司特有的 FFM 模型中的财务指标和估值指标对上市公司未来投资价值做定量分析，同时结合 FFM 模型中的其他辅助性财务指标，对上市公司的分红和增长潜力进行深入挖掘。

B.定性指标考核

除了对上市公司的财务和估值指标进行动态的定量分析，还需对上市公司做定性分析，以做进一步的筛选。定性分析主要包括以下三个方面：第一，上市公司在行业中的地位以及有明确的盈利增长前景。本基金将重点关注那些产品和服务存在巨大的潜在需求，但是行业的生产能力增长速度落后于需求的增长速度，本基金将对这些行业里处于领导地位的上市公司予以重点关注。第二，上市公司具有核心竞争优势。难以复制的核心竞争优势主要是指，自然垄断或拥有国家特许经营权；具有显著的品牌优势；具有产品定价能力，毛利率稳定；有强大的技术研发能力；有较强的分销网络。第三，公司的管理能力和治理结构较好。诚信、优秀的公司管理层能率领公司不断制定和调整发展战略，把握住正确的发展方向，以保证企业资源的最佳配置和自身优势的充分发挥；同时良好的治理结构能促使公司管理层诚信尽职、融洽稳定、重视股东利益并使得管理水平能充分适应企业规模的不断扩大。

本基金通过对定量指标和定性指标进行分析，将符合要求的股票放入核心库。

3. 实地调研

本公司投研团队将通过公司实地调研等方式，深入了解核心股票库成分股基本面数据的真实性，确保对上市公司内在价值估计的合理性。实地调研过程中，研究团队还将关注上市公司的红利分配计划，了解上市公司的红利分配意愿。对于具备良好红利分配能力且具有红利分配意愿的上市公司，本基金将予以重点关注。

4. 投资组合的确定

基金经理组将根据自己的判断、市场时机和个股流动性情况，建立投资组合。

QV 选股标准
平安大华行业先锋基金

在个股选择过程中，本基金将通过 QV 选股标准（品质-价值选股模型）精选个股。同时，注重选择成长性指标较高的个股，并分析其在各个子行业中所处的地位及成长潜力，构建本基金的股票精选库。

1）QV 选股标准（品质-价值选股模型）

在股票备选库的基础上，通过 QV 选股标准（品质-价值选股模型）对入选股票进行基本面的分析，以从中挑选出质地优良、具有投资价值的股票。

QV 选股标准（品质-价值选股模型）筛选主要包括以下几个方面：

品质评估（Quality）

商业模式（Business Model）：商业模式清晰，有前途。

公司治理（Management）：公司有良好治理结构，包括管理层水平、战略眼光、执行能力和公司运作架构等方面。

财务状况（Financial）：财务状况健康。包括较高的 ROE，低负债水平，高毛利或低成本，资本开支政策严格。

估值评级（Valuation）

未来盈利：对公司未来的盈利进行预测，并评估内在价值。

合理价格：投资股票的策略持续有效的基础是，可以用合理价格买到有吸引力的股票。如果买入一家优秀企业的股票而支付了过高价格，这将抵消这一优秀企业未来几年所创造的价值。

　　以上分析表明，每只股票型基金都制定了符合该基金投资目标和风格理念的投资策略。总体而言，都注重自上而下的行业选择和自下而上的个股选择相结合、定量分析和定性分析相结合的股票投资策略。并且运用各种模型进行估值，以及公司的基本面分析，较多选取具备行业领先优势、估值合理、未来具备高成长性的股票进行投资。尤其是有些基金管理公司自行开发了分析体系和模型，对上市公司股票进行层层筛选过滤，最终选择具备高投资价值的股票。同时，有些基金还注重考虑一些特殊指标，如上述分析指出的红利、科技创新等因素。笔者还可喜地看到，有些基金也注重有社会责任感的投资，这是十分值得认可的。这些都表明中国基金管理公司在投资组合管理上付出的巨大努力。

　　科学细致的股票投资策略及选股模型实际操作过程中需要巨大的人力财力支持，成本较高，基金是否按照其招募说明书所列示的既定投资策略进行股票投资，这成为基民也是监管机构十分关注的焦点问题。

　　为此，本书从所研究的当前所有股票型证券投资基金中选取样本进行深入分析，以验证基金进行投资组合管理时是否按照其既定的行之有效的投资策略进行，不仅为后续研究开创了新的研究思路，同时也为基金份额持有人和基金监管机构提供了一定的借鉴意义。

第六章　基金投资策略样本实证分析

第一节　基金个股选取策略验证分析

一、样本选取和研究设计

为了验证基金投资运作过程中是否有效遵循招募说明书中所列示基金个股投资策略。本书从股票型证券投资基金中选取 11 只基金样本进行具体分析。

样本的选取：采用 Wind 资讯金融数据库基金"风格-属性"分类方法（即晨星基金投资风格箱），将全部基金分为大盘成长型、大盘价值型、大盘平衡型、中盘成长型、中盘价值型、中盘平衡型、小盘成长型、小盘价值型和小盘平衡型 9 类基金。

研究设计：按招募说明书"基金投资策略"-"股票投资策略"-"个股投资策略"列示具体选股方法及标准，关注具体财务指标，重点考察基金半年报、年报所持前十重仓股相关财务指标表现是否符合其既定的投资策略。

本书选取 2010 年半年报、2010 年年报、2011 年半年报、2011 年年报和 2012 年半年报所列示前十重仓股为分析对象。对于半年报所列示前十重仓股，考察其在上一阶段即该年一季度的财务指标表现；对于年报所列示重仓股，考察其在上一阶段即该年三季度的财务指标表现。

笔者将各项指标进行排名，需要指出的是，短期偿债能力，如"流动比率"、"速动比率"；营运能力指标，如"总资产周转率"、"存货周转率"及"应收账款周转率"；资本结构指标"资产负债率"等指标受行业及实际情况等多方面因素的影响，并不是越大越好或者越小越好。因而，笔者并不是简单地对其进行排序，而是结合实际情况和其绝对数值进行综合分析。

结合笔者的已有研究，对于优秀的股票，其指标排名也较为靠前甚至非常突出，这也从另一方面表明那些指标排名靠后的股票，一定程度上反映出其相应的业绩表现较差，而基金反而重仓持有这些股票则有失正面的理由。当然，可能笔者的分析方法和相关指标的选取与设计不够前面，或者是由于基金管理人在进行选股操作时还综合考虑其他因素，如不能只看股票在上一个季度的表现，也需长期判断。但不管怎样，这些指标排名靠后的股票在一定程度上反映出基金经理选股时可能存在一些不尽合理之处。根据笔者的分析，指标排名前 100 的股票该项表现十分突出，笔者基于研究对比的需要将所有上市公司相关指标进行排序，有些排名在 200~300 名，但绝对值相差并不是很大，所以笔者并不是一味只看排名，也综合对比其指标绝对值进行分析判断。但那些排名超过 500 甚至 1 000 开外，甚至倒数的股票，还是能够在一定程度上反映其较差业绩的。

本章表格数据说明如下。

第一行指标下方数字表示的是参与排名的股票数，数据主要来源于 Wind 咨询数据库，少量数据来源于 CSMAR 数据库，由于有些股票数据缺失，故将其剔除，将剩余上市公司股票相关指标进行降序排列。

表格中除第一行外的数字表明的是该股票在上一季度所有参与排名的股票中的排名，全部指标均按降序排列。表中"Null"表示该股票在该阶段该指标数据缺失。2010 年半年报列示的重仓股，显示其在 2010 年一季度的指标排名；2010 年年报列示的重仓股，显示其在 2010 年三季度的指标排名；2011 年半年报列示的重仓股，显示其在 2011 年一季度的指标排名；2011 年年报列示的重仓股，显示其在 2011 年三季度的指标排名；2012 年半年报列示的重仓股，显示其在 2012 年一季度的指标排名。

二、具体验证分析

（一）大盘成长风格型（股票型证券投资基金）

招募说明书所列个股投资策略摘录如下。

1. 定量筛选

通过以下两个层面对上市公司股票进行筛选，建立本基金的股票备选库如下。

（1）剔除新华富时 A600 覆盖的股票中 ST、接受交易所调查或处罚（公开谴责、公开处罚）未满半年和其他研究员有确定理由认为暂不投资的股票，形成基础库；

（2）按主营业务收入、主营业务利润、毛利率、市盈率（P/E）、净资产收益率（ROE）、资产收益率（ROA）等指标对基础库的股票进行综合排序、筛选，形成备选库；

为此，笔者根据其招募说明书中列示的量化指标，结合实际操作情况，选取营业收入、营业利润、毛利率、ROE 和 ROA 五项指标进行排序对比分析，详细情况如表 6-1 所示。

表 6-1　2010 年中报所列示重仓股及每只股票在 2010 年一季度的指标排名

股票代码	股票简称	营业收入 2 212	营业利润 2 227	毛利率 1 865	ROE 1 856	ROA 1 886
600036	招商银行	34	10	Null	231	Null
600900	长江电力	167	2 221	425	1 539	1 245
601318	中国平安	242	13	Null	264	Null
002029	七匹狼	604	313	359	157	83
000423	东阿阿胶	570	222	203	149	56
000759	武汉中百	151	323	1 157	391	446
601169	北京银行	148	24	Null	243	Null
601398	工商银行	4	1	Null	195	Null
000063	中兴通讯	47	615	550	1 378	1 232
000858	五粮液	122	27	77	46	17

注："武汉中百"股票简称现已更名为"中百集团"

工商银行、北京银行和招商银行属于银行股，而中国平安属于保险行业，金融保险业上市公司营业收入和营业利润在所有行业中具有突出优势，这符合该基金所列示"主营业务收入"和"主营业务利润"考虑因素。五粮液属于白酒板块，各项业绩指标十分优秀，具备很高的投资价值。中兴通讯营业收入指标具有很高水平。此外，东阿阿胶各项指标也较为突出，特别是 2010年季度 ROA 在所有上市公司中排名很高，并且，笔者曾对其有过研究，现简要介绍其投资价值。

根据申万行业分类，东阿阿胶隶属于医药生物板块，当前中国卫生事业有保有压，整体偏暖，并且进入结构分化和并购整合期，行业基本面整体维持稳定向上趋势。东阿阿胶在医药生物板块中成长性较好的中药板块中总市值排名第三，仅次于云南白药和康美药业。山东东阿阿胶股份有限公司核心竞争优势明显，是国内最大的阿胶及系列产品生产企业，中华老字号全国唯一国家非物质文化遗产。具备"一水（东阿地下水）两宝（国家级保密工艺、国家级保密配方）"的原料和技术优势，并且公司掌握了全国 90%以上的驴皮资源，是少数有自主定价权的企业，其曾连续 4 界蝉联中国药品品牌榜补益类第一名，连续 7 次入围"中国最具发展力的上市公司 50 强"。根据笔者的研究，东阿阿胶业绩优良，相关财务指标整体平稳增长，基本面保持稳定向上趋势，并与中药板块其他公司对比中占优。根据笔者的研究，东阿阿胶具备较高的投资价值，并且适合长期持有，该基金在医药生物板块众多股票中选择重仓东阿阿胶是经过深入分析对比得出的（表 6-2）。

表6-2　2010年年报所列示重仓股及每只股票在2010年三季度的指标排名

股票代码	股票简称	营业收入 2 341	营业利润 2 350	毛利率 2 077	ROE 2 075	ROA 2 097
600068	葛洲坝	84	131	1 614	605	1 250
000423	东阿阿胶	651	271	245	297	136
600519	贵州茅台	178	35	6	86	18
000858	五粮液	156	42	91	147	57
600585	海螺水泥	97	50	904	655	517
002106	莱宝高科	1 142	344	208	368	116
000401	冀东水泥	195	122	712	373	637
600221	海南航空	120	87	847	186	1 011
002269	美邦服饰	287	278	354	608	532
600518	康美药业	537	255	559	648	447

根据表6-2可知，葛洲坝、海螺水泥和海南航空也是在营业收入和营业利润指标中具备突出优势，因而该基金选择持有。贵州茅台与五粮液同属于白酒板块，比五粮液具备更高的业绩，并且，贵州茅台是中国当前股价最高的股票，一直备受投资者关注和青睐，所以该基金持有这些股票可以看出是与其既定投资策略相符合的。

海螺水泥、美的电器、格力电器、大秦铁路和招商银行最突出也是其营业收入和营业利润指标，并且也具备较为优秀的ROE水平。伊利股份具备排名靠前的营业收入水平，仁和药业的ROE和ROA也十分突出。五粮液不论各方面指标都足以证明其具有较高的投资价值（表6-3）。

表6-3　2011年中报所列示重仓股及每只股票在2011年一季度的指标排名

股票代码	股票简称	营业收入 2 424	营业利润 2 439	毛利率 2 176	ROE 2 182	ROA 2 199
600585	海螺水泥	90	28	493	191	116
000527	美的电器	21	81	1 628	329	481
000651	格力电器	45	102	1 515	148	929
000858	五粮液	118	27	114	45	26
600036	招商银行	29	9	Null	167	Null
600887	伊利股份	92	347	736	549	1 149
000401	冀东水泥	246	753	908	1 926	1 567
601006	大秦铁路	76	19	341	212	138
000650	仁和药业	838	454	457	96	52
000877	天山股份	625	2 367	951	1 932	1 826

伊利股份、上汽集团、中国人寿和招商银行的营业收入与营业利润十分突出，并且 ROE 水平也较高。双汇发展营业收入指标表现突出，仁和药业的 ROE 和 ROA 排名靠前。五粮液优秀的业绩指标表明其值得该基金长期持有（表 6-4）。

表 6-4　2011 年年报所列示重仓股及每只股票在 2011 年三季度的指标排名

股票代码	股票简称	营业收入 2 482	营业利润 2 495	毛利率 2 323	ROE 2 325	ROA 2 338
600887	伊利股份	94	130	880	65	445
000858	五粮液	147	38	108	100	53
000895	双汇发展	99	454	2146	985	986
600298	安琪酵母	772	596	847	465	387
600104	上海汽车	9	13	1 462	203	293
600498	烽火通信	377	559	1 014	860	1 400
601628	中国人寿	7	17	Null	853	Null
000650	仁和药业	854	565	655	156	109
300058	蓝色光标	1 388	850	520	652	280
600036	招商银行	32	10	Null	172	Null

注："上海汽车"股票简称现已更名为"上汽集团"

伊利股份、中联重科最为突出的是营业收入和营业利润指标，并且 ROE 水平也很高。贵州茅台各业绩指标十分优秀，不亚于前期持有的五粮液。仁和药业和酒鬼酒具备十分优秀的 ROE 和 ROA 水平，并且酒鬼酒的销售毛利率指标十分优秀（2012 年 11 月 20 日，酒鬼酒塑化剂事件曝光，遭受重创，股价一度跌停，853 家机构投资者被套。但该基金是在 2012 年半年报列示持有该股票，可以理解为根据前期业绩分析得出）宇通客车营业收入和营业利润及 ROE 和 ROA 指标均较为靠前（表 6-5）。

表 6-5　2012 年中报所列示重仓股及每只股票在 2012 年一季度的指标排名

股票代码	股票简称	营业收入 2 432	营业利润 2 443	毛利率 2 385	ROE 2 398	ROA 2 404
300058	蓝色光标	1085	592	570	344	240
600887	伊利股份	88	121	854	103	372
000650	仁和药业	797	335	491	48	25
000157	中联重科	82	29	779	147	229
002482	广田股份	533	581	1 767	1 013	1 346
600066	宇通客车	181	178	1 504	180	317
002353	杰瑞股份	1 209	523	619	681	507
600519	贵州茅台	133	23	7	22	8
002051	中工国际	308	311	1972	256	1 369
000799	酒鬼酒	811	283	44	55	36

总体来看，该基金过去两年半对前 10 重仓股的选取符合其招募说明书中既定的股票投资策略。但也要指出的是，该基金明显倾向于"主营业务收入"和"主

营业务利润"两项指标突出的股票，甚至也有个股所有指标表现都一般，如 2011 年年报所列示重仓持有的安琪酵母，2012 年半年报所列示重仓持有的广田股份。这说明该基金在选股时也存在一些偏差，本书前面已说过，研究人员可能基于较长期考虑，或者其他突出因素来进行选股。

（二）大盘成长风格型（股票型证券投资基金）

招募说明书所列个股投资策略摘录如下。

1. 品质筛选

筛选出在公司治理、财务及管理品质上符合基本品质要求的上市公司，构建备选股票池。主要筛选指标包括盈利能力（如 P/E、P/Cash Flow、P/FCF、P/S、P/EBIT 等）、经营效率（如 ROE、ROA、Return on operating assets 等）和财务状况（如 D/A、流动比率等）等。

为此，笔者根据其招募说明书中列示的具体量化指标，选取 ROE、ROA 两项指标进行对比分析，流动比率指标受行业及实际情况等多方面影响，并不是越大或越小越好，不能仅看其指标排名。因而，笔者并不是简单地对其进行排序，而是将其作为参考指标，结合实际情况和其绝对数值进行综合分析，如无特殊说明，则表示所分析股票该指标正常。

五粮液 2010 年一季度的 ROE 和 ROA 指标表现十分突出，前面已经介绍过白酒板块较高的投资价值。兴业银行、华东医药、国药股份、浦发银行和中国平安 2010 年一季度 ROE 指标排名也较为靠前（表 6-6）。

表 6-6　2010 年中报所列示重仓股及每只股票在 2010 年一季度的指标排名

股票代码	股票简称	ROE 1 856	ROA 1 886
601318	中国平安	264	Null
601601	中国太保	444	Null
000858	五粮液	46	17
000063	中兴通讯	1 378	1 232
002065	东华软件	402	334
601166	兴业银行	150	Null
601766	中国南车（中国中车）	847	985
000963	华东医药	131	214
600511	国药股份	162	253
600000	浦发银行	207	Null

五粮液依然在财务指标特别是 ROA 水平上保持良好发展态势。华兰生物 2010 年三季度 ROE 和 ROA 指标水平十分突出，甚至优于五粮液表现。金风科技在 2010

年三季度 ROE 指标上也表现十分优秀（表 6-7）。

表 6-7 **2010 年年报所列示重仓股及每只股票在 2010 年三季度的指标排名**

股票代码	股票简称	ROE 2 075	ROA 2 097
601318	中国平安	484	Null
600585	海螺水泥	655	517
002129	中环股份	1 572	1 452
000858	五粮液	147	57
600016	民生银行	445	Null
002024	苏宁电器	260	506
002007	华兰生物	91	15
002202	金风科技	70	300
600511	国药股份	122	275
600518	康美药业	648	447

贵州茅台在 2011 年一季度 ROE 和 ROA 指标上表现十分突出。海螺水泥、民生银行、中国神华、招商银行和兰花科创指标排名也较为靠前（表 6-8）。

表 6-8 **2011 年中报所列示重仓股及每只股票在 2011 年一季度的指标排名**

股票代码	股票简称	ROE 2 182	ROA 2 199
601318	中国平安	300	Null
600585	海螺水泥	191	116
600016	民生银行	223	Null
601088	中国神华	285	135
600519	贵州茅台	57	27
002129	中环股份	282	323
600036	招商银行	167	Null
600123	兰花科创	304	219
000651	格力电器	148	929
601166	兴业银行	254	Null

贵州茅台依然保持良好发展态势，业绩稳定突出。兰花科创、招商银行、中国神华、恒瑞医药、格力电器在 2011 年三季度的 ROE 和 ROA 指标排名也较为靠前，特别是恒瑞医药 ROA 表现十分突出（表 6-9）。

表 6-9 **2011 年年报所列示重仓股及每只股票在 2011 年三季度的指标排名**

股票代码	股票简称	ROE 2 325	ROA 2 338
600519	贵州茅台	45	18
601318	中国平安	478	Null

续表

股票代码	股票简称	ROE 2 325	ROA 2 338
600123	兰花科创	272	113
600406	国电南瑞	250	438
600036	招商银行	172	Null
000002	万科 A	982	1 847
601088	中国神华	276	167
600048	保利地产	565	1 707
600276	恒瑞医药	219	63
000651	格力电器	87	998

海康威视 2012 年季度的 ROA 指标表现十分突出，中国平安和格力电器在指标排名上也较为靠前（表 6-10）。

表 6-10　2012 年中报所列示重仓股及每只股票在 2012 年一季度的指标排名

股票代码	股票简称	ROE 2 398	ROA 2 404
601318	中国平安	253	Null
000002	万科 A	604	1 558
600030	中信证券	1 454	Null
600048	保利地产	1 101	1 691
002415	海康威视	207	88
600406	国电南瑞	687	1 040
000024	招商地产	805	1 218
000651	格力电器	134	807
002375	亚厦股份	395	658
600837	海通证券	695	Null

从选取的考察指标来看，该基金前 10 重仓股的选取整体上也符合其招募说明书中既定的投资策略。不过，仍然要指出的是，也出现了各方面指标排名都较为靠后的股票，如 2010 年半年报列示的中兴通讯、2010 年年报列示的中环股份、2011 年年报和 2012 年半年报列示的保利地产。这也在一定程度上表明，该基金对个股的选取存在一定程度上的偏差。

（三）大盘价值风格型（股票型证券投资基金）

招募说明书所列个股投资策略摘录如下。

1. 股票投资策略

1）自下而上精选个股策略

本基金认为股票的预期收益由价值因子和成长因子共同驱动。在个股精选过程中将精选指标分为"价值因子"和"成长因子",个股的价值指标和成长指标都经过行业、公司规模的调整,给予标准化评分。

2)动态优化策略

本基金基于对中国股票市场历史数据的统计研究,发现"价值因子"和"成长因子"在不同阶段对股票预期收益的驱动作用不尽相同,且某一因子的驱动作用具有短期趋势特征。通过跟踪近期价值因子与成长因子对股票预期收益驱动作用的发展趋势,确定当期个股"价值因子"和"成长因子"得分的权重,从而得出当期个股综合得分并进行排名。

本基金将重点投资得分排名靠前的股票,并结合本公司股票投资研究平台,对股票价格逐一评估,确定其是否具有投资价值。同时考虑个股对投资组合的边际风险贡献度、个股的流动性等因素,调整个股投资比例,实现组合优化。

笔者根据其招募说明书中所列"成长因子",参照其余基金所用指标,选取营业收入增长率、ROE 和净利润增长率三项指标对该基金半年报、年报所列前十重仓股进行对比分析。

山东黄金、兴业银行、潍柴动力和湖北宜化在 ROE 指标排名上较为靠前,并且潍柴动力在各指标上表现均十分优秀(表 6-11)。

表 6-11　2010 年中报所列示重仓股及每只股票在 2010 年一季度的指标排名

股票代码	股票简称	营业收入同比增长率 1 873	ROE 1 856	净利润同比增长率 1 668
600016	民生银行	632	326	671
600547	山东黄金	1 561	70	659
601166	兴业银行	612	150	833
000338	潍柴动力	114	26	174
600266	北京城建	1 817	233	1 427
000422	湖北宜化	1 174	114	242
600178	东安动力	508	782	Null
002022	科华生物	959	209	1 303
600068	葛洲坝	757	449	1 001
600553	太行水泥	Null	Null	Null

山东黄金、中金黄金、双鹭药业在 ROE 指标上排名较为靠前,辰州矿业在营业收入增长率指标上排名较为靠前(表 6-12)。

表 6-12　2010 年年报所列示重仓股及每只股票在 2010 年三季度的指标排名

股票代码	股票简称	营业收入同比增长率 2 062	ROE 2 075	净利润同比增长率 1 851
600547	山东黄金	347	64	755

续表

股票代码	股票简称	营业收入同比增长率 2 062	ROE 2 075	净利润同比增长率 1 851
600489	中金黄金	686	234	223
601857	中国石油	395	569	1 009
600016	民生银行	917	445	981
002038	双鹭药业	1 447	218	1 305
002154	报喜鸟	943	729	680
000911	南宁糖业	1 845	1 144	1 625
601166	兴业银行	511	235	806
002155	辰州矿业	198	828	354
600178	东安动力	1 645	1 360	1 320

山东黄金、老凤祥和西山煤电在 ROE 指标上表现突出,恒邦股份和西山煤电在营业收入增长率指标上排名靠前,中金黄金和辰州矿业也具备较高的 ROE 水平(表 6-13)。

表 6-13　2011 年中报所列示重仓股及每只股票在 2011 年一季度的指标排名

股票代码	股票简称	营业收入同比增长率 2 201	ROE 2 158	净利润同比增长率 2 225
600489	中金黄金	2 048	161	571
600547	山东黄金	751	25	549
601857	中国石油	578	378	1 237
002237	恒邦股份	73	264	259
600612	老凤祥	439	57	314
002155	辰州矿业	179	218	92
002154	报喜鸟	556	1 000	500
000911	南宁糖业	1 924	1 200	1 842
000983	西山煤电	109	79	1 167
600631	百联股份	Null	Null	Null

该季度基金偏好银行股,但从各项指标表现来看,只有招商银行和交通银行在 ROE 指标排名较为靠前(表 6-14)。

表 6-14　2011 年年报所列示重仓股及每只股票在 2011 年三季度的指标排名

股票代码	股票简称	营业收入同比增长率 2 328	ROE 2 307	净利润同比增长率 2 348
601857	中国石油	461	459	1 409
600036	招商银行	476	124	743
600015	华夏银行	534	321	650

续表

股票代码	股票简称	营业收入同比增长率 2 328	ROE 2 307	净利润同比增长率 2 348
600068	葛洲坝	476	403	860
600000	浦发银行	564	258	796
000002	万科 A	730	840	1 279
601328	交通银行	969	242	876
600048	保利地产	889	458	579
601009	南京银行	664	414	908
600655	豫园商城	346	331	764

三一重工在 2012 年一季度 ROE 水平上表现最为突出，这可能也是重仓持有该股票最有说服力的理由，中国平安 2012 年一季度 ROE 指标排名也较为靠前（表6-15 ）。

表6-15　2012 年中报所列示重仓股及每只股票在 2012 年一季度的指标排名

股票代码	股票简称	营业收入同比增长率 2 421	ROE 2 398	净利润同比增长率 2 229
601318	中国平安	860	253	988
601857	中国石油	833	339	962
600031	三一重工	1 319	12	1 030
600655	豫园商城	1 036	559	1 212
600837	海通证券	1 825	695	1 223
601628	中国人寿	1 711	528	1 450
600428	中远航运	856	1 993	1 910
600030	中信证券	2 234	1 454	1 530
000776	广发证券	1 376	832	1 111
601555	东吴证券	2 249	1 544	Null

该基金所持重仓股指标表现与前两只基金相比则有一定的差距，上述 5 阶段均有各项指标排名都较为靠后的股票，而且不止一只股票。（一）和（二）两家基金的分析表明，优秀的股票在一个或者多个指标上均有突出表现，这也能使基民认可基金经理对其的投资。基金（三）则出现较多指标排名均靠后的股票，这很可能表明该基金对个股的选取与其招募说明书中所列示的投资理念和投资策略均存在一定的偏差。

（四）大盘平衡风格型（股票型证券投资基金）

招募说明书所列个股投资策略摘录如下。

1. 定量分析

本基金在选择个股时充分利用上市公司的财务数据，从上市公司的盈利能力、成长能力、运营能力和负债水平等各个方面进行量化筛选。本基金采用的量化指标主要包括以下几类。

（1）盈利能力指标：主要包括净资产收益率、主营业务利润率、资产净利率和新项目的内部收益率。

（2）成长能力指标：主要包括长期主营业务收入增长率和长期利润增长率。

（3）运营能力指标：主要包括总资产周转率、存货周转率和应收账款周转率。

（4）负债水平指标：主要包括资产负债率、流动比率和速动比率。

在其他条件相同或类似时，本基金优选盈利能力、成长能力和运营能力指标较高而负债水平较低或合理的上市公司作为投资对象。

笔者根据其所列示财务指标，选取 ROE、ROA、营业收入增长率和净利润增长率四项指标分别反映盈利能力和成长能力，进行排序对比，分析所持重仓股其在上一阶段表现。负债能力指标，如流动比率、速动比率；运营能力指标，如总资产周转率、存货周转率等并不是越大或越小越好，不能仅看其指标排名。因而，笔者也将其作为参考指标，结合实际情况和其绝对数值进行综合分析，如无特殊说明，则表示所分析股票该指标正常。

从表 6-16 可以看出，最显著的是五粮液，隶属白酒板块，可以看出，净资产收益率 ROE 和总资产报酬率 ROA 均十分靠前，结合基金（一）和（二）的分析表明，白酒板块具有一定的投资价值，并引发基金经理的共同关注和青睐。（随着酒鬼酒塑化剂事件引发跌停，白酒板块可能受一定影响，但从当时情况来看，投资白酒板块个股是具备充分理由的）其次，中国太保净利润增长率十分突出，威孚高科营业收入增长率和净利润增长率也较为靠前，因此，这两只股票也具备投资理由。

表 6-16　2010 年中报所列示重仓股及每只股票在 2010 年一季度的指标排名

股票代码	股票简称	ROE 1 856	ROA 1 886	营业收入增长率 1 873	净利润增长率 1 668
601318	中国平安	264	Null	562	317
000063	中兴通讯	1 378	1 232	1 273	1 367
601601	中国太保	444	Null	492	54
600887	伊利股份	459	990	711	1 363
000858	五粮液	46	17	761	1 032
000513	丽珠集团	219	113	1 105	827
600963	岳阳纸业	1 184	1 308	813	163

股票代码	股票简称	ROE 1 856	ROA 1 886	营业收入增长率 1 873	净利润增长率 1 668
600000	浦发银行	207	Null	737	862
000917	电广传媒	1 526	1 006	326	1 607
000581	威孚高科	408	396	133	151

同五粮液一样，泸州老窖也属于白酒板块，更具备十分突出的 ROE 和 ROA 水平，具备较高的投资价值。此外，盐湖钾肥 ROW 和 ROA 同样十分靠前，并且，根据笔者的研究得出，盐湖钾肥（现已更名为盐湖股份）具备较高的投资潜力，现对其进行简要分析（表 6-17）。

表 6-17　2010 年年报所列示重仓股及每只股票在 2010 年三季度的指标排名

股票代码	股票简称	ROE 2 075	ROA 2 097	营业收入增长率 2 062	净利润增长率 1 581
000063	中兴通讯	1 045	1 325	1 589	1 279
601318	中国平安	484	Null	931	502
000568	泸州老窖	34	9	1 257	1 021
000513	丽珠集团	414	239	1 628	1 266
000792	盐湖钾肥	49	65	573	1 222
000001	深发展 A	Null	Null	Null	Null
000046	泛海建设	1 689	1 828	1 467	1 525
000069	华侨城 A	386	844	509	234
000860	顺鑫农业	767	1 258	1 571	668
600000	浦发银行	189	Null	683	776

全球钾盐年需求量持续递增，而供给较为不足，整体呈现供不应求局面，钾盐资源的控制成为钾肥价格的主要因素，供给控制权的争夺愈演愈烈。而中国是一个相对缺钾的国家，中国钾肥供给不足与耕地普遍缺钾之间的矛盾十分突出。虽然中国钾肥自给率不断提升，但当前国内钾肥仍主要依赖进口，导致价格一般由进口合同决定，国际钾肥价格由于产业正体现出集中度越来越高的趋势而上扬，这也意味着国内钾肥价格的提升。中国化肥行业上市公司主营业务为钾肥的主要是盐湖钾肥和盐湖集团（股票代码 000578）。笔者曾对这两家上市公司进行对比分析：就主营业务分布来看，盐湖钾肥相比盐湖集团更集中于钾盐市场，风险分析较为集中，易操作。就 ROE 来看，笔者曾对比 2009 年一季度至 2010 年二季度的 ROE 指标和净利率指标，发现同时期盐湖钾肥均比盐湖集团高。笔者分析认为从长期看盐湖钾肥投资价值比较高，并且，盐湖钾肥的每股收益呈现季节性波动，短期内应该 3 月之后开始持有。该基金在 2010 年二季度重仓持有盐湖钾肥，而不是盐湖集团，能够发现

该股票，并能够在适当时机持有，可见其个股分析能力是有较高水平的。

深发展 A、招商银行、浦发银行和华夏银行四只股票 2011 年一季度净资产收益率 ROE 指标排名较为靠前，可以作为持有的理由（表 6-18）。

表 6-18　2011 年中报所列示重仓股及每只股票在 2011 年一季度的指标排名

股票代码	股票简称	ROE 2 111	ROA 2 157	营业收入增长率 1 877	净利润增长率 1 591
000063	中兴通讯	1 609	1 689	1 147	1 182
601318	中国平安	245	1 421	408	632
000001	深发展 A	104	1 590	476	421
600036	招商银行	130	1 544	472	448
600000	浦发银行	269	1 627	465	459
000024	招商地产	557	1 053	1 050	791
000046	泛海建设	1 896	1 902	1 866	1 500
600015	华夏银行	283	1 715	617	605
600887	伊利股份	486	1 031	742	760
000568	泸州老窖	1 849	1 896	470	560

招商银行、浦发银行净资产收益率 ROE 排名较为靠前，通宝能源 2011 年三季度营业收入和净利润同比增长率两项指标表现十分突出，可作为持股理由（表 6-19）。

表 6-19　2011 年年报所列示重仓股及每只股票在 2011 年三季度的指标排名

股票代码	股票简称	ROE 2 278	ROA 2 330	营业收入增长率 2 047	净利润增长率 1 816
000063	中兴通讯	1 429	1 774	778	1 368
601318	中国平安	417	1 854	480	742
600036	招商银行	127	1 807	521	572
600015	华夏银行	456	1 963	493	494
000024	招商地产	486	961	679	430
000046	泛海建设	1 861	1 942	1 651	1 287
600000	浦发银行	265	1 899	490	612
600780	通宝能源	621	838	70	30
000629	攀钢钒钛	2 081	2 091	1 121	1 731
000002	万科 A	818	1 690	658	996

招商银行和浦发银行 2012 年一季度 ROE 水平较高，泛海建设 2012 年一季度营业收入同比增长率指标和攀钢钒钛、通宝能源 2012 年一季度净利润同比增长率指标十分突出（表 6-20）。

表6-20 2012年中报所列示重仓股及每只股票在2012年一季度的指标排名

股票代码	股票简称	ROE 2 398	ROA 2 404	营业收入增长率 2 421	净利润增长率 2 229
601318	中国平安	253	Null	860	988
000063	中兴通讯	1 648	1 851	646	324
600036	招商银行	92	Null	561	536
601668	中国建筑	531	1 211	784	624
000002	万科A	604	1 558	511	785
600015	华夏银行	368	Null	703	518
000046	泛海建设	2 016	2 022	55	348
000629	攀钢钒钛	384	451	2 384	58
600780	通宝能源	383	370	579	39
600000	浦发银行	190	Null	489	563

自2011年以来，该基金开始偏好银行股，可以看出，招商银行在三个季度的ROE均较为突出，2011年半年报所列示深发展A和2011年年报所列示浦发银行的ROE也较优秀，具备一定的投资价值。此外，根据前面的分析，银行股主营业务收入和主营业务利润指标在所有行业股票中具备突出优势，该基金可能也考虑这一因素。（2012年11月25日，南开大学中国公司治理研究院公布的《2012年度中国公司治理指数与评价报告》显示，行业分类表明，金融、保险业的公司治理指数仍然位居第一。对于有些看重公司治理因素的基金而言，重仓银行股可能也有这方面的考虑。）

仍然不可忽视的是，该基金每个阶段均持有各项指标排名均靠后的股票。例如，泛海建设，各项指标长期表现均较差，但该基金仍然长期持有，可能表明基金经理对该股票一些超出常规或者无法预料的判断。

（五）大盘平衡风格型（股票型证券投资基金）

招募说明书所列个股投资策略摘录如下。

基本面因子主要包括上市公司的盈利能力、现金流情况、财务杠杆水平及未来成长性等，如主营业务收入、毛利率、每股收益、总资产回报率、企业现金流和资产负债率等指标，上述因子反映了上市公司的当前价值和成长潜力。通过对上市公司大量财务数据的筛选和加工，基金管理人构建了比较完整的股票数据库，其中也包括市场对于上述主要指标的一致预期数据。

价值因子主要是指股票的绝对和相对估值水平。价值因子既包含上市公司基本面的信息，也包含股票价格的信息。对于不同行业的股票，该模型根据上市公司经营的特点和历史实证检验结果，采用不同的估值指标，如市盈率、市净率、市现率、市销率和EV/EBITDA等，挑选具有绝对或相对估值吸引力的股票。

笔者按照其招募说明书所列示相关指标，分别选取主营业务收入、毛利率、每股收益、ROA进行对比分析。企业现金流笔者主要参考销售收入现金率，与资产负债率同作为参考指标，不能简单加以排序对比，如无特殊说明，则表明所分析股票这两项指标正常。

中国平安、中国船舶在营业收入和每股收益上表现十分突出（2008年中国船舶每股收益在全部上市公司中仅次于贵州茅台和伊泰b股，2009年仅次于贵州茅台，具备很高的每股收益水平）。中国国贸毛利率和大秦铁路营业收入指标较为突出。首开股份、上海能源和中国重汽在每股收益上具备较为突出。并且根据作者对煤炭板块及其个股的已有研究，简要介绍煤炭板块和上海能源的投资价值（表6-21）。

表6-21 2010年中报所列示重仓股及每只股票在2010年一季度的指标排名

股票代码	股票简称	主营业务收入 2 212	毛利率 1 865	每股收益 1 905	ROA 1 886
601318	中国平安	12	Null	18	Null
600150	中国船舶	105	1 126	5	733
000728	国元证券	646	Null	474	Null
600376	首开股份	222	193	68	597
600508	上海能源	193	544	65	96
600270	外运发展	529	1 598	715	929
000951	中国重汽	101	1 567	59	677
600016	民生银行	52	Null	286	Null
600007	中国国贸	1 174	130	914	1 217
601006	大秦铁路	96	163	315	116

煤炭是中国的能源基石，是中国具有相对优势的能源，中国探明煤炭储量约占世界总量的12.6%，仅次于美国和俄罗斯，居世界第三位。但中国煤炭供应量远超过世界其他主要煤炭储存国，占世界煤炭供应总量的比重最大，并且中小煤矿数量过多，煤炭开采浪费资源、破坏环境现象严重，煤炭生产安全事故频发。由于过度不合理开采和消耗，中国煤炭可开采年限大幅降低，预计已不到50年。

"十二五"期间，国家明确要对煤炭行业进行整合，加强传统能源产业的发展，保证建设大型能源基地，努力发展煤电大型能源企业，减少中小煤矿，合理布局，提高煤炭生产效率，减少煤炭生产安全事故，降低环境污染。稳定东部、发展中部、开发西部，建设神东、晋北、晋中、晋东、陕北、黄陇（华亭）、鲁西、两淮、河南、云贵、蒙东（东北）、宁东等13个大型煤炭基地，形成10个亿吨级和10个5 000万吨级大型煤炭企业，煤炭行业整体发展将由分散走向整合乃至垄断。

而煤炭下游行业主要是钢铁业、有色金属冶炼业和石油化工业等，均发展迅猛、潜力巨大，对煤炭需求十分旺盛，这就导致中国煤炭整体呈现供不应求的局面，煤炭板块整体基本面将持续利好。并且，笔者一直以来关注煤炭板块，对煤炭上市公司的业绩做过系统对比分析，整体业绩较为优秀，在此不一一列举。除作者曾认可的伊泰 b 股（股票代码 900948）外，此处上海能源及后文介绍基金所持有的几只煤炭股票均与笔者曾经研究发现业绩良好、具备一定投资价值的股票相符，由此可知基金研究人员也是经过深入分析的。

笔者对上海能源进行研究发现，其销售净利率和净资产收益率两项指标在同行业企业中较为突出，并且其市盈率很低，存在一定的低估。笔者认为上海能源最突出的特点是其技术水平先进，较好的经营业绩得益于其先进的煤炭生产技术，并且可以发挥技术优势，抓住煤炭业整合的机遇，引领煤炭资源的高效利用，有兴趣的读者可以关注该股票。

中材国际、福田汽车、中国平安、中国太保、中集集团和潍柴动力在营业收入和每股收益指标上排名靠前，特别是潍柴动力 2010 年三季度每股收益在所有 A 股上市公司中排名第一位（表 6-22）。

表 6-22　2010 年年报所列示重仓股及每只股票在 2010 年三季度的指标排名

股票代码	股票简称	主营业务收入 2 341	毛利率 2 077	每股收益 2 121	ROA 2 097
600970	中材国际	119	1 622	56	753
000997	新大陆	1 328	500	1 445	1 164
600166	福田汽车	51	1 709	33	430
601318	中国平安	14	Null	25	Null
601601	中国太保	18	Null	388	Null
000758	中色股份	349	1 248	1 802	1 313
000039	中集集团	56	1 499	156	668
000338	潍柴动力	41	1 055	1	122
000897	津滨发展	550	1 432	1 729	1 496
002142	宁波银行	334	Null	219	Null

除中恒集团外，柳工、兴业银行、中国太保、苏宁电器、海螺水泥、中国平安和东方电气营业收入均突出，并且，除苏宁电器外，其余个股每股收益水平也很优秀。中恒集团虽然营业收入排名较为靠后，但毛利率和 ROA 指标较为突出。泸州老窖也属于白酒板块，ROA 指标最为优秀，每股收益和毛利率也十分突出，结合前面的分析再次表明，各基金所持有的各季度白酒板块个股均具有十分优良的业绩，这也说明了白酒板块个股较高的投资价值及基金分析人员对相关股票分析得出相同投资结论（表 6-23）。

表 6-23　2011 年中报所列示重仓股及每只股票在 2011 年一季度的指标排名

股票代码	股票简称	主营业务收入 2 424	毛利率 2 176	每股收益 2 226	ROA 2 199
000528	柳工	123	1 247	16	238
000568	泸州老窖	267	84	29	6
601166	兴业银行	71	Null	14	Null
601601	中国太保	16	Null	108	Null
002024	苏宁电器	35	1 404	535	332
600585	海螺水泥	90	493	36	116
601318	中国平安	12	Null	18	Null
600875	东方电气	97	1 269	174	1 459
600252	中恒集团	1 134	81	110	34
000758	中色股份	283	1 332	1 086	847

　　泸州老窖依然在各财务指标上保持良好业绩。柳工、伊利股份、东方电气、苏宁电器、万科 A、三一重工也是主营业务最为突出。此外，威孚高科和三一重工每股收益和 ROA 指标排名靠前，柳工和东方电气每股收益指标较为突出（表 6-24）。

表 6-24　2011 年年报所列示重仓股及每只股票在 2011 年三季度的指标排名

股票代码	股票简称	主营业务收入 2 482	毛利率 2 323	每股收益 2 368	ROA 2 338
000568	泸州老窖	321	97	51	17
000528	柳工	155	1 432	114	661
600887	伊利股份	94	880	176	445
600875	东方电气	90	1 348	107	1 628
002024	苏宁电器	35	1 500	570	498
600409	三友化工	253	1 371	465	431
600637	百事通	810	2 132	1 909	1 799
000002	万科 A	93	484	958	1 847
600031	三一重工	63	601	131	42
000581	威孚高科	390	1 054	45	142

注：股票代码 600637 股票简称应为"百视通"而非"百事通"，该基金年报中显示有误

　　2011 年三季度基金较为偏好银行股，北京银行、浦发银行、平安银行、兴业银行和主营保险业务的中国平安营业收入和每股收益指标上具备十分突出表现。张裕 A 也隶属白酒板块，同五粮液在各项指标毫无疑问十分突出，这也再次论证

了白酒板块个股的投资价值。三一重工、伊利股份在营业收入指标上表现突出，并且三一重工每股收益和 ROA 水平均十分靠前（表 6-25）。

表 6-25　2012 年中报所列示重仓股及每只股票在 2012 年一季度的指标排名

股票代码	股票简称	主营业务收入 2 432	毛利率 2 385	每股收益 2 441	ROA 2 404
601318	中国平安	10	Null	17	Null
601169	北京银行	124	Null	50	Null
600000	浦发银行	41	Null	63	Null
000001	平安银行	92	Null	23	Null
000869	张裕 A	315	64	4	11
601166	兴业银行	44	Null	18	Null
600739	辽宁成大	252	1 557	378	430
600031	三一重工	67	568	87	45
600887	伊利股份	88	854	201	372
000858	五粮液	106	91	14	10

可以说，该基金各阶段所持重仓股均在某一或几个指标上具有十分突出的优势表现，这在一定程度上表明该基金前 10 重仓股选取策略能够有效遵循其既定投资策略。但也需要指出，上述各只股票优势较多体现在"主营业务收入"这一指标排名上，表明基金经理过度关注该指标，可能有失全面考察，这样选取的个股业绩并非最优。

（六）大盘平衡风格型（股票型证券投资基金）

招募说明书所列个股投资策略摘录如下。

1. 价值股选股方法

1）低市盈率

基金管理人将对低 P／E 公司的低价因素进行合理分析，在低市盈率公司中找到基本面素质较好，股价暂时被低估的公司。这样有利于更好的控制投资风险、获取投资收益。

2. 成长股选股方法

投资成长类股票是分享中国证券市场成长的重要方法。基金管理人重点关注具有内涵式增长特点的企业。内涵式增长主要是来自企业的管理技能的可复制、技术积累和进步的程度、及公司抵抗风险持续生存的能力。

主营业务增长率、净资产收益率

一般说来，具备持续成长能力的公司具备两个重要特征：一是主营业务的持续成长；二是成长的动力主要来自于公司内部。

因此，本基金管理人主要应用两个定量指标在成长类股票中选择股票：主营业务增长率与净资产收益率。前者主要代表公司业务的持续成长能力，后者主要代表成长动力的内生性。

按照招募说明书明确列示的主营业务增长率和净资产收益率，对所列示前十重仓股进行对比分析，主营业务增长率以营业收入增长率指标表示。

除中兴通讯外，各股票净资产收益率排名均靠前，特别是盐湖钾肥、三一重工和贵州茅台，净资产收益率指标表现十分突出。在前面基金（四）的分析中已介绍过盐湖钾肥值得投资。在基金（五）的分析中也介绍过煤炭板块的投资价值，这里的潞安环能即属于煤炭板块（表6-26）。

表6-26　2010年中报所列示重仓股及每只股票在2010年一季度的指标排名

股票代码	股票简称	主营业务增长率 1 873	净资产收益率 1 856
601166	兴业银行	612	150
600519	贵州茅台	1 071	88
002024	苏宁电器	825	202
000792	盐湖钾肥	1 452	6
600000	浦发银行	737	207
000063	中兴通讯	1 273	1 378
600123	兰花科创	1 700	268
600031	三一重工	170	38
000157	中联重科	373	134
601699	潞安环能	1 606	129

盐湖钾肥和贵州茅台2010年三季度净资产收益率指标表现仍然十分优秀，此外，潞安环能、中恒集团、兰花科创和浦发银行等股票也较为靠前（表6-27）。

表6-27　2010年年报所列示重仓股及每只股票在2010年三季度的指标排名

股票代码	股票简称	主营业务增长率 2 062	净资产收益率 2 075
000792	盐湖钾肥	573	49
600519	贵州茅台	1 164	86
601166	兴业银行	511	235
601699	潞安环能	1 562	126
002024	苏宁电器	845	260
600123	兰花科创	1 567	296
002422	科伦药业	1 092	618

续表

股票代码	股票简称	主营业务增长率 2 062	净资产收益率 2 075
600252	中恒集团	1 350	181
000063	中兴通讯	1 589	1 045
600000	浦发银行	683	189

贵州茅台、盐湖股份、泸州老窖和中恒集团2011年一季度净资产收益率指标表现十分突出，潞安环能、海螺水泥、苏宁电器和兰花科创也较为靠前（表6-28）。

表6-28　2011年中报所列示重仓股及每只股票在2011年一季度的指标排名

股票代码	股票简称	主营业务增长率 2 201	净资产收益率 2 182
601699	潞安环能	1 181	117
600519	贵州茅台	597	57
000792	盐湖股份	1 973	63
601166	兴业银行	1 121	254
002024	苏宁电器	1 045	204
000568	泸州老窖	527	23
600123	兰花科创	551	304
600252	中恒集团	153	22
600585	海螺水泥	392	191
002422	科伦药业	763	975

贵州茅台、泸州老窖、盐湖股份和中恒集团2011年三季度净资产收益率排名十分考前，其他各只股票如潞安环能表现也较为优秀（表6-29）。

表6-29　2011年年报所列示重仓股及每只股票在2011年三季度的指标排名

股票代码	股票简称	主营业务增长率 2 328	净资产收益率 2 325
600519	贵州茅台	399	45
601699	潞安环能	1380	134
000568	泸州老窖	361	33
600123	兰花科创	659	272
601166	兴业银行	786	195
000792	盐湖股份	1 322	75
002422	科伦药业	818	754
600252	中恒集团	85	94
600309	烟台万华	268	107
002024	苏宁电器	946	248

贵州茅台、泸州老窖和中恒集团 2012 年一季度净资产收益率指标表现十分突出，其他股票如潞安环能和兰花科创等排名也较为靠前（表 6-30）。

表 6-30   2012 年中报所列示重仓股及每只股票在 2012 年一季度的指标排名

股票代码	股票简称	主营业务增长率 2 421	净资产收益率 2 398
600519	贵州茅台	319	22
000568	泸州老窖	226	6
601699	潞安环能	1 255	129
600123	兰花科创	693	118
000651	格力电器	892	134
000792	盐湖股份	1 887	385
002422	科伦药业	939	774
600309	烟台万华	1 403	135
600252	中恒集团	2 038	37
002375	亚厦股份	253	395

以上分析表明，该基金各季度前 10 重仓股的选取主要看重个股净资产收益率在上一季度的表现，对主营业务增长率这一指标关注较少，总体而言，符合其既定的投资策略，但可能也存在一定程度上的不足。此外，该基金较为偏好煤炭股，如长期持有潞安环能和兰花科创，在对基金（五）的分析中已简要介绍煤炭板块的投资价值。兰花科创也是煤炭板块中比较受关注的一只股票。其具有很高的每股收益，销售净利率也在同行业中保持较高水平。该公司经营稳定，业绩逐年提升，并且地处全国最大的煤田—沁水煤田基地，煤炭储量充足。笔者研究对比得出该公司业绩在同行业中较高，并且稳步增长，具备较高的投资价值。

（七）大盘平衡风格型（股票型证券投资基金）

招募说明书所列个股投资策略摘录如下。

本基金管理人运用五大竞争优势综合评估系统，通过价值分析和实地调研，以主营业务收入增幅、净利润增幅、净资产收益率 ROE、市盈率相对盈利增长比率 PEG、每股经营现金流、市盈率 PE、市净率 PB、股息率 PD 和自由现金流贴现 DCF 等指标筛选的内在价值、相对价值，选择有高成长性又具备适当合理价值性的股票，构建投资组合。

根据招募说明书要求，笔者以营业收入增长率代表主营业务收入增幅，以净利润增长率表示净利润增幅，连同 ROE 共三项指标进行对比分析。具体结果如表 6-31 所示。

包钢稀土营业收入增长率表现突出，并且 ROE 指标排名也较高，该股一直备受投资者关注。中国太保 2010 年一季度净利润增长率表现十分突出，人福医药净利润增长率和兖州煤业 2010 年一季度 ROE 水平较高（表 6-31）。

表 6-31   2010 年中报所列示重仓股及每只股票在 2010 年一季度的指标排名

股票代码	股票简称	营业收入增长率 1 873	净利润增长率 1 668	ROE 1 856
600298	安琪酵母	767	594	260
600256	广汇股份	745	1 006	357
002249	大洋电机	888	1 375	425
600897	厦门空港	1 448	1 002	318
601601	中国太保	492	54	444
002123	荣信股份	568	645	401
600111	包钢稀土	98	257	124
600079	人福医药	409	154	756
600188	兖州煤业	452	385	130
600406	国电南瑞	908	212	544

注："广汇股份"股票简称现已更名为"广汇能源"

中鼎股份 2010 年三季度 ROE 水平和营业收入增长率排名均靠前。碧水源 2010 年一季度营业收增长率和国电南瑞 2010 年三季度 ROE 指标均较好（表 6-32）。

表 6-32   2010 年年报所列示重仓股及每只股票在 2010 年三季度的指标排名

股票代码	股票简称	营业收入增长率 2 062	净利润增长率 1 851	ROE 2 075
000887	中鼎股份	119	505	81
600395	盘江股份	1 191	750	251
000826	桑德环境	795	922	523
600557	康缘药业	669	1 124	493
002123	荣信股份	391	905	483
300070	碧水源	195	Null	1 479
600048	保利地产	424	851	827
600139	西部资源	1 620	1 306	487
000837	秦川发展	988	1 215	907
600406	国电南瑞	688	468	152

海螺水泥 2011 年一季度净利润增长率和 ROE 指标排名均较为靠前，中鼎股份 2011 年一季度 ROE 指标排名靠前，皖维高新 2011 年一季度净利润增长率指标排名较为靠前（表 6-33）。

表 6-33　2011 年中报所列示重仓股及每只股票在 2011 年一季度的指标排名

股票代码	股票简称	营业收入增长率 2 201	净利润增长率 1 936	ROE 2 182
600585	海螺水泥	392	181	191
600048	保利地产	1 957	852	836
600395	盘江股份	410	760	173
300070	碧水源	547	644	1 837
000877	天山股份	446	416	1 932
000002	万科 A	1 649	1 081	722
000530	大冷股份	594	710	1 558
000887	中鼎股份	796	884	97
000961	中南建设	596	1 101	401
600063	皖维高新	368	142	1 319

中鼎股份、招商银行 2011 年三季度 ROE 指标排名较为靠前（表 6-34）。

表 6-34　2011 年年报所列示重仓股及每只股票在 2011 年三季度的指标排名

股票代码	股票简称	营业收入增长率 2 328	净利润增长率 2 164	ROE 2 325
601009	南京银行	664	860	504
000671	阳光城	1 854	1 849	1 305
000887	中鼎股份	1 293	1 141	127
002096	南岭民爆	1 580	1 093	344
600030	中信证券	2 217	1 547	1 492
300020	银江股份	512	667	1 016
600048	保利地产	889	586	565
601628	中国人寿	1 851	1 713	853
600837	海通证券	1 884	1 341	1 270
600036	招商银行	576	720	172

中国平安 2012 年一季度 ROE 水平排名靠前（表 6-35）。

表 6-35　2012 年中报所列示重仓股及每只股票在 2012 年一季度的指标排名

股票代码	股票简称	营业收入增长率 2 421	净利润增长率 2 229	ROE 2 398
000671	阳光城	1 883	1 369	1 717
002096	南岭民爆	1 852	1 841	884
000562	宏源证券	1 076	1 323	341
600837	海通证券	1 825	1 223	695
601318	中国平安	860	988	253
600048	保利地产	398	1 382	1 101
002037	久联发展	583	1 338	908

股票代码	股票简称	营业收入增长率 2 421	净利润增长率 2 229	ROE 2 398
002285	世联地产	2 098	1 955	2 118
600426	华鲁恒升	1 553	1 411	1 079
600588	用友软件	1 423	1 545	2 167

上述分析表明,该基金各阶段前 10 重仓股各项考察指标在上一季度表现总体上并不突出。可以看出,各阶段均持有各项指标排名较为靠后的指标,这显然难以使基民认可。整体而言,该基金个股的选取并不能有效遵循其招募说明书所列示的既定投资策略。

(八)中盘成长风格型(股票型证券投资基金)

招募说明书所列个股投资策略摘录如下。

2.股票投资策略

1)股票选择过程

本基金的股票资产投资主要以具有较好的成长性和基本面良好的中小盘股票为投资对象,采取自下而上、三重过滤的精选个股策略。首先,通过对股票的流通市值进行排序,构成中小盘上市公司股票池;其次,利用"成长因子"筛选出具有成长性的上市公司,构成具有成长优势的中小盘股票池;最后,通过相对价值评估以及实地调研,选择价值被低估上市公司,形成优化的股票投资组合。

2)成长型股票筛选

本基金对中小盘股票池的股票的成长性筛选采用"成长因子",主要包括销售收入增长率、净利润增长率、总资产增长率和净资产收益率增长率等,对上市公司进行成长性评价,分析和预测企业未来的成长性,剔除不符合本基金投资要求的股票,筛选出近期成长性高的股票,形成二级股票备选池。

按招募说明书所列示"成长因子"指标,选取营业收入增长率、净利润增长率、总资产增长率和 ROE 增长率进行排序分析,具体结果如后文所示。

东凌粮油总资产增长率和 ROE 增长率十分突出,净利润增长率也具有较高水平。福耀玻璃和美的电器净利润增长率较为靠前,铁龙物流营业收入增长率较高,这三只股票具备充分的选股理由(表 6-36)。

表 6-36　2010 年中报所列示重仓股及每只股票在 2010 年一季度的指标排名

股票代码	股票简称	营业收入增长率 1 873	净利润增长率 1 668	总资产增长率 1 617	ROE 增长率 1 544
600660	福耀玻璃	389	201	1 153	246
600036	招商银行	849	842	506	1 054

续表

股票代码	股票简称	营业收入增长率 1 873	净利润增长率 1 668	总资产增长率 1 617	ROE 增长率 1 544
600060	海信电器	530	554	138	1 075
601318	中国平安	562	317	312	306
000893	东凌粮油	1 470	144	55	97
000527	美的电器	316	248	171	577
600887	伊利股份	711	1 363	630	1 127
600202	哈空调	1 705	1 425	543	1 275
002249	大洋电机	888	1 375	563	1 202
600125	铁龙物流	163	711	695	640

东凌粮油 2010 年三季度 ROE 增长率在所有 1 703 只股票中排名第一，并且净利润增长率和总资产增长率仍十分突出，因而十分适合继续持有。蓝色光标和星辉车模总资产增长率十分靠前，因而具备持有价值（表 6-37）。

表 6-37　2010 年年报所列示重仓股及每只股票在 2010 年三季度的指标排名

股票代码	股票简称	营业收入增长率 2 062	净利润增长率 1 851	总资产增长率 1 773	ROE 增长率 1 703
600660	福耀玻璃	486	362	903	446
600970	中材国际	584	644	1 292	616
300058	蓝色光标	769	854	33	1 474
600535	天士力	1 243	807	1 221	600
002092	中泰化学	1 309	115	636	492
002050	三花股份	459	619	264	667
000893	东凌粮油	1 929	66	78	1
600547	山东黄金	347	755	653	757
300043	星辉车模	682	808	22	1 566
600141	兴发集团	557	688	217	945

星辉车模净利润增长率、软控股份营业收入增长率和三花股份总资产增长率 2011 年一季度较为靠前，可以作为持股理由（表 6-38）。

表 6-38　2011 年中报所列示重仓股及每只股票在 2011 年一季度的指标排名

股票代码	股票简称	营业收入增长率 2 201	净利润增长率 2 225	总资产增长率 1 916	ROE 增长率 1 853
600660	福耀玻璃	921	1 575	635	1 180
300058	蓝色光标	567	546	1 237	393
002050	三花股份	438	779	222	1 301
600132	重庆啤酒	1 746	1 535	1 453	1 165

股票代码	股票简称	营业收入增长率 2 201	净利润增长率 2 225	总资产增长率 1 916	ROE 增长率 1 853
002140	东华科技	1 721	634	1 162	1 217
002073	软控股份	213	857	363	687
000656	金科股份	318	2 070	1 478	1 700
300043	星辉车模	312	121	1 209	496
600970	中材国际	1 178	1 115	1 729	1 250
600036	招商银行	522	663	803	599

蓝色光标 2011 年三季度营业收入增长率十分靠前,汤臣倍健总资产增长率和营业收入增长率十分突出,国机汽车 ROE 增长率和软控股份营业收入增长率较为靠前(表 6-39)。

表 6-39 2011 年年报所列示重仓股及每只股票在 2011 年三季度的指标排名

股票代码	股票简称	营业收入增长率 2 328	净利润增长率 2 348	总资产增长率 2 129	ROE 增长率 2 070
300058	蓝色光标	46	438	495	351
600660	福耀玻璃	1 290	1 671	844	1 269
002073	软控股份	152	1 044	312	1 004
300043	星辉车模	551	405	1 053	462
002140	东华科技	733	642	323	700
002050	三花股份	417	1 030	470	1 456
600335	国机汽车	163	184	336	93
300257	开山股份	845	696	Null	Null
300253	卫宁软件	278	552	Null	Null
300146	汤臣倍健	95	302	17	1 851

蓝色光标营业收入增长率十分突出,国机汽车净利润增长率、总资产增长率、ROE 增长率均具有很高水平,康美药业营业收入增长率和唐人神 ROE 增长率也较为靠前(表 6-40)。

表 6-40 2012 年中报所列示重仓股及每只股票在 2012 年一季度的指标排名

股票代码	股票简称	营业收入增长率 2 421	净利润增长率 2 229	总资产增长率 2 233	ROE 增长率 2 173
300058	蓝色光标	28	217	187	204
600660	福耀玻璃	1 486	1 162	1 593	1 323
300043	星辉车模	516	430	461	472
600335	国机汽车	992	33	18	84
002140	东华科技	982	561	191	702

续表

股票代码	股票简称	营业收入增长率 2 421	净利润增长率 2 229	总资产增长率 2 233	ROE 增长率 2 173
002567	唐人神	328	469	2 142	197
002662	京威股份	424	Null	Null	Null
000338	潍柴动力	2 186	1 614	1 525	1 575
600518	康美药业	102	298	422	260
002430	杭氧股份	783	1 199	734	1 153

该基金各阶段所持前 10 重仓股中均有一定数量的股票具备较为突出的财务指标，但同时也有若干股票各项考察指标排名均较为靠后，如 2010 年半年报所持有哈空调。这在一定程度上表明该基金在个股选取上能遵循其招募说明书中所规定的既定投资策略，但也存在一些不足。

（九）中盘价值风格型（股票型证券投资基金）

招募说明书所列个股投资策略摘录如下。

1. 财务分析

从资产流动性、经营效率和盈利能力等方面分析公司的财务状况及变化趋势，考察企业持续发展能力，并力图通过公司财务报表相关项目的关联关系，剔除存在重大陷阱或财务危机的公司。本基金重点关注那些财务稳健、盈利能力强、经营效率高尤其是权益资本回报率高、风险管理能力强的企业。

2. 投资吸引力评估

本基金将采用市盈率、市净率、市现率和市销率等相对估值指标，净资产收益率、销售收入增长率等盈利指标、增长性指标及其他指标对公司进行多方面的综合评估。在综合评估的基础上，确定本基金的重点备选投资对象。对每一只备选投资股票，采用现金流折现模型（DCF 模型、DDM 模型等）等方法评估公司股票的合理内在价值，同时结合股票的市场价格，选择安全边际高、最具有投资吸引力的股票构建投资组合。

笔者根据招募说明书所列示指标，选取 ROE、营业收入增长率进行对比分析。需要指出的是，该中盘价值风格型基金成立时间较晚，只有 2011 年年报和 2012 年半年报，故具体结果如表 6-41 和表 6-42 所示。

表 6-41　2011 年年报所列示重仓股及每只股票在 2011 年三季度的指标排名

股票代码	股票简称	ROE 2 325	销售收入增长率 2 328
000566	海南海药	303	1 284
000759	中百集团	1 045	1 292
600310	桂东电力	1 253	1 663

续表

股票代码	股票简称	ROE 2 325	销售收入增长率 2 328
002266	浙富股份	962	1 133
002273	水晶光电	234	548
300257	开山股份	409	845
601928	凤凰传媒	Null	Null
300275	梅安森	49	359
002020	京新药业	986	1 332
002611	东方精工	473	701

表 6-42　2012 年中报所列示重仓股及每只股票在 2012 年一季度的指标排名

股票代码	股票简称	ROE 2 398	销售收入增长率 2 421
002273	水晶光电	1 425	1 362
601633	长城汽车	112	602
002311	海大集团	1 930	198
601318	中国平安	253	860
600340	华夏幸福	1 679	5
600141	兴发集团	413	230
601117	中国化学	569	452
002155	辰州矿业	176	439
000979	中弘股份	139	2 017
600549	厦门钨业	467	1 062

梅安森 2013 年三季度 ROE 指标表现十分突出，水晶光电 2012 年三季度和海南海药 2011 年三季度 ROE 水平也较高。

华夏幸福 2012 年一季度销售收入增长率指标十分显著，在 2 421 家上市公司中排名第 5 位，海大集团和兴发集团 2012 年一季度该指标也较高。长城汽车、中弘股份和辰州矿业 2012 年一季度 ROE 水平也较高。

从所分析的两项指标来看，该基金在两阶段均有个股在一项指标中表现较为突出，表明基金经理选股时的分析研究。但也有个股在两项指标上排名均较为靠后，这就很难具有说服力，因而可以理解为一定程度上为有效遵循其既定投资策略。

（十）中盘平衡风格型（股票型证券投资基金）

招募说明书所列个股投资策略摘录如下。

1. 股票精选策略

本基金通过泰信股票蓝筹精选分析系统、股票价值评估系统和尽职调研评估系统，结合定量分析和定性分析，精选出具有核心竞争优势、在其所属

　　行业内占有领先地位、业绩稳定增长、分红稳定的优质蓝筹公司进行投资。

　　定量分析包括行业地位、资产负债结构、盈利能力、增长潜力、分红能力和市场估值六个方面,具体包括市值排名、净资产收益率、主营业务增长率、净利润增长率、资产负债率和分红稳定率等指标。

　　根据招募说明书所列示指标,选取 ROE、营业收入增长率和净利润增长率三项指标进行排序分析。而对于分红的分析,只能将其作为参考指标,观察所分析上市公司的分红历史即可。

　　中鼎股份、华北制药 ROE 水平十分突出,特别是华北制药,不仅 2010 年一季度 ROE 指标排名十分靠前,而且净利润增长率也较快。此外,联创光电净利润增长率和中鼎股份营业利润增长率也较快(表 6-43)。

表 6-43　2010 年中报所列示重仓股及每只股票在 2010 年一季度的指标排名

股票代码	股票简称	ROE 1 856	营业收入增长率 1 873	净利润增长率 1 668
000887	中鼎股份	79	119	266
000566	海南海药	273	1 526	1 334
600405	动力源	1 379	1 289	988
600363	联创光电	711	1 396	135
600690	青岛海尔	282	595	422
002422	科伦药业	212	1 014	847
600812	华北制药	12	594	208
000410	沈阳机床	772	353	282
002384	东山精密	303	396	Null
002104	恒宝股份	574	1 290	1 088

　　中鼎股份依然保持较高的 ROE 水平,国电南瑞 2010 年三季度 ROE 指标排名也较为靠前。此外,澳洋顺昌营业收入增长率和净利润增长率,以及精功科技净利润增长率也较快(表 6-44)。

表 6-44　2010 年年报所列示重仓股及每只股票在 2010 年三季度的指标排名

股票代码	股票简称	ROE 2 075	营业收入增长率 2 062	净利润增长率 1 851
000887	中鼎股份	81	119	505
002455	百川股份	695	342	Null
000566	海南海药	928	1 733	1610
002245	澳洋顺昌	466	175	156
002247	帝龙新材	1 138	421	1 292

续表

股票代码	股票简称	ROE 2 075	营业收入增长率 2 062	净利润增长率 1 851
600388	龙净环保	861	1 864	1 440
600406	国电南瑞	152	688	468
000903	云内动力	1 649	1 891	1 426
000969	安泰科技	1 263	1 406	1 007
002006	精功科技	1 119	466	178

恒瑞医药2011年一季度ROE指标较高，科士达营业收入增长率较快（表6-45）。

表6-45　2011年中报所列示重仓股及每只股票在2011年一季度的指标排名

股票代码	股票简称	ROE 2 182	营业收入增长率 2 201	净利润增长率 1 936
002455	百川股份	715	1 426	Null
600893	航空动力	1 489	848	753
600482	风帆股份	1 311	789	1 316
600276	恒瑞医药	127	1 205	870
002008	大族激光	708	749	529
600837	海通证券	740	1 186	929
600475	华光股份	775	978	1 349
002518	科士达	1 169	321	Null
600416	湘电股份	1 225	764	1 028
000727	华东科技	2 078	1 325	711

盘江股份2011年三季度ROE指标排名较高，云天化营业收入增长率较快（表6-46）。

表6-46　2011年年报所列示重仓股及每只股票在2011年三季度的指标排名

股票代码	股票简称	ROE 2 325	营业收入增长率 2 328	净利润增长率 2 164
002298	鑫龙电器	666	430	391
002049	晶源电子	1 265	2 193	1 651
600106	重庆路桥	351	2 114	882
601798	蓝科高新	834	1 588	Null
000002	万科A	982	730	1 072
600395	盘江股份	176	613	821

续表

股票代码	股票简称	ROE 2 325	营业收入增长率 2 328	净利润增长率 2 164
601601	中国太保	800	1 310	912
600096	云天化	1 720	339	1 411
002179	中航光电	570	691	914
600312	平高电气	2 170	443	796

注："晶源电子"股票简称现已更名为"同方国芯"

　　民生银行和冀中能源 2012 年一季度 ROE 指标排名靠前，并且民生银行 2012 年一季度营业收入增长率较快。虽然株冶集团 2012 年一季度 ROE 和营业收入增长率表现并不优秀，但 2012 年一季度净利润增长率则较快。笔者曾经对稀有金属铟的研究过程中发现，株冶集团具有一定的投资价值（表 6-47）。

表 6-47　2012 年中报所列示重仓股及每只股票在 2012 年一季度的指标排名

股票代码	股票简称	ROE 2 398	营业收入增长率 2 421	净利润增长率 2 229
601928	凤凰传媒	452	776	Null
002049	晶源电子（同方国芯）	1 245	2 102	1 624
000059	辽通化工	711	1 097	1 708
000797	中国武夷	1 067	622	980
002428	云南锗业	1 356	1 696	1 164
600961	株冶集团	1 977	2 151	258
000960	锡业股份	1 576	1 915	1 819
000667	名流置业	1 700	2 268	1 733
000937	冀中能源	165	2 018	1 113
600016	民生银行	90	298	378

　　铟的全球储量约为 1.61.9 万吨，为黄金地质储量的 1/6。中国储量为 1.3 万吨，约占全球储量的 75%。铟的供应主要分为原生铟和回收铟。原生铟的全球第一大供应国是中国，产量占全球 60% 以上，其次是韩国、加拿大和日本。以中国为代表的铟资源国对铟实现战略储备和出口配额，铟的供给将进一步收紧。随着科技的进步，各方面对铟的需求都越来越高。平板显示面板对铟的消费达 70%，随着平板电脑及智能手机市场的快速成长，触控面板的铟需求占比有望进一步提升。从铟的稀缺性、供需方面及上涨空间综合来看，铟价总体趋势将持续走高。在国际铟价不断走高的情况下，中国作为铟的生产大国及出口大国，很占优势。目前 A 股上市公司中与铟相关上市公司主要为铅锌矿冶炼公司。国内铅锌冶炼龙头株冶集团，也被定位为全球铟业龙头，其单位股本铟生产量在同行业企业中很高，

高于锌业股份、中金岭南和罗平锌电等，但可惜的是铟并不是公司的主营业务，可以说铟价的上涨对公司的业绩影响微乎其微。而且根据笔者的分析，该公司股票价格并未被明显高估或低估，也这也说明了为何其只有上季度净利润增长率指标较为突出，另两项指标则较为靠后。但株冶集团的铟概念具有较高投资价值。在其价格下降时还是可以投资的，但权重不宜过大。

对该基金五个阶段前10重仓股的对比分析表明，虽然每个阶段均有股票在所分析考察指标上具有一定的优势表现，但每个阶段均持有不止一只各项指标排名都较为靠后的股票，如2012年半年报所列示云南锗业、锡业股份和名流置业等。这在一定程度上表明，该基金在个股的投资决策上并为有效遵循其既定的投资策略。

（十一）小盘平衡风格型（股票型证券投资基金）

招募说明书所列个股投资策略摘录如下。

1. 公司资质定量识别

资质优良是构建本基金投资组合的必要条件。优质的上市公司，既可以分享中国经济的快速成长，也可以在经济周期下行时具备更强的抵御能力，是攻守兼备的投资前提。

本基金主要基于对上市公司财务数据的分析，定量识别能够评价上市公司资质的各类因子。这些因子包括但不限于：产品竞争力类（应收账款、应付账款和毛利率等），资产收入质量类（资产现金率、销售现金收入等），盈利能力类（资产报酬率、资本回报率和权益税前报酬率等），以及管理能力类（资产周转率、存货周转率和三费周转率等）。

在实证检验的基础上，本基金根据不同行业所属的周期性质、盈利模式和产业结构等特性，选取相应的行业优化资质评价因子，在行业内进行打分排序，挑选出各类因子综合排序前三分之一的股票，构成优质公司初选池。本基金将根据上市公司年度财务数据，按照该模型和流程，定期对上市公司进行筛选和排序，从而调整和优化股票组合。

根据招募说明书所列示指标，选取毛利率、ROA和ROE三项指标进行量化对比分析。销售现金收入率和存货周转率等指标作为参考指标，不能简单加以排序，要结合实际情况综合考虑，如无特殊说明，表明所分析股票这几种指标正常。同样需要指出的是，该小盘平衡型基金，由于成立时间较晚，也只有2011年年报和2012年半年报数据。具体分析结果如表6-48和表6-49所示。

表 6-48　2011 年年报所列示重仓股及每只股票在 2011 年三季度的指标排名

股票代码	股票简称	毛利率 2 323	ROA 2 338	ROE 2 325
300154	瑞凌股份	986	1 160	1 239
300141	和顺电气	699	1 138	1 467
300118	东方日升	1 554	1 233	1 533
000418	小天鹅 A	1 653	835	444
002449	国星光电	1 253	1 325	1 607
002434	万里扬	1 234	1 544	1 582
000732	嘉禾集团	351	2 019	1 661
002435	长江润发	1 993	1 185	1 393
300129	泰胜风能	1 682	1 735	1 765
000959	首钢股份	2 291	2 074	1 926

表 6-49　2012 年中报所列示重仓股及每只股票在 2012 年一季度的指标排名

股票代码	股票简称	毛利率 2 385	ROA 2 404	ROE 2 398
002550	千红制药	628	1 045	1 027
601607	上海医药	1 777	668	641
000965	天保基建	1 234	1 603	1 456
600827	友谊股份	1 299	646	337
600029	南方航空	1 757	1 582	1 455
600361	华联综超	1 350	1 637	1 594
002463	沪电股份	1 340	660	843
601857	中国石油	951	297	339
600409	三友化工	1 817	1 525	1 889
600018	上港集团	655	570	841

嘉禾集团销售现金收入率指标表现最为突出，符合其招募说明书中列示的资产收入质量类这一评价上市公司资质的因子（表 6-48）。

友谊股份和中国石油的 ROE 指标，中国石油的 ROA 指标表现较好。

与 J 基金类似，K 基金每个阶段均重仓持有不止一只各项指标排名均较为靠后的个股，这显然不能说服基民，并且与其招募说明书中所强调的各项考察因素有所偏差，整体而言并未有效遵守其既定投资策略。

以上分析表明，有些基金前十重仓股的选取总体上符合基金招募说明书列示的既定投资策略，有些个股与作者分析得出的有投资价值的股票及其吻合，说明基金管理公司分析人员具备较高的专业能力，并且经过认真深入的分析的。但同时也反映出一些问题，并且有些基金前十重仓股的选取并不能有效遵循其既定投资策略。

从各项指标来看，也有少数个股选取似乎并不符合其既定的投资策略中所列示的具体量化指标要求。例如，过度依赖某个指标，偏好营业收入和营业利润表现突出的股票，个别股票的各项指标排名均较为靠后。此外，有少数基金整体而言并不能有效遵循其既定投资策略，所持重仓股各项考察的指标在上一季度的表现均靠后，一定程度上反映出其个股选取时出现的偏差。这说明基金经理在选股时需进行一定的管理恶化约束，若不是经过深入细致的分析而选取具备投资价值的个股重仓持有，将不能保证取得较高的收益，这将损害基民的利益，违背信托责任。若出现更严重的"老鼠仓"行为，则不仅侵蚀基金业绩，而且违法乱纪，严重扰乱证券市场秩序，这些需要从源头上加强管理，特别是加强基金管理公司投资组合管理的监管，提升个股选择的水平，基金管理公司自身需要扮演重要角色。

第二节　基于跟踪基金重仓股的投资策略设计

基于上述分析，下面进一步通过历史数据来分析当前中国股票型基金业绩表现，并可将其视为适用散户进行投资的一种尝试。具体研究方法为：选取以上所分析基金样本中基金持有较为频繁、持有时期较长、并且具有一定投资价值的股票。分别为东阿阿胶（000423）、潍柴动力（000338）、山东黄金（600547）、万科A（000002）、贵州茅台（600519）、包钢稀土（600111）和兰花科创（600123），其中符合条件的还有中国平安和盐湖钾肥，但由于数据缺失较为严重，故选取基金持有并不常见、但基本面较好的包钢稀土代替。

从 CSMAR（国泰安）数据库下载以上 7 只股票 2010 年 1 月 1 日到 2012 年 6 月 30 日周回报率数据，以半年为一时间段，共分为五个时间段。基于第一阶段至第四阶段数据分别构造该阶段投资组合，并绘制出有效边界，在投资组合有效边界上取其中三组权重代表 7 只股票最优投资比例。从第一阶段选取的投资组合权重开始，以下一阶段周回报率数据代入计算各周回报率，即第一阶段确定的 7 只股票投资组合权重用第二阶段数据代入计算，第二阶段确定的 7 只股票投资组合权重用第三阶段数据代入，第三阶段确定的 7 只股票投资组合权重用第四阶段数据带入，直至第四阶段确定的投资组合权重用第五阶段数据代入计算。

选取沪深 300 指数（沪市 000300，深市 399300）代表大盘整体表现，从第二阶段起，对各阶段 7 只股票 3 组不同投资组合权重，分别与沪深 300 该阶段周回报率进行成对双样本的均值 t 检验，以观察基于 7 只股票构造投资组合的策略所取得的收益能否跑赢大盘。若能够获取高收益，则广大股民可以此为一种新的投资策略，即密切跟踪基金所较长时间持有的前十重仓股进行投资，这样不仅能够一定程度上抵消自身的信息和技术劣势，不失为一种行之有效的投资策略。例如，统计检验不显著，则此投资策略暂时行不通，可后续观察，但这都在一定程度上反映了基金业绩的好坏，应当予以关注。

根据第一阶段周回报率数据构造投资组合有效边界如图 6-1 所示。

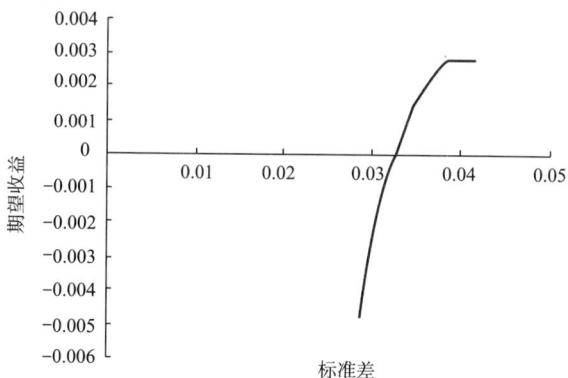

图 6-1   第一阶段周回报率数据构造投资组合有效边界

在投资组合有效边界上取其中三组权重代表 7 只股票投资比例，如表 6-50 所示。

表 6-50   投资组合有效边界个股权重

时间段	东阿阿胶	潍柴动力	山东黄金	万科 A	贵州茅台	包钢稀土	兰花科创
2010 年 1~6 月	0.200	0.100	0.100	0.100	0.100	0.300	0.100
	0.300	0.196	0.100	0.100	0.104	0.100	0.100
	0.100	0.100	0.100	0.200	0.300	0.100	0.100

以第二阶段周回报率数据代入计算各周回报率。

第二阶段周回报率数据构造投资组合有效边界如图 6-2 所示。

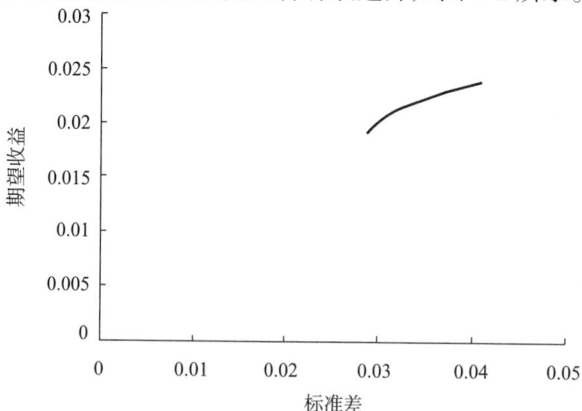

图 6-2   第二阶段周回报率数据构造投资组合有效边界

在投资组合有效边界上取其中三组权重代表 7 只股票投资比例，如表 6-51 所示。

表 6-51　投资组合有效边界个股权重

时间段	东阿阿胶	潍柴动力	山东黄金	万科 A	贵州茅台	包钢稀土	兰花科创
	0.100	0.100	0.100	0.100	0.100	0.300	0.200
2010 年 7~12 月	0.300	0.146	0.100	0.113	0.100	0.100	0.141
	0.281	0.100	0.100	0.219	0.100	0.100	0.100

用第三阶段周回报率数据代入计算各周回报率。

第三阶段周回报率数据投资组合有效边界如图 6-3 所示。

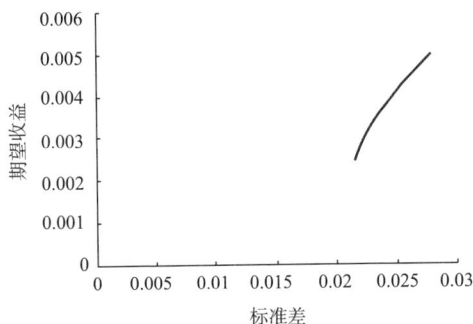

图 6-3　第三阶段周回报率数据构造投资组合有效边界

在投资组合有效边界上取其中三组权重代表 7 只股票投资比例，如表 6-52 所示。

表 6-52　投资组合有效边界个股权重

时间段	东阿阿胶	潍柴动力	山东黄金	万科 A	贵州茅台	包钢稀土	兰花科创
	0.100	0.100	0.100	0.100	0.200	0.300	0.100
2011 年 1~6 月	0.100	0.100	0.100	0.200	0.300	0.100	0.100
	0.100	0.109	0.100	0.191	0.300	0.100	0.100

以第四阶段周回报率数据代入计算各周回报率。

第四阶段周回报率数据构造投资组合有效边界如图 6-4 所示。

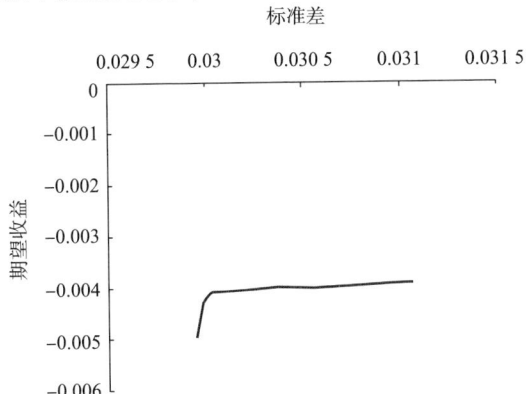

图 6-4　第四阶段周回报率数据构造投资组合有效边界

在投资组合有效边界上取其中三组权重代表 7 只股票投资比例，如表 6-53 所示。

表 6-53　投资组合有效边界个股权重

时间段	东阿阿胶	潍柴动力	山东黄金	万科 A	贵州茅台	包钢稀土	兰花科创
2011 年 7~12 月	0.300	0.100	0.100	0.100	0.200	0.100	0.100
	0.200	0.100	0.100	0.100	0.300	0.100	0.100
	0.144	0.153	0.100	0.100	0.300	0.100	0.104

以第五阶段周回报率数据代入计算各周回报率。

选取沪深 300 指数（沪市 000300，深市 399300）代表大盘整体表现，从 Wind 数据库下载其周收益率数据。从第二阶段起，对各阶段 7 只股票 3 组不同投资组合权重，与沪深 300 该阶段周回报率进行成对双样本的均值 t 检验。结果如表 6-54~表 6-56 所示。

表 6-54　7 只股票（组合 1）与沪深 300 指数不同阶段周回报率 t 检验：均值成对二样本检验

时间段	投资组合 1	沪深 300	观测值	7 只股票
	平均	平均		p（$T \leqslant t$）双尾
2010 年 7~12 月	0.023 0	0.008 6	26	0.022 0
2011 年 1~6 月	0.004 2	−0.000 1	25	0.333 8
2011 年 7~12 月	−0.009 1	−0.009 4	26	0.928 7
2012 年 1~6 月	0.007 9	0.000 8	24	0.056 1

表 6-55　7 只股票（组合 2）与沪深 300 指数不同阶段周回报率 t 检验：均值成对二样本检验

时间段	投资组合 2	沪深 300	观测值	7 只股票
	平均	平均		p（$T \leqslant t$）双尾
2010 年 7~12 月	0.020 9	0.008 6	26	0.028 6
2011 年 1~6 月	−0.001 0	−0.000 1	25	0.761 2
2011 年 7~12 月	−0.004 8	−0.009 4	26	0.162 0
2012 年 1~6 月	0.009 0	0.000 8	24	0.030 8

表 6-56　7 只股票（组合 3）与沪深 300 指数不同阶段周回报率 t 检验：均值成对二样本检验

时间段	投资组合 3	沪深 300	观测值	7 只股票
	平均	平均		p（$T \leqslant t$）双尾
2010 年 7~12 月	0.018 7	0.008 6	26	0.059 7
2011 年 1~6 月	−0.000 1	−0.000 1	25	1.000 0
2011 年 7~12 月	−0.004 9	−0.009 4	26	0.166 1
2012 年 1~6 月	0.008 6	0.000 8	24	0.025 7

表 6-54 的检验结果显示只有第一阶段 p 的双尾值小于 0.05，在 5%的显

著性水平下，拒绝原假设，即从均值来看，基于 7 只股票构造的投资组合回报率显著高于沪深 300 指数回报率。其余三个阶段 p 的双尾值均大于 0.05，即在 5%的显著性水平下，不能拒绝原假设，表明两种投资策略回报率均值并无显著差异。

表 6-55 的检验结果显示第一阶段和第四阶段 p 的双尾值小于 0.05，在 5%的显著性水平下，拒绝原假设，即从均值来看，基于 7 只股票构造的投资组合回报率显著高于沪深 300 指数回报率。另两个阶段 p 的双尾值均大于 0.05，即在 5%的显著性水平下，不能拒绝原假设，表明两种投资策略回报率均值并无显著差异。

表 6-56 的检验结果显示只有第四阶段 p 的双尾值小于 0.05，在 5%的显著性水平下，拒绝原假设，即从均值来看，基于 7 只股票构造的投资组合回报率显著高于沪深 300 指数回报率。其余三个阶段 p 的双尾值均大于 0.05，即在 5%的显著性水平下，不能拒绝原假设，表明两种投资策略回报率均值并无显著差异。

综合上述检验分析可知，若从基金频繁持有且所持时间较长前十重仓股中选取基本面较好、具有一定投资价值的股票构造投资组合，整体而言并不能完全跑赢大盘。而若选取上述前十重仓股中业绩并不突出的股票进行投资则可能表现更差，可见当前中国股票型证券投资基金业绩尚待提高。

第三节　基于投资策略设计评价基金绩效

我们选择开放式股票型基金作为研究样本，复制其投资策略，构建新的投资组合。在此基础上，计算笔者构建的投资组合的绩效、同基金的绩效进行对比，以此对基金绩效和投资行为做出评价。考虑到我们复制投资策略信度和内部效度，我们用这同一种方法在几只基金投资策略样本基金上使用，只是选择的财务指标不同。为了评估绩效的持续性，选择成立时间 5 年以上的基金，时间跨度为 2007~2012 年，因为这几年中国股票市场经历了比较大的震荡，经历了牛市和熊市两个阶段，这也为证明这一方法在不同时间段也适合，说明具有良好的外部效度。为了防止产生选择性偏差，本书笔者选定中国排名前十的基金公司，选定基金为业界评价较好的"明星基金"。但具体的样本基金的选择非本书笔者做出，作者只要求选择的样本基金要有不同的投资风格。样本基金及其投资策略和投资目标描述如下。

1. 华夏优势增长

华夏优势增长的成立时间为 2006 年 11 月 24 日。

投资策略：主要采取"自下而上"的个股精选策略，以合理的价格增长（growth

at reasonable price，GARP）模型为基础，结合严谨、深入的基本面分析和全面、细致的估值分析和市场面分析，精选出具有清晰、可持续的业绩增长潜力且被市场相对低估、价格处于合理区间的股票进行投资。GARP 是指在合理价格投资成长性股票，追求成长与价值的平衡。GARP 模型精选出的股票既具有清晰、可持续的成长潜力，同时市场价格被低估，这样，基金的潜在收益来源就包括两方面：一是不考虑个股成长潜力的情况下个股价值回归所带来的投资收益；二是个股成长潜力释放过程中所带来的价值增长收益，从而可以在承担较低风险的情况下实现较高回报。

投资目标：追求在有效控制风险的前提下实现基金资产的稳健、持续增值。

2. 南方绩优成长

南方绩优成长的成立时间为 2006 年 11 月 16 日。

投资策略：股票投资主要采用"自下而上"的策略，通过对上市公司基本面的深入研究，基于对上市公司的业绩质量、成长性与投资价值的权衡，不仅重视公司的业绩与成长性，更注重公司的业绩与成长性的质量，精选中长期持续增长或未来阶段性高速增长、业绩质量优秀，并且价值被低估的绩优成长股票作为主要投资对象。基金的股票投资同时结合"自上而下"的行业分析，根据宏观经济运行、上下游行业运行态势与利益分配的观察来确定优势或景气行业，以最低的组合风险精选并确定最优质的股票组合。

投资目标：基金为股票型基金，在适度控制风险并保持良好流动性的前提下，根据对上市公司的业绩质量、成长性与投资价值的权衡与精选，力争为投资者寻求超越基准的投资回报与长期稳健的资产增值。

3. 博时精选

博时精选的成立时间为 2004 年 6 月 22 日。

投资策略：基金致力于以产业资本经营企业的标准精选上市公司的权益类证券，上市公司中品质和成长性合适，同时这种品质和成长性所决定的价值低于市场价格的股票，是本基金的买入目标。

投资目标：本基金将继续坚持并不断深化价值投资的基本理念，充分发挥专业研究与管理能力，自下而上精选个股，适度主动配置资产，系统有效控制风险，与产业资本共成长，分享中国经济与资本市场的高速成长，谋求实现基金资产的长期稳定增长。

4. 博时新兴成长

博时新兴成长是由裕华证券投资基金转型而来，2007 年 7 月 6 日起正式更名为博时新兴成长。

投资策略：基金重点投资于预期利润或收入具有良好增长潜力的新兴成长型上市公司。主要通过对上市公司基本面的深入研究，对企业成长性指标、成长质量和相对价值进行评估，由于不同的成长型企业受不同的因素驱动，因此采用不同的成长性指标体系，来判断和初选不同成长类型的企业。

投资目标：基于中国经济正处于长期稳定增长周期，通过深入研究并积极投资于全市场各类行业中的新兴高速成长企业，力争为基金份额持有人获得超越业绩比较基准的投资回报。

相比较而言，华夏优势增长和南方绩优成长对投资策略和投资目标的描述相对详细具体，博时基金相对模糊。华夏优势增长和南方绩优成长同属一个类型，是平衡型基金，追求价值的同时保持合理的成长；博时精选坚持价值投资的理念，是另外一个类型；博时新兴成长是成长型基金，并且前三只基金都谋求基金的长期稳定增长。

本节的研究是通过复制基金的投资策略，构建新的投资组合，计算构建的投资组合绩效、并同样本基金绩效进行比较，以此对样本基金绩效和其投资行为进行评价。Fama 和 French（2013）认为股票的收益受公司规模（size）、账面和市场价值比（B/M），和市场风险溢价影响，Carhart（1997）在 Fama 和 French 三因子模型的基础上增加收益动量因子发展为四因子模型。其他学者发展成五因子、六因子……如 Elton 等（2010）。本书的研究建立在他们的研究基础上，分析公司财务指标上，复制基金投资策略，这时宏观经济因素可作为控制变量，因为复制的投资组合与样本基金处于同一市场环境下，是系统性风险。根据他们的研究，一般来说，公司规模越小，增长潜力越大；账面市场价值比（B/M）越大，价值被低估的可能性越高；类似的 P/E 越低价值被低估的可能性也越大，size 越小越有发展潜力。我们选择权益收益率（ROE）、资产收益率（ROA）、资本收益率（ROC）、市盈率（P/E）、账面价值和市场价值比（B/M）、息税前利润（EBIT）、企业市场价值（EV）、营业收入增长率（Growth）和总资产收益率（TAGR）等财务指标作为选择股票的标准，这些指标中 EV 和 P/E 越小越好，其他指标越大越好。我们根据中国证券行业的行业分类，在各个行业中，对每个指标进行排序，EV 和 P/E 按升序排列，其他的指标按降序排列，排名越靠前股票越好。

华夏优势增长和南方绩优成长基金是同一类型的基金，在获得收益的同时，追求基金资产的稳健增长，是选择价值被低估的股票。P/E 较小和 B/M 较大的股票作为价值被低估的股票，这类股票也具有成长潜力，EV（即 size）越小越有增长潜力。公司要保持成长性需要有很高的收益率，从公司财务角度看，公司要分红和发展都需要较高的收益作为发展储备。因此，我们综合（EBIT/EV）+ROC 和 P/E+ROE、（P/E）+ROA 作为选择的标准，构建出三个投资组合，由于金融类股票没有 EBIT 数据，所以我们用（P/E）+ROE 组合中的股票代替。具体操作如下：如果某只股票 P/E 排序为 2，ROE 排序为 5，那么综合 P/E+ROE 排序为 7，同样排序号越小越好，每个行业中都选择排名最前的股票。如果样本基金中的股票不是排名最好的股票，在我们复制的组合中将用排名最好的股票代替，因为基金公司每个季度只公布其前十大重仓股，所以我们也只能对其前十只股票进行复制替代，如表 6-57 所示。

表 6-57　华夏优势增长 2007 年一季度前十大重仓股投资组合复制

股票代码	股票名称	行业	（P/E）+ROE	（P/E）+ROA	（B/M）+EV
600030	中信证券	I21	600 030	600 030	600 030
600900	长江电力	D01	600 642	600 642	600 283
000001	S 深发展 A	I01	600 016	601 988	600 015
600360	招商银行	I01	600 015	600 016	600 000
600028	中国石化	B03	600 584	600 584	600 586
600016	民生银行	I01	600 000	600 015	601 988
000002	万科 A	J01	900 907	600 840	600 615
600104	上海汽车	C75	200 550	000 760	600 760
600150	沪东重机	C73	900 947	900 947	600 892
000972	新中基	C01	000 911	000 876	600 311

在复制过程中，我们将考虑基金的"双十"规定。选择的财务变量为上一季度的上市公司季度报表，这符合实际，因为投资者根据对公司的财务报表进行分析结果购买股票、调整仓位。所有数据均来源于 CSMAR 数据库。

博时精选是价值投资策略，着重公司的收益品质，如息税前利润 EBIT，资本收益率（ROC）、资产收益率（ROA）。Greenblatt 研究发现，以美国市场 1987~2004 年的股票数据，简单地以 EBIT/EV 为标准选股能够得到 30%以上的组合收益率。同样，基金谋求实现资产的长期稳定增长，为此，我们在华夏优势增长基础上增加用（EBIT/EV）+ROC 指标作为选股依据，总共以（EBIT/EV）+ROC、（P/E）+ROE、（P/E）+ROA、（B/M）+EV 作为选股依据。构建方式如华夏优势增长基金。

博时新兴成长是成长型基金，投资于全市场各类行业中的新兴高速成长企业，对企业成长性指标、成长质量和相对价值进行评估，由于不同的成长型企业受不同的因素驱动，因此采用不同的成长性指标体系，来判断和初选不同成长类型的企业。为此，我们将依据营业收入增长率（growth）、总资产增长率（TAGR）排名选择股票。Morgan 认为企业市场绩效提高，不会自动改善财务绩效，Constantin 和 Lusch（1994）甚至认为，单纯过高的销售增长和资产增长可能会损害股东财富，也就是无效的增长。中国学者发现，很多企业尤其是国有企业由于各种原因（如政治性负担），它们的成长也都是无效的增长，在损害股东财富，浪费社会资源（林毅夫等，2004；李维安等，2012）为此我们加入销售利润率（ROS）、资产报酬率（ROA）构成三个组合 Growth+ROS、TAGR+ROA、EV+Growth。由于金融类股票没有销售利润率，所以我们用 TAGR+ROA 的股票代替。构建方式，如华夏优势增长基金。

　　表6-58~表6-61是对四只基金及其复制组合的描述性统计，从表5-8~表6-61中看到，复制的投资组合都比相应的各个样本基金收益率更高，因为收益率最大值、最小值、均值和中值都超过样本基金。另外，基金与复制的投资组合相关度都偏低，尤其是南方绩优成长和博时新兴成长。理论上，基金与复制的投资组合处于相同的宏观环境、相同的行业中，会面临相同的系统性风险，具有高度的相关性，如果投资的方式一致，那么这种相关度会更高，这说明这些基金没有真正坚持他们的投资策略和投资目标。从标准差来看，除南方绩优增长外，其他的复制组合和其样本基金标准差几乎相当，但是收益率更高，这说明复制的投资组合表现出更高的投资效率。而基金管理公司没有坚持宣称的投资策略，没有获得更多的投资收益和更低的投资风险。

表6-58　华夏优势增长及其复制组合收益的描述性统计（收益率以百分比计）

名称	最大值	最小值	均值	N	标准差	均值的标准误差	与样本基金的相关系数
华夏优势增长	9.909 9	−8.813 4	0.859 73	72	5.052 0	0.364 4	1
EBIT/EV+ROC 复制组合	13.281 5	−4.513 8	1.778 6	72	10.475 4	0.402 7	0.726***
P/E+ROE 复制组合	12.452 1	−6.744 7	1.829 4	72	10.166 7	0.424 0	0.728***
P/E+ROA 复制组合	9.972 5	−5.160 0	1.518 32	72	10.235 1	0.368 0	0.695***

***表示 $p \leqslant 0.01$ 下显著

表6-59　南方绩优成长及其复制组合收益的描述性统计（收益率以百分比计）

名称	最大值	最小值	均值	N	标准差	均值的标准误差	与样本基金的相关系数
南方绩优成长	14.264 2	−12.821 4	1.848 4	72	5.052 0	0.595 4	1
EBIT/EV+ROC 复制组合	64.143 4	−7.993 0	4.956 5	72	10.475 4	1.234 5	0.443***
P/E+ROE 复制组合	61.292 3	−11.845 4	4.827 8	72	10.166 7	1.198 1	0.464***
P/E+ROA 复制组合	63.450 9	−12.277 8	4.475 6	72	10.235 1	1.206 2	0.429***

***表示 $p \leqslant 0.01$ 下显著

表6-60　博时精选其复制组合收益的描述性统计（收益率以百分比计）

名称	最大值	最小值	均值	N	标准差	均值的标准误差	与样本基金的相关系数
博时精选	10.611 1	−11.485 9	1.125 5	72	4.074 1	0.480 1	1
EBIT/EV+ROC 复制组合	16.809 7	−5.789 0	2.344 3	72	4.522 4	0.532 9	0.823***
P/E+ROE 复制组合	17.778 5	−5.689 3	2.632 7	72	5.276 1	0.621 7	0.842***
P/E+ROA 复制组合	15.918 3	−5.282 3	2.427 0	72	4.398 8	0.518 1	0.834***
B/M+EV 复制组合	21.543 8	−8.499 5	2.596 6	72	5.555 0	0.654 6	0.817***

***表示 $p \leqslant 0.01$ 下显著

表6-61　博时新兴成长及其复制组合收益的描述性统计（收益率以百分比计）

名称	最大值	最小值	均值	N	标准差	均值的标准误差	与样本基金的相关系数
博时新兴成长	10.713 5	−8.581 5	1.848 4	72	3.483 5	0.428 7	1

续表

名称	最大值	最小值	均值	N	标准差	均值的标准误差	与样本基金的相关系数
Growth+ROS 复制组合	18.034 3	−7.649 5	4.956 5	72	4.837 2	0.595 4	0.605***
TAGR+ROAF	39.716 2	−7.328 1	4.827 8	72	9.724 2	1.196 9	0.607***
EV+Growth	38.615 5	−7.665 1	4.475 6	72	6.130 2	0.754 5	0.608***

***表示 $p \leq 0.01$ 下显著

表 6-62~表 6-65 描述了几只基金和各自的投资组合的配对 t 检验。表中可以看到，复制的投资组合收益都显著地超过样本基金，其中南方绩优成长的复制投资组合优势表现最为明显，其次是博时精选和博时绩优成长，最后是华夏基金。单只基金的表现对管理的公司非常重要，Bhattacharya 等（2013）认为好的基金表现会对整个基金公司产生溢出效应，吸引更多的投资者，所以每个基金管理公司都会去打造"明星基金"以吸引投资者购买公司的基金品种，另外，公司基金品种越多就越能吸引客户。样本基金都是中国前十大基金公司管理的基金产品，尤其华夏优势增长一直被认为是"明星基金"，投资收益比较稳定。但从结果来看，华夏优势增长在收益率方差相当的情况下，收益依然劣于复制的投资组合。

表 6-62　华夏优势增长样本收益的配对 t 检验（收益率以百分比计）

配对名称	均值	标准差	均值的标准误差	t 值
EBIT/EV+ROC 复制组合–样本基金	0.917 8	2.428 8	0.286 2	3.207
P/E+ROE 复制组合–样本基金	0.969 8	2.512 7	0.296 1	3.275
P/E+ROA 复制组合–样本基金	0.658 6	2.427 0	0.286 0	2.302

表 6-63　南方绩优成长样本收益的配对 t 检验（收益率以百分比计）

配对名称	均值	标准差	均值的标准误差	t 值
EBIT/EV+ROC 复制组合–样本基金	3.107 9	9.400	1.107 74	2.806
P/E+ROE 复制组合–样本基金	2.979 4	9.012 4	1.062 13	2.805
P/E+ROA 复制组合–样本基金	2.627 2	9.272 1	1.092 72	2.404

表 6-64　博时精选样本收益的配对 t 检验（收益率以百分比计）

配对名称	均值	标准差	均值的标准误差	t 值
EBIT/EV+ROC 复制组合–样本基金	1.218 9	2.593 7	0.305 7	3.987
P/E+ROE 复制组合–样本基金	1.507 2	2.869 7	0.338 2	4.456
P/E+ROA 复制组合–样本基金	1.302	2.463 8	0.290 4	4.482
B/M+EV 复制组合–样本基金	1.471 2	3.238 6	0.381 7	3.855

表 6-65 博时新兴成长样本收益的配对 *t* 检验（收益率以百分比计）

配对名称	均值	标准差	均值的标准误	*t* 值
Growth+RO 复制组合-样本基金	1.086 061 6	3.890 9	0.305 7	3.987
TAGR+ROA 复制组合-样本基金	2.546 410 9	8.096 3	0.338 2	4.456
EV+Growth 复制组合-样本基金	1.157 029 7	4.515 7	0.290 4	4.482

　　传统上，学者从基金的择时和选股上衡量基金的投资绩效。选股能力是指基金经理对个股的预测能力。具有选股能力的基金经理能够买入价格低估的股票，卖出价格高估的股票。本书以各个财务指标为基础，选择财务绩效靠前的股票构建投资组合，而且取得的绩效优于样本基金，这说明基金公司选股能力不强。择时能力是指基金经理对市场整体走势的预测能力，具有强择时能力的基金经理能够正确地估计市场的走势，即在牛市时，提高基金组合的 β 值；在熊市时，降低基金组合的 β 值。2007~2012 年，中国宏观经济同世界经济一样，经历了比较大的波动，股市也经历了从牛市到熊市的转变，但本书复制的投资组合绩效始终在各个时期优于样本基金，而且除南方绩优成长外，其他复制组合的收益标准差与样本基金趋于一致，说明基金经理也没有表现出很好的择时能力。

　　曾小洁等（2004）从风险和收益角度出发，发现中国的基金投资行为具有趋同性。通过对基金前十大重仓股投资组合分析，发现基金投资的行业，股票品种确实有很大的相似程度，基金没有坚持既定的投资策略，没有体现基金的不同的投资风格。我们截取 2009 年第二季度的四只样本基金前十大重仓股（表 6-66），基金投资的股票都集中在银行、证券、保险、房产和电器行业，且投资的股票也大多相同，如有两只基金都购买了格力和万科；三只基金投资了中信证券和招商银行；四只全部购买了中国平安和浦发银行。为了应对世界金融危机，中国政府2008 年第四季度开始在中国陆续投入四万亿刺激中国经济的增长，直接受益的就是金融、地产和钢铁股，这充分说明中国股市是一个政策市，基金并没有形成区别明显的投资策略和投资风格，界限模糊，学者据此认为中国基金存在明显的追涨杀跌的投机行为。

表 6-66 2009 年二季度样本基金前十大重仓股

序号	华夏优势增长	南方绩优成长	博时精选	博时新兴成长
1	中国平安	深发展 A	万科 A	万科 A
2	招商银行	美的电器	中信证券	中国平安
3	工商银行	西山煤电	中国平安	中信证券
4	兴业银行	中国平安	深发展 A	北京银行
5	保利地产	民生银行	浦发银行	格力电器
6	民生银行	浦发银行	建设银行	招商银行

续表

序号	华夏优势增长	南方绩优成长	博时精选	博时新兴成长
7	苏宁电器	恒瑞医药	西山煤电	中国太保
8	中国太保	保利地产	中国太保	宝钢股份
9	浦发银行	招商银行	城投控股	浦发银行
10	交通银行	东方电气	太原重工	鞍钢股份

本书进一步用传统的 Fama-French 的三因子模型进一步检验，如我们在引言中阐述，这些模型会产生一些偏差，但这些偏差对样本基金和复制组合是一样的，类似系统性风险，所以依然具有很强的说服力。模型如下：

$$R_{it} - (R_{ft}^1) = \alpha_i + b_i(R_{Mt} - R_{ft}) + s_i\mathrm{SMB}_t + h_i\mathrm{HML}_t + e_{it}$$

其中，R_{it} 表示基金 i 在第 t 月的收益；R_{ft} 表示 t 月的无风险收益，用一年期存款利率转换成月存款利率表示；α_i 表示基金的超额收益率；R_{Mt} 表示市场收益，由上海证券交易所 A 股（简称"上证 A 股"）和深圳证券交易所 A 股（简称"深证 A 股"）股票的加权平均收益率；SMB_t 和 HML_t 分别表示 Fama-French 的三因子模型股票规模造成的收益和账面市场价值比造成的收益。

在本书中，我们找到 A 股市场上市公司每年年末的市场价值的中位数，把中国两大股票交易所 A 股市场的上市公司市场价值按照这个中位数分为两组，高于中位数的称为规模大的公司，低于中位数的称为规模小的公司；同样，把上证 A 股市场的上市公司的每年年末账面价值和市场价值比（B/M）从小到大分为三部分，即小 30%、中间 40% 和大 30%，这样根据排列组合原理，把所有 A 股市场的股票分为了六组。SMB_t 是三组规模小的公司股票月算术平均收益率减三组规模大的公司股票月算术平均收益率。HML_t 是两组账面和市场价值比大的股票月平均收益率减去两组小的公司股票月平均收益率。根据中国的实际情况，上市公司年报一般每年在第二年的 4 月中旬发布，因此股票收益取值区间为 2007 年 4 月到 2012 年 12 月。

同 Fama 等（2012）、Barras 等（2010）、Carhart 等（1997）研究一致，我们把所有的样本基金和所有的复制投资组合分别放在一起利用最小二乘法运行模型，结果如表 6-67 所示。

表 6-67　Fama-French 的三因子模型最小二乘法估计

名称	α/%	b	s	h	调整 R^2
样本基金	0.8[***]	0.362[***]	−0.038[**]	0.116[***]	69%
复制组合	2[***]	0.348[***]	−0.015	−0.041	45%

[***]表示 $p \leqslant 0.01$ 下显著，[**]表示在 $p \leqslant 0.05$ 下显著

从运行结果来看，复制组合能够获得比较高的超额收益，样本基金的超额收

益较小，但这些都是扣除各种费用之前的收益，根据中国现行的费用标准，样本基金的收益会更小，复制组合能得到较高的超额收益。尽管复制组合的调整 R^2 不如样本基金，但从我们前面的配对 t 检验看，收益的差异非常显著，这进一步说明样本基金没有坚持既定的投资策略，因为在回归模型中，我们分别把所有的复制组合和所有的样本基金同时放入回归模型中，复制的投资组合体现了不同的投资策略，投资风格界限比较明确，而样本基金的投资策略趋同，因此，会造成复制投资组合 R^2 偏小和我们前文的研究一致，进一步说明样本基金没有体现不同的投资风格。

本节通过详细分析基金的招募说明书，以复制基金投资策略的方法，在每个行业中根据相应的财务指标选择股票，构建新的投资组合，计算其投资绩效，并以此作为参照评价基金的绩效和投资行为。我们发现样本基金选股能力不强，其收益低于复制的投资组合，基金没有坚持其公开声明的投资策略、没有达到其投资目标，且四只基金的投资策略具有趋同性，没有形成明显的投资风格。

金融市场充满了各种类型的投资者，作为一个完善的市场，每个投资者都应该能选择到自己偏好的金融产品以获得各自的收益。基金在其招募说明书中详尽自己的投资策略和投资目标也正是为吸引不同的投资者。然而作为普通投资者，只能算出基金的投资绩效，但难以辨别基金的投资过程中的投资行为和投资策略（Babalo et al.，2012），基金经理可能会把糟糕的投资绩效归于市场因数。本书的研究建立在复制其投资策略基础上的，避免了绩效评价因参照物选择的不同而导致完全不同的结果，并首次把绩效评价和基金投资行为的评价融为一体，在中国股票市场上，为数不多地利用案例分析不同投资策略的基金投资绩效。

我们认为我们的结论是稳定可靠的。首先，尽管股票的价格受多种因素影响，基金经理可能有很多种考虑，但是基金最终的目的是在坚持其投资策略的情况下获取收益、回报投资者。选择股票都要有一定的标准，Fama-French 三因子模型也有很大的争议，但至今为止没有新理论能撼动它在资产定价领域的地位，本节也是在详尽分析基金的投资策略基础上，选择了在资产定价领域学者们公认的一些财务指标构建新的投资组合，因此具有很强的内部效度，外生性问题概率较低。其次，本节样本跨度的时间经历了中国股市从高峰到低谷的时期，样本基金和本书构建的投资组合面临的外部系统性风险也相同，且用类似的方法分析了几只风格不同的基金，结论也具有良好的外部效度。

第七章　完善中国公募契约型基金治理结构建议

通过对本书选取的 11 只样本基金前十重仓股精选策略历史数据的深入分析，我们可以看出，基金对个股的选取进行有所研究，但也存在重仓股的选取未能有效符合其既定投资策略的现象。尤其是经济发展新常态下基金管理面临更高层次的挑战，加强基金在个股投资选取上的监管至关重要，这涉及基金份额持有人的利益，并且也是提高基金业绩、促进中国资本市场发展的必然要求。基于上述分析，本书深入分析国内外的基金治理情况，从基金投资策略这一全新视角出发，提出经济发展新常态下改善国内基金管理治理的建议：外部社会角度，建立基金监督委员会，加强资本市场外部监管并引导中国基金业开展良性竞争；设立基民董事会，代表基金份额持有人的利益，专门监督基金管理公司尤其是基金经理行为。内部治理角度，着重加强董事会治理、加强对基金经理的激励和制衡，并突出独立董事在基金投资组合管理中的监督作用，监督基金投资行为等。这是本书的一个理论和应用落脚点。

第一节　内部治理建议

一、内部治理：董事会治理

内部治理机制在金融机构公司治理中发挥着主导作用。在内部治理机制中，金融机构主要依靠提高董事会运作效率来强化其科学决策和风险监控机制，董事会治理在金融机构治理中发挥着特殊的重要作用。由于金融机构的特殊性，金融机构董事会除了要对股东负责外，更要对金融机构客户等利益相关者负责，基金管理公司尤为如此。因此，独立、高效运作的董事会成为金融机构稳健经营的基础保障，而金融机构董事会在职能边界、权利配置、组织架构和责任范围等方面比一般公司董事会要求更高。

而金融机构最大的风险是治理风险，金融机构的特殊性凸显了治理风险防范在金融机构治理中的核心地位，董事会在治理风险防范中居于主导地位，作为公司治理核心的董事会理应把治理风险的防范作为其主要职能。2008 年爆发的全球金融危机恰是公司治理风险的集中释放，再次凸显了金融机构公司治理问题。其中的关键，就是金融机构董事会的低效甚至不作为：纵容冒险且无后顾之忧的高管激励机制、对公司重大决策行为风险的预判和控制力低效等行为。此次危机中很多金融机构出了问题，包括雷曼兄弟等，都凸显出其董事会缺少对系统风险的把握，即在危机爆发前，这些公司的董事会对公司"为创新而创新"冒险行为的"缺位"，无视次债风险、纵容次债膨胀，放任刚性而不负责任的高管薪酬体系等；危机爆发后，董事会未及时采取恰当措施应对危机，致使危机进一步蔓延扩大。正是作为公司治理核心的董事会"不作为"，引发了后果严重的社会经济危机。

因此，金融危机的爆发，人们主要问责于这些机构的董事会，而不是那些推销次债的销售员。因此，在金融机构公司治理正经历深刻变革之际，如何通过完善董事会风险治理机制，切实发挥董事会在治理风险防范中的关键职能，就是一个非常紧迫的问题。

李维安（2012）指出，在一系列公司治理制度安排中，董事会是一个关键要素，其核心职责就是对公司重大决策行为风险的预判和风险的控制；而一旦发生危机，董事会应具备有效的危机应对机制。具体而言，董事会在公司治理体系中的核心职能就是把握公司的发展方向和发展速度，控制整体和系统风险，包括风险识别与控制、战略指导与监督、高管激励约束机制和应对危机机制等，以对公司、股东和全球利益相关者负责。以风险治理为主导的董事会治理体系，着重控制公司治理风险及由此引发的系统性风险和各种经营风险。

后危机时代，全球正积极探讨完善金融机构治理的途径和方式。全球金融机构治理变革的核心在于强化董事会的治理风险防范机制，确保董事会独立高效地运作。一些国际组织，如巴塞尔银行监管委员会等，也纷纷着手总结金融机构治理的经验教训，以更好地指导金融机构治理实践。在此背景下，结合金融机构治理的特殊性，通过对治理风险导向的董事会治理研究，构筑金融机构董事会治理分析框架和风险监控机制。探讨与风险和收益相匹配的高管薪酬决定机制，发挥薪酬在公司治理和风险防控中的导向作用，将对金融机构监管和金融机构治理实践提供理论指导，推动国有控股金融机构董事会治理改革实现从结构建设向机制优化的转变，从而具有重要的现实价值。

而中国金融机构经过多年的公司治理改革，目前虽已建立了董事会的基本组织架构，但由于"超级股东"的存在，股权结构相对集中的基金管理公司而言，董事会的典型特征是权力配属不对称，即强势股东董事和低外部董事比例并存，导致了董事会职能虚化和独立高效运作机制的缺失等问题，引发高管"天价薪酬"等一系列问题。当前，中国金融机构在从行政型治理向经济型治理转型的过程中，金融机构董事会治理改革的重点也正处于从结构建设向机制优化转变，着重强化以治理风险为导向的董事会治理机制和风险防控机制。

由此，正当全球金融机构公司治理体系重构之际，结合金融机构治理的特殊性，在科学界定金融机构董事会权力配属和董事行为模式的基础上，健全与风险和收益相匹配的高管薪酬决定机制，发挥薪酬在金融机构公司治理和风险防控中的导向作用，从而最终提升董事会风险监控水平，就具有非常重要的必要性和紧迫性。本书借鉴国内外有关金融机构尤其是董事会治理理论和实践，结合金融机构治理的特殊性和中国国有控股金融机构所处的制度环境和改革实践，基于风险防范视角，试图分析董事会治理与治理风险防范间的逻辑内涵，剖析"超级股东"下董事会权力配属问题，构建嵌入治理风险的董事会治理分析框架，确立治理风险导向的董事会治理机制和风险防控机制，完善权利和责任相对称的董事会业绩评价体系。针对股权相对集中的基金管理公司，探讨其董事行为特征及董事会治理效率，解析董事会职能边界及其权力配置，从而提出完善中国基金管理公司董事会治理的对策建议，为中国基金管理公司的改革和完善提供指导。同时也有利于指导金融机构董事会治理实践和金融监管部门的有效监管、推动国有控股金融机构董事会治理改革从结构建设向机制优化转变。

本书认为就中国基金管理公司而言，最大的治理风险应是投资管理风险，若要发挥董事会在基金管理公司治理风险防范中的主导作用，最重要的应是董事会对基金投资管理的指导和监督。

本书主要研究基金投资策略，与此联系最紧密的基金管理公司内部机构是投资决策委员会。投资决策委员会是基金管理公司管理基金投资的最高决策机构，是非常设的议事机构，在遵守国家有关法律法规、条例的前提下，拥有对所管理基金的投资事务的最高决策权。从基金招募说明书有关信息来看，投资决策委员会成员一般包括由基金管理公司的总经理、投资总监及相关基金经理等。负责决定公司所管理基金的投资计划、投资策略、投资原则、投资目标、资产分配及投资组合的总体计划等。其成员多具有丰富的从业经历和实战经验，理论上可以制定符合宏观经济、市场整体表现的投资政策。当前中国基金管理公司均设有投资决策委员会，一般保持在十人以内规模，但管理公司旗下的基金数目多的有数十只，并且投资策略均不尽相同，这就对成员的能力和精力提出了很高的要求。因此，投资决策委员会投资决策具体实施过程需慎重考察，即成员是否尽职尽责，充分为基民利益考虑，这不仅需要有效的激励机制，也需要充分的监管。

为此，笔者认为，可以将投资决策委员会由非常设的议事机构改为基金管理公司董事会的常设委员会，充分发挥其在基金投资管理过程中的监督和指导作用，这样也对投资决策委员会成员提出了更高的选聘、激励和监督提出了更高要求。甚至可以赋予其对基金经理的选聘和考核、激励权利，使其在基金投资组合管理中发挥更高更有力的作用，这也更能有效提升基金经理的理论和实战水平。

　　设置董事会专门委员会有助于明确董事会内部分工和运作的独立高效，而委员会设置本身亦将增加一定的运作成本。同时在董事会规模和外部董事人数有限的情况下，将增加内部董事在不同委员会兼职的可能性，从而降低委员会运作的独立性。根据董事会的职能与作用，一般在董事会内部设立提名委员会、薪酬委员会、执行委员会、审计与合规性委员会、风险管理委员会和战略委员会等。1986~1999 年，美国每个银行董事会平均设有 4.42 个委员会，委员会的每个委员平均在 1.87 个委员会工作。Andres 和 Gonzalez（2006）的研究认为，专门委员会数量与银行绩效之间存在正相关关系。因此，将投资决策委员会改设为基金管理公司董事会专门委员会，对于提升基金管理公司的投资组合水平、提升基金业绩，保护基金份额持有人利益具有一定的积极作用。

二、内部治理：建立有效的基金经理激励和制衡机制

　　基金投资的具体细节则由各基金经理自行掌握，基金经理依据投资决策委员会的决定，结合基金研究人员的研究报告，进行基金的投资组合管理。基金经理最终决定了基金的投资组合管理水平，对基金业绩和投资策略具有至关重要的作用，在加强基金经理激励的同时，还应注意对基金经理投资行为的严格要求。从本书所研究的股票型基金看，与投资决策委员会成员一样，基金经理均具备丰富的从业经验，但从中国基金业理念业绩来看，基金经理的投资表现很难让基民满意。笔者在国内外期刊网站搜索发现，中国基金经理在投资组合研究领域几乎没有公开发表的论文或著作，对大规模投资组合和新兴的多目标投资组合的研究更是鲜为人知。Lowenstein（2008）通过对美国共同基金业的系统研究，归纳总结了美国共同基金业暴露的一系列问题。其中关于基金经理选股投资的发现主要包括：基金经理宁愿跟踪指数而不认真进行个股的选取分析，即基金所持前十重仓股基本复制指数，其他非重仓股由基金经理选取，这样的选股方式自然难以取得较高的基金业绩，这也严重危害了基民的利益。当前中国基金经理薪酬与基金业绩并不相关，因此缺乏良性投资的内在动力，中国有关基金黑幕和基金经理"老鼠仓"行为的揭露更反映出中国基金业发展过程中一些基金经理在基金选股上的不作为甚至违法违规操作，甚至基金经理通过损害基金资产来为自身牟取私利。这不仅损害基民的利益，而且更扰乱中国资本市场的秩序，危害程度较大。

　　为此，不仅要建立高效严格的管理基金经理聘任制度，聘请具备高深投资组合管理理论水平和良好实战表现的基金经理，从源头上提高基金的投资组合管理水平和基金业绩。还要加强对基金经理选取个股、构建投资组合的监管，这与加强投资决策委员会成员制定投资决策的监管要求同样迫切。笔者建议将对基金经

理的提名、激励和监督权专门赋予改设为基金管理董事会专门委员会的投资决策委员会，制定科学可靠的投资决策，并保证科学坚决地贯彻执行，从而提升基金投资组合管理水平。

三、内部治理：独立董事

正因为如此，结合基金管理公司内部董事会治理要求和实际情况，本书积极倡导重视发挥独立董事在基金投资组合管理中的监督作用。客观而言，当前中国上市公司独立董事所起作用并不大，原因除中国当前公司治理结构不够完善外，最重要的原因还包括独立董事自身参与治理的态度不够积极和自身经历不足等原因。

当前中国基金管理公司均建有合规的独立董事制度，在基金招募说明书中均列出基金管理人独立董事的姓名和相关信息。但一个不争的事实是，当前中国基金管理公司一般均保持四五个独立董事规模，而旗下有数十只基金。很难想象独立董事能有足够的精力来参与基金的管理，在公司治理结构中所起到的作用非常小。而独立董事在现代公司治理制度中被赋予非常重要的作用，特别是在基金管理公司治理结构中，本书基于基金投资策略的制定和实施的考虑，与此联系紧密的投资决策委员会和基金经理在投资组合决策和管理过程中亟须独立董事的监督。因此，本书倡导基金监管机构和基金管理公司重视独立董事制定得完善，更重要的是充分发挥独立董事的作用，加强对基金经理投资组合管理工作的指导和监督，投资真正具备投资价值的股票，获取高收益。

基金业绩的提升关乎中国资本市场的稳定和繁荣，就投资组合管理而言，要十分重视投资决策委员会的投资决策作用，严格要求基金经理的聘任，规范监督和指导基金经理的投资组合管理，从公司治理的角度看，要赋予独立董事在基金投资方面更大更好的作用。

第二节　外部治理建议

一、外部治理：加强基金管理公司监管、引导良性竞争

根据 Denis 和 McConnell（2003）及 Gillan（2006）的总结，外部公司治理机制包括投资者法律保护、控制权市场、经理人市场和产品市场等。外部公司治理机制的完善对于降低公司治理风险有着非常积极的意义，并已经在很多研究中得到了证实。

　　已有研究所涉及的外部治理机制对于所有的公司都是普遍存在的，但对于基金而言，有一种特殊的外部治理机制，即监管。尽管其他行业也或多或少有一些监管，如环保有关的行业，但从来没有哪一个行业像金融业一样存在如何众多如此严格的管制和监督措施。就中国而言，虽然中国的金融机构在危机中并未受到较大的冲击，但国内监管部门对金融机构的监管在最近几年一直很严格。基金业更是如此，如对基金的投资组合比例限制、对基金财产使用的禁止行为等，以维护基金份额持有人的合法权益。

　　尽管监管如此普遍，但从公司治理视角来分析监管的研究在国内外还比较有限。研究的有限不仅仅体现在文献的数量方面，研究所涉及的内容也仅仅为部分监管内容，研究的样本多是发达国家或者跨国的样本，这就使研究的结论在解释中国的问题时存在一定的局限。

　　本书将外部监管视为一种外部治理机制，并着重分析目前中国基金业面临的外部监管范围、强度及外部监管与内部公司治理的协调程度如何影响最终的公司治理风险。从理论的角度分析上述问题，并结合基金样本分析的结果来揭示外部监管与公司治理风险之间的真实关系，以及外部监管通过何种机制，如何影响最终的公司治理风险。对于金融机构而言，普遍存在的严格管制是其所特有的一种外部机制，有关这种外部机制与公司治理风险的理论分析还非常有限，并使这一问题在理论层面存在诸多争议。本书不仅从一般意义的角度分析了基金监管这种外部机制与治理风险的关系，还结合内部治理的基金管理公司股权集中、投资组合管理的重要性等特点进行分析，因此，本书进一步拓展了有关的理论研究，提供了更为丰富的结论。

　　基金管理公司的治理结构有其自身的特点。基金管理公司和一般公司法人的不同之处在于：基金管理公司所管理的基金财产是基于信托关系形成的，通常可以管理运作几十倍于自身注册资本的基金财产。由于基金管理公司肩负着受人之托、代客理财的重任，完善的公司治理结构是保护投资者利益、确保基金安全运作的重要保障。监管部门对基金管理公司的公司治理结构提出了一些更为严格的要求。当前中国基金契约的基金份额持有人是没有监督权的，甚至对基金经理所投资股票也没有知情权，仅凭借信托关系获取收益权。契约只约定基金托管人对基金管理人进行监督，但基金托管人一般只对基金资金变动进行记录，而并不监控资金变动是否合法正当，以致当前中国基金管理公司一方独大，容易出现危害基金份额持有人的行为。

　　本书充分考虑基金业的特点，并将其纳入金融监管与公司治理风险的分析中。这样，本书研究紧紧围绕当前中国基金管理公司所面临的外部治理问题来展开研究，有关的结论不仅具有理论基础，还具有非常显著的现实意义。本书的研究成果将有助于理解基金监管这种外部治理机制与公司治理风险之间的关系，而且研究的结论将有助于国内监管部门改进监管政策、完善监管机制、提高监管效率。本书通过上述分析，提出建立基金监督管理委员会，为完善外部金融监管，降低基金管理公司的治理风险，提供可供参考的思路、框架及政策建议。

二、外部治理：基金监督管理委员会、基民董事会

随着中国基金业的迅猛发展，建立集中统一的外部监管体制迫在眉睫。因此，可仿照中国证券监督管理委员会，设立基金监督管理委员会，依法对基金业进行统一监管。

中国证监会的基本职能包括如下。

（1）建立统一的证券期货监管体系，按规定对证券期货监管机构实行垂直管理。

（2）加强对证券期货业的监管，强化对证券期货交易所、上市公司、证券期货经营机构、证券投资基金管理公司、证券期货投资咨询机构和从事证券期货中介业务的其他机构的监管，提高信息披露质量。

（3）加强对证券期货市场金融风险的防范和化解工作。

（4）负责组织拟定有关证券市场的法律、法规草案，研究制定有关证券市场的方针、政策和规章；制定证券市场发展规划和年度计划；指导、协调、监督和检查各地区、各有关部门与证券市场有关的事项；对期货市场试点工作进行指导、规划和协调。

（5）统一监管证券业。

为加强证券投资基金管理公司的监管，可以单独设立基金监督管理委员会作为中国基金业统一管理的主管机构。规格上可与中国证监会、中国银行业监督管理委员会（简称中国银监会）、保险监督管理委员会（简称保监会）评级，也可隶属于中国证监会。总之，目标是维护基金业市场秩序，规范基金管理公司合法合规运营。

具体职能可仿照中国证监会职能进行设立，主要加强对基金管理公司的监管。笔者认为应侧重于两方面的作用。一是法律法规的修订与完善，从法律制度上规范中国基金管理公司的投资决策行为，二是引导基金业良性竞争，外部竞争的发展是提升中国基金管理公司危机意识、改善自身运营模式、保护基金份额持有人利益有效的激励措施。

当前中国的基金全部是契约型基金，但制度设计存在明显缺陷，基金管理公司缺乏制衡、一方独大，甚至出现违法违规行为，使基金持有人利益容易遭受侵害。目前国内关于公司型基金的中文文献主要集中于引入公司型基金的必要性和引入公司型基金的法律障碍两方面。在引入公司型基金的必要性方面，几乎所有观点均支持引入公司型基金。在引入公司型基金的法律障碍方面，有大量的论文涉足，且

结论较为一致，即认为公司型基金存在诸多法律障碍。而中国至今一直未允许成立公司型基金，因此，本书只针对当前中国实际运行的契约型基金，探讨如何加强对基金管理公司的监督与制衡，进而完善中国契约型公募基金治理结构。

笔者建议设立专门监控基金管理公司的机构——基民董事会，作为基金持有人大会的常设机构，由基金份额持有人组成。类似于公司型基金的董事会，赋予其特定权利，专门负责基金管理公司的选择与监督，有权更换违背基金份额持有人意愿、损害基金份额持有人利益的管理公司，并且有权对基金经理特别是其投资行为进行特别监督，可以将基金管理公司提取的管理费费率与基金业绩挂钩，给予基金管理人竞争压力，更重要的是能够加大基金份额持有人在中国契约型基金中的地位和权利。

本书有关金融机构及基金管理公司研究涉及的重要概念包括三个，即公司治理风险、外部监管和内部公司治理机制。本书考查的基金业外部管制主要是业务管制、基金管理公司监管，基金管理公司内部公司治理机制包括董事会及专门委员会、独立董事和基金经理。

尽管在概念上，研究将公司治理分为外部和内部两种，但实际上两者是密不可分的。作为外部治理机制，外部监管的好坏及外部监管与内部公司治理机制的协调程度都可能影响到最终的整体公司治理风险。很多研究表明，外部治理机制是内部治理机制设计及作用发挥的重要影响因素，如在投资者保护水平较差的地区，所有权的集中可视为股东保护自身利益的替代机制（La Porta et al.，1999）。因此，从这个角度看，研究更倾向于将外部治理与内部治理结合起来进行分析，本书对完善中国公募基金治理结构的分析也大致延续这样的思路。针对中国契约型基金并不完善的自益信托形式，不仅要分析基金所有者与管理者之间存在的利益冲突，加强基金管理公司内部治理，也要考虑所有者、管理者与其他利益相关者之间存在利益冲突，如充分发挥监管机构的外部治理机制。

第八章　总结和展望

本书主要借鉴国外有关基金投资策略研究成果，结合投资组合管理理论和实践的突破，系统整理归纳中国当前普通股票型基金的投资策略，并摘取典型基金招募说明书中相关内容加以说明。按照 Wind 数据库基金"风格-属性"分类方法，选取 7 类 11 只样本基金，分别验证半年报、年报所列示前十重仓股的选取是否遵循其既定投资策略，并基于投资策略设计评价基金绩效，在此基础上探讨如何中国契约型基金自益信托结构安排中最重要一方——基金管理公司的治理。全书主要基于基金投资策略这一全新视角，从内部治理和外部监管分别提出经济发展新常态下加强中国基金投资组合管理、改善中国基金管理公司治理的措施。基金管理公司内外部治理水平的提升，很大程度上有利于完善中国当前公募契约型基金治理结构。

本书所研究的样本主要是招募说明书明确列示个股精选策略所参考的相关财务指标的基金，验证其个股选取是否符合其招募说明书中所列是基金投资策略，并设计评价基金绩效。未来研究中笔者将扩展研究范围，全面验证中国所有普通股票型基金各季度前十重仓股的选取是否有效，以对中国普通股票型基金的投资策略得出更全面、深入的结论。笔者也呼吁学者全面分析中国其他类型基金（如债券型基金等）的投资策略，以共同对中国当前基金业的投资策略形成全面的认识，并在此基础上探讨如何加强基金管理公司投资组合管理、减小投资风险，提升基金管理公司治理水平，最终完善中国契约型基金的治理结构。

此外，基于基金投资策略完善中国公募基金治理结构的研究还需要从以下三方面深入。

一、加强基金投资策略理论研究

中国共同基金投资策略研究的现状与不足：中国专门研究共同基金投资策略的文献尚不多见，且经历了一个从阐述投资经验到从理论上论述投资策略的过程。这些文献所做的有益探索，为后来的研究奠定了一定的基础。

赵广辉（2001）从共同基金的实际投资技巧和投资经验角度，提出做好长线投资的心理准备，选择好的基金公司；进行投资组合分析，认清风险程度；投资收益分析，确定基金买卖时机；购买基金后要注意基金动向等。何孝星（2003）列举了三分法投资策略、耶鲁投资策略、"王子饭店法"投资策略、"从上至下"和"从下至上"投资策略、基金"熊市"中的"防守型"投资策略，以及沃伦·巴菲特的投资策略。陈卫东（2004）分别介绍了三种不同划分方法下的基金投资策略，主要包括：①从基金资产配置的角度划分的购买并持有策略、固定比例策略、组合保险策略和应变的资产配置策略；②从基金管理者投资风格的角度划分的积极的投资策略、消极的投资策略和混合的投资策略；③从投资对象角度划分的股票投资策略和债券投资策略，这与 Gremillion（2005）对于投资策略的划分方法相类似。

随着对基金研究的深入，也出现了基金投资策略的实证性研究，但研究对象仍以封闭式基金为主。方军雄（2002）采用 Grinblatt 等（1995）提出的基金投资策略模型，指出中国基金倾向于采取"追涨杀跌"策略，投资策略与基金业绩之间不存在显著的相关关系。陈雪梅（2005）研究基金在股票和债券之间的动态资产配置问题，假设基金采取指数化策略，比较不同投资策略的收益状况，指出买入并持有策略仅适合于牛市行情，恒定混合策略适合于无趋势的盘整行情，固定投资组合保险策略适合于具有强烈趋势的市场。

目前的研究已经开始出现利用共同基金实际数据考察各种投资策略的趋势。王海侠和田增瑞（2007）选取中国 2004 年年底之前上市的全部偏股型共同基金，考察动量策略和反转策略哪一种更能盈利，指出中国基金投资者的投资策略仍然是一种短期投机策略，市场中存在羊群效应。

中国学者对于共同基金投资策略的研究已经起步，这些有益探索积累了一定的成果，也为进一步的深入研究奠定了基础，但是，国内学者对于共同基金投资策略的研究仍然显得相对不足，主要有以下几个方面。

（1）尚缺乏对于共同基金投资策略概念的明确界定，将共同基金投资策略与投资理念、投资风格和投资于共同基金的策略相混淆。一般来说，共同基金的投资理念指导着投资策略的选择，并通过实际运作过程中投资策略的实施，进而形成基金的投资风格。这三者具有一致性，但又相互区别，投资策略更侧重于对共同基金投资的指导，并强调可操作性。另外，共同基金的投资策略不同于投资于共同基金的策略，共同基金投资策略是以基金管理公司或基金经理的角度，研究如何通过构建投资组合进行有效投资，而投资于共同基金的策略则是以基金投资者为出发点，考虑如何投资共同基金。

（2）研究方法相对简单，较多的是通过定性研究方式，缺乏对投资策略的实际案例分析，以及依据中国共同基金运行的真实数据进行的实证检验，且实证分析的样本偏重于以封闭式基金，样本容量较小，数据选取的时间跨度也较短。笔者所见文献实证分析样本最多包含 22 只共同基金，数据选取的时间跨度为 2 年，而中国目前已有共同基金 390 只，股票 1 700 余只，我们有必要对这些基金及其持有的股票投资组合进行分析，深化并拓展共同基金投资策略研究，提高基金运作效率。

一些文献通过计算某些绩效指标（如择时、选股能力等），从基金绩效角度研究投资策略，仍停留在探讨基金经理是否具有择时选股能力的层面上，只是从结果的角度研究投资策略。对于中国共同基金业，更重要的是从原因的角度，分析基金如何选择和实施投资策略，以此指导共同基金行业的投资行为。

在样本的选择上，大多只选择单一时段的数据进行分析。中国共同基金运作时间较短，证券市场不成熟、政策的影响和市场结构的变化比较大，单一时段的数据分析往往不能避免特殊时间段收益率异常的影响，实证所得结论的可靠性还有待于更大样本容量和更长样本区间的检验，投资策略的适用性也有待进一步探讨。

缺乏对投资策略全面、系统的研究。所见研究投资策略的文献仅探讨某种投资策略在某个时段的运作情况，尚没有回答中国共同基金行业发展的基础问题。例如，以 Markowitz 资产组合理论为基础的投资策略的效果如何？哪种投资策略在中国证券市场更为占优，占优是否具有持续性？等等。这些问题的解决需要根据各种常用投资策略选取不同行业股票构建投资组合，全面、系统地对比不同投资策略，详细揭示各种共同基金投资策略在中国证券市场上的营利性和占优性。

笔者研究发现，当前中国有关基金投资策略的研究十分不足，而不论是美国公司型基金还是中国契约型基金，基金投资策略都是至关重要的，高水平的投资组合管理不仅是基金业绩提升、保障基金份额持有人利益的内在需要，更是促进中国资本市场发展和繁荣的客观要求。因此，笔者呼吁中国学者重视并加强基金投资策略的研究，并总结出适合中国基金业发展的投资策略。

例如，可以运用最新的多目标投资组合管理理论，结合中国股票市场特点构造新的共同基金投资策略。中国股市具有注重市盈率、企业社会责任感缺乏等特点，市盈率被认为是研究上市公司投资价值的核心指标，三鹿奶粉事件等暴露出中国企业社会责任感的缺乏。结合中国股市的特点，运用最新的多目标投资管理理论，把市盈率和企业社会责任感作为新的投资目标，建立包含风险、回报、市盈率和企业社会责任感的多目标投资管理框架，在此框架下，传统的二维风险——回报平面被扩展为高维空间，传统的有效边界也扩展为多维的有效曲面，这种新的理论框架能够为共同基金经理们带来更多管理上的自由度和全新的投资策略。这包含一系列问题，如何让计算有效曲面，如何将有效曲面展现给共同基金经理，如何引导共同基金经理如何在有效曲面上选择合适的投资组合，如何建立扩展的效用函数等。这些全新的研究思路都是非常值得研究的问题。

二、完善公司治理评价体系，建立一套行之有效的基金治理评价方法

一方面，有效地公司治理评价研究有利于完善基金管理公司的内部治理结构；另一方面，公司治理评价的可行化和客观化有利于引导出一套可行的基金治理评价方法。从根本上来说，基金治理与公司治理的目标一致，即保护投资者利益，构建简单易行且切实有效的公司治理评价体系和基金治理评价体系是实现治理水平提升的有效理论指导。因此，在对相关文献进行回顾和实证分析的基础上，对公司治理评价的完善做出以下展望，以期实现有效地基金治理评价方法：中国经济新常态下，公司治理评价的研究需要得到切合背景的新拓展。本书从新背景的角度梳理近年来国内外公司治理评价研究的主要文献，发现当前国外治理评价内容随着治理理论的发展进一步丰富，从不同角度评价公司治理质量的指数层出不穷，逐渐从关注单一方面向关注综合指数的方向发展，公司治理评价的方法也不断得到扩展；相对于国外研究，国内关于公司治理评价的研究起步较晚，理论研究相对欠缺，虽然在 2002 年起形成了不少的综合指数评价手段，但是其理论基础大多在 2006 年之前，治理评价的方法和变量选择尚待改善，国内尚欠缺简单易行且切实有效的公司治理评价体系。通过选取样本公司进行评价，本书发现仅从静态的公司治理制度层面的评价方式已经难以区分公司治理质量显著不同的公司，从动态的公司治理机制对公司治理进行评价的效果显著，选取公司治理变量可从企业社会责任、人物特征信息、企业财务状况与信息披露角度考虑。基于此，我们对未来公司治理评价指数的构建方向进行展望如下。

（1）改善公司治理的评价方法，提升公司治理评价的简便性与客观性。采用 0—1 变量的打分方法，确保指标的可得性与可量化性，减少公司治理评价中的琐碎与模糊指标。考虑公司治理的内生性问题，注意指数构建的权重问题。

（2）扩展公司治理指数构建的内容，多方位反映公司治理质量。目前国内的研究主要从股权结构、董事会、经理层、监事会和信息披露角度对公司治理进行评价。随着公司治理理论的深入发展与公司治理实践的不断深入，公司治理评价的内容与方向也需要得到拓展。本书认为未来的研究应该在探讨传统治理变量的基础上，关注企业社会责任，企业财务状况与信息披露，人物特征信息等方向，拓展公司治理评价的对象和内容以实现公司治理评价系统的优化和调整。

（3）结合中国公司治理实践的背景，构建适合中国市场环境的公司治理评价系统。公司治理评价的研究应该针对公司治理问题进行，以指导公司治理实践。近年来中国上市公司欺诈事件不断，使中小股东利益受到巨大的损害；工业企业不注重环保，雾霾等环境问题频发，不仅损害了当地人民的生存环境，也给企业本身的经营带来风险，从而威胁到投资者的利益；国有企业贪腐严重，损害了股

东的利益。应当充分考虑中国公司治理特殊问题，构建适合中国的，简单易行却又切实有效的公司治理评价体系。

结合基金治理评价的特殊性，我们对未来的基金治理评价研究做出如下展望。

（1）搭建合理的基金治理理论框架，现有研究中常常将基金管理公司内部治理状况作为基金治理水平的代替指标。但由于基金的委托代理链条较长，基金持有人与基金管理公司之间存在不同的利益诉求和投资目标，两者之间自然存在严重的代理成本。我们认为在未来的研究中，基金治理概念的范围界定，基金治理理论框架的构建会成为核心问题之一。基金治理关系的架构研究要突破已有的具有很强局限性观点，从更深层面上研究各利益主体的权利制衡，从而更好地解决基金治理问题所带来的代理成本。

（2）基金外部治理与内部治理互动关系及效果分析。基金内部治理机制是建立在基金委托代理框架内的一套制约及激励机制，旨在维护基金投资者利益，避免基金管理者道德风险，并最终确保基金管理者与基金投资者目标保持一致。基金内部治理机制主要依托于组织结构之中，具体包括契约型基金的基金持有人大会、公司型基金的股东大会、托管人制度和独立董事制度等。分析基金治理结构中各种治理机制相互作用关系，特别是内外部治理机制关系，剖析影响公司治理机制有效性的主要因素。有效基金治理结构的目标是基金投资者的利益最大化。而投资者的利益体现在以下几个方面：费用合理、基金管理者不侵犯基金投资者的利益、基金管理者为基金投资者带来好的回报。实际上可量化为两个指标，即基金的市场业绩和费用率。目前已有研究多局限于基金管理公司而且是基金管理公司的内部治理，而未来的研究需要突破这一限制，从基金治理整体视角，来研究其治理问题，并重点关注内外部治理机制互动关系。

（3）基于基民利益保护视角的基金管理公司治理评价指标体系构建。将公司治理理论与数理方法相结合，以规范研究与实证研究的成果为依据，结合中国基金治理环境特点，建立和优化基金治理评价系统。基金治理评价先从公司治理质量的测评开始，从治理结构与治理机制、信息披露与内部控制等方面设置评价指标体系，运用多种方法优化评价指标，检验指标的有效性；建立相应的评价标准，采用实验研究等方法检验评价标准和重要性系数合理性；运用指数理论与方法，建立并检验指数模型，生成并发布反映中国基金治理状况的基金治理指数。

三、理论与现实的对接

从理论上来看，本书另一个主要研究的问题是基金管理公司治理特殊性。也就是说，基金管理公司治理的研究，一方面要以一般公司治理理论为基础，可以借鉴一般公司治理的理论体系、核心概念和研究方法等;另一方面还要考虑基金管理公司治理自身的特殊性。否则,将使基金管理公司治理泛化或一般化。当前中国契约型基金结构安排上存在重大缺陷,最突出表现就是基金管理公司缺乏监管,甚至出现基金工作人员违法乱纪行为,本书因此在探讨加强基金管理公司内部治理的同时,从外部治理角度提出加强基金管理公司特别是基金经理的监督。

本书侧重研究当前中国普通股票型基金的投资策略,并从这一全新视角出发,提出了从基金管理公司内部确立嵌入治理风险的董事会治理机制和投资风险防控机制、加强基金经理激励和制衡等治理措施,这也从理论上拓展了基金管理公司董事会治理理论研究。外部治理侧重于对基金业特别是基金管理公司的监管,并针对性地提出相关建议,主要是设立充分代表基金份额持有人利益的基民董事会,专门负责对基金经理的监督,并有权更换基金管理公司,通过对基金管理公司和基金经理的制衡来完善当前中国契约型基金运作机制。

从现实的方面来考虑,基金管理公司直接面对资本市场,因此,基金管理公司的公司治理将通过种种途径直接或间接影响到资本市场,尤其是中国目前出现的一些资本市场丑闻都与基金管理公司相关工作人员有着一定的联系。本书的重点和难点之一便是如何从理论过渡到实际。这将在未来研究中不断深入分析并应用于实践(图8-1)

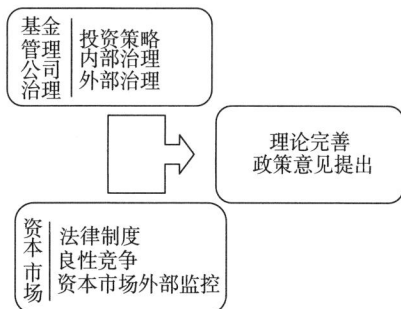

图8-1 理论与实践结合

参 考 文 献

安占强. 2009. 中国上市公司治理溢价研究. 生产力研究, 1: 68-72.

巴曙松, 陈华良, 王超. 2009. 基金治理之困. 今日中国论坛, 7: 38-40.

白重恩, 刘俏, 陆洲, 等. 2005. 中国上市公司治理结构的实证研究. 经济研究, 2: 1-13.

贝政新. 2006. 基金治理研究. 上海: 复旦大学出版社.

曾晓洁, 黄嵩, 储国强. 2004. 基金投资风格与基金分类的实证研究. 金融研究, (3): 66-78.

陈浩武. 2007. 长期投资者资产配置决策理论及应用研究. 上海交通大学博士学位论文.

陈卫东. 2004. 投资基金管理. 北京: 科学出版社.

崔明, 王春明, 张宏远. 2007. 从博弈论角度分析我国证券投资基金中的委托-代理关系. 山西财经大学学报, 29 (2): 99-100.

高明华. 2013. 中国上市公司财务治理指数研究. 黑龙江社会科学, 3: 51-59.

郭文伟, 宋光辉, 许林. 2011. 风格漂移、现金流波动与基金绩效之关系研究. 管理评论, 12: 3-9.

郝臣, 白丽荷, 路思祺, 等. 2012. 公司治理对年报披露及时性影响的实证研究——基于2009~2012年上市公司的经验数据. 公司治理评论, 1: 33-52.

郝臣. 2008. 中小企业治理、治理指数与企业绩效. 财经论丛, 4: 97-102.

郝臣. 2009. 公司治理的价值相关性研究——来自沪深两市 2002—2005 的面板数据. 证券市场导报, 3: 40-46

郝旭光, 黄人杰, 刘延锋. 2004. 博弈论和委托代理理论在基金公司治理问题研究中的应用. 管理现代化, (5): 56-59.

何杰. 2005. 独立董事、治理结构与中国契约型基金的绩效. 南开管理评论, 8 (2): 41-48.

何孝星. 2003. 我国契约型基金治理结构的优化. 经济理论与经济管理, (11) 29-33.

何媛媛, 卢大印. 2004. 基金业公司治理的国际比较及借鉴. 经济理论与经济管理, (1): 33-37.

季冬生. 2007. 证券投资基金治理功能的新篇章. 中国金融, 4: 59-60.

江翔宇. 2011. 公司型基金法律制度研究: 以基金治理结构为核心. 上海: 上海人民出版社.

孔东民, 李捷瑜, 邢精平, 等. 2010. 投资组合的行业集中度与基金业绩研究. 管理评论, (4): 17-25, 86.

李操纲, 潘镇. 2003. 共同基金治理结构模式的国际比较及其启示. 当代财经, (3): 48-52.

李干斌. 2006. 中国证券投资基金治理研究. 复旦大学博士学位论文.

李汉军, 张俊喜. 2006. 上市企业治理与绩效间的内生性程度. 管理世界, 5: 121-135.

李建标, 巨龙, 李政, 等. 2009. 董事会里的"战争"——序贯与惩罚机制下董事会决策行为的实验分析. 南开管理评论, 5: 70-76.

李建国. 2003. 基金治理结构: 一个分析框架及其对中国问题的解释. 北京: 中国社会科学出版社.

李维安, 徐业坤. 2012. 政治关联形式、制度环境与民营企业生产率. 管理科学, 25 (2): 1-12.

李学峰, 张靓. 2008. 基金公司治理结构是否影响基金绩效. 证券市场导报, (2): 54-60.

林毅夫, 李志赟. 2004. 政策性负担, 道德风险与预算软约束. 经济研究, (2): 17-27.

刘谦. 2004. 我国证券投资基金治理结构的法律问题研究. 北方工业大学硕士学位论文.

刘炜. 2006. 证券投资基金的公司治理评价研究. 经济师, 3: 108-109.

刘志军. 2003. 独立董事制度优化基金治理结构. 兰州商学院学报, 19: 6-65.

刘志军.2006. 完善信息披露制度优化基金治理结构. 兰州商学院学报，22（2）：104-106.

马振红.2010. 中国证券投资基金治理模式研究. 吉林大学博士学位论文.

南开大学公司治理研究中心公司治理评价课题组.2004. 中国上市公司治理指数与治理绩效的实证分析. 管理世界，2：63-74.

潘从文.2011. 私募股权基金治理理论与实务. 北京：企业管理出版社.

潘福祥.2004. 公司治理与企业价值的实证研究. 中国工业经济，4：107-112.

齐岳.2007. 投资组合管理：创新与突破. 北京：经济科学出版社.

祁玲，孙敏.2009. 我国契约型证券投资基金治理结构优化研究. 合作经济与科技，15：40-41.

屈年增.2006. 基金业成长管理. 北京：中信出版社.

沈华珊.2002. 接管市场和公司治理. 资本市场，11：35-39.

滕莉莉，韦妃，梁权熙.2013. 管理人持基的投资基金治理效应：理论分析与经验证据. 投资研究，12：97-112.

王福胜，刘仕煜.2010. 基于Ohlson会计评价模型的公司治理评价研究. 管理科学，5：14-21.

王守法.2006. 我国证券投资基金绩效的研究与评价. 经济研究，（3）：119-127.

魏中奇.2005. 基金管理公司治理改革刻不容缓——关于保证我国基金业合法合规经营的探讨. 经济经纬，（6）：137-139.

武立东.2007. 公司治理对高管报酬的调节效应分析——基于民营上市公司大股东控制、董事会监督的视角. 山西财经大学学报，7：74-79.

肖继辉.2012. 基金治理与基金经理锦标赛激励效应研究. 北京：科学出版社.

肖继辉，彭文平.2010. 基金管理公司内部治理及其效应分析——以开放式基金为样本. 审计与经济研究，1：105-111.

肖继辉，彭文平.2012. 基金经理特征与投资能力、投资风格的关系. 管理评论，7：40-48.

徐静.2005. 证券投资基金治理模式和公司治理模式的比较研究. 经济体制改革，2：138-141.

徐静，张黎明.2007. 证券投资基金股权结构与绩效的实证研究. 软科学，（21）：56-59.

徐亚沁.2009. 案例六 我国私募基金参与公司治理的可行性分析——对"宝银投资"进入"赛马实业"一案的思考. 公司法律评论，1：421-429.

徐振.2010. 我国契约型基金治理结构的法律研究. 华东政法大学硕士学位论文.

杨雄胜，谭安杰，李翔，等.2008. 治理结构溢出与投资者利益保护——基于中国基金管理公司的实证研究. 经济学研究，9：15-24.

杨学宏，刘长江，蒋柯，等.2006. 美国开放式共同基金. 北京：中国金融出版社.

于宏凯.2002. 独立董事与基金治理结构. 上海金融，（3）：29-30.

张国清.2004. 投资基金治理结构之法律分析. 北京：北京大学出版社.

张美霞.2007. 证券投资基金经理变更的实证研究——来自中国资本市场的经验证据. 财经研究，33（12）：77-89.

赵广辉.2001. 共同基金：理论、实务与投资. 北京：机械工业出版社.

赵雄凯.2000. "基金革命"：投资基金对上市公司治理结构的优化. 经济问题探索，4：106-108.

郑振龙，陈志英.2012. 投资组合理论最新进展评述. 厦门大学学报，2：17-24.

中国证券业协会.2011. 证券投资基金. 北京：中国金融出版社.

周泉恭.2008. 投资基金组织治理研究. 北京：中国金融出版社.

朱尚书，李瑞，周迅宇，等.2004. 论投资组合与金融优化——对理论研究和实践的分析与反思.

管理科学学报, 7（6）: 1-12.

Andres P, Gonzalez E. 2006. Corporate governance in banking: the role of board of directors. University of Empresa Working Papers.

Babalos V, Philippas N, Doumpos M, et al. 2012. Mutual funds performance appraisal using stochastic multicriteria acceptability analysis. Applied Mathematics and Computation, 218（9）: 5693-5703.

Barras L, Scaillet O, Wermers R. 2010. False discoveries in mutual fund performance: measuring luck in estimated alphas. The Journal of Finance, 65（1）: 179-216.

Bauer R, Guenster N, Otten R. 2004. Empirical evidence on corporate governance in Europe. The Effect on Stock Returns, Firm Value and Performance. Molecular Simulation, 33: 1093-1103.

Bebchuk L. 2004. Designing a Shareholder Access Rule.

Bebchuk L A, Cohen A, Ferrell A. 2009. What matters in corporate governance? Review of Financial Studies, 22（2）: 783-827

Beekes W, Hong A, Owen S A.2010. An alternative measure of corporate governance using discrete principal component analysis. Available at SSRN: http: //ssrn.com/abstract=1623005.

Beiner S, Drobetz W, Schmid M, et al. 2006. An integrated framework of corporate governance and firm valuation-evidence from Switzerland. European Financial Management, 12（2）: 249-283.

Best M J.1996. An algorithm for the solution of parametric quadratic programming problem//Fischer H, Riedmüller B, Schäffler S. Applied Mathematics and Parallel Computing. New York: Physica-Verlag: 57-76.

Best M J, Kale J K. 2000 . Quadratic programming for large-scale portfolio optimization. Financial Services Information Systems, Best Practices Series, 18: 513-529.

Bhagat S, Bolton B. 2009. Corporate governance and firm performance. Journal of Corporate Finance, 14（3）: 257-273.

Bhattacharya U, Lee J H, Pool V K. 2013. Conflicting family values in mutual fund families. The Journal of Finance, 68（1）: 173-200.

Bill D, Wermers R. 2005. Mutual fund performance and governance structure: the role of portfolio managers and boards of directors. SSRN Working Paper.

Black B S, Jang H, Kim W. 2006. Does corporate governance affect firm's market values?Evidence from Korea. Journal of Law, Economics and Organization, 22: 366-413.

Blair M.1995. Ownership and Control Rethinking Corporate Governance. Washington D. C: The Brookings Institution.

Brandt M. 2009. Portfolio choice problems//Ait-Sahalia Y, Hansen L P . Handbook of Financial Econometrics: Tools and Techniques: 269-336.

Bravo M, Ballestero E, Pla-Santamaria D. 2012. Evaluating fund performance by compromise programming with linear-quadratic composite metric: an actual case on the Caixa bank in spain. Journal of Multi-Criteria Decision Analysis, 19（5~6）: 247-255.

Brown L D, Caylor M C. 2006. Corporate governance and firm valuation. Journal of Accounting and Public Policy, 25（4）: 409-434.

Brown P, Beekes W, Verhoeven P. 2011. Corporate governance, accounting and finance: a review. Accounting and Finance, 51（1）: 96-172.

Campbell J, Viceira L. 2002. Strategic Asset Allocation: Portfolio Choice for Long-Term investors. Oxford: Oxford University Press.

Caprio G, Laeven L, Levine R. 2007. Bank valuation and corporate governance. Journal of Financial Inter-mediation, 1 (4): 584-617.

Carhart M M. 1995.Survivor bias and persistence in mutual fund performance. University of Chicago Graduate School of Business.

Carhart M M. 1997. On persistence in mutual fund performance. The Journal of finance, 52 (1): 57-82.

Cesare F, Geoffrey T. 2012. External networking and internal firm governance. The Journal of Finance, 1: 153-194.

Chan L K C, Dimmock S G, Lakonishok J. 2009. Benchmarking money manager performance: issues and evidence. Review of Financial Studies, 22 (11): 4553-4599.

Chen C R, Huang Y. 2011. Corporate governance: an International review. Corporate Governance, 19 (4): 311-333.

Claessens S, Djakov S, Lang L. 2000. The separation of ownership and control in East Asian corporation.Journal of Financial Economics, 58 (1): 81-112.

Cochran P, Wartick S. 1998. Corporate government a literature review. Journal of Financial Executives, 9: 62-63.

Constantin J A, Lusch R F. 1994. Understanding Resource Management. BurrRidge: Irwin Professional.

Cremers K J M, Petajisto A. 2009.How active is your fund manager? A new measure that predicts performance. Review of Financial Studies, 22 (9): 3329-3365.

Cremers M, Petajisto A, Zitzewitz E. 2012.Should benchmark indices have alpha? Revisiting performance evaluation. National Bureau of Economic Research.

Denis D K, McConnell J J. 2003. International Corporate Governance. Journal of Financial and Quantitative Analysis, 38 (1): 1-36.

Dhaliwal D, Naiker V, Navissi F. 2006. Audit committee financial expertise, corporate governance and accruals quality: an empirical analysis. SSRN Working Paper.

Drobetz W, Schillhofer A, Zimmernann H. 2004. Corporate governance and expected stock returns: evidence from germany. European Financial Management, 10 (2): 267-293.

Elton E J, Gruber M J, Blake C R. 2012. An examination of mutual fund timing ability using monthly holdings data. Review of Finance, 16 (3): 619-645.

Elton E J, Gruber M J, Blake C R, et al. 2010. The effect of holdings data frequency on conclusions about mutual fund behavior. Journal of Banking and Finance, 34 (5): 912-922.

Fama E F, French K R. 1992. The cross-section of expected stock returns. The Journal of Finance, 47 (2): 427-465.

Fama E F, French K R. 1993.Common risk factors in the returns on stocks and bonds. Journal of Financial Economics, 33 (1): 3-56.

Fama E F, French K R. 2007. The anatomy of value and growth stock returns. Financial Analysts Journal, 63 (6): 44-54.

Fama E F, French K R. 2010. Luck versus skill in the cross-section of mutual fund returns. The Journal of Finance, 65 (5): 1915-1947.

Fama E F, French K R. 2012. Size, value, and momentum in international stock returns. Journal of Financial Economics, 105 (3): 457-472.

Fama E F, French K R. 2013. A four-factor model for the size, value, and profitability patterns in stock returns. Fama-Miller Working Paper.

Fich E M, Shivdasani A. 2006. Are busy boards effective monitors? The Journal of Finance, 2: 689-724.

Giannetti M, Liao G, Yu X Y. 2013. The brain gain of corporate boards: evidence from China. The Journal of Finance, 70: 1629-1682.

Glawischnig M, Sommersguter-Reichmann M. 2010.Assessing the performance of alternative investments using non-parametric efficiency measurement approaches: is it convincing? Journal of Banking & Finance, 34 (2): 295-303.

Gompers P, Ishii J, Met rick A. 2003. Corporate governance and equity prices .The Quarterly Journal of Economics, 118 (1): 107-156.

Greenblatt J. 2006. The little book that beats the market. New York: John Wiley & Sons, Inc..

Gremillion L. 2005. Mutual Fund Industry Handbook: A Comprehensive Guide for Investment Professionals. Boston: Boston Institute of Finance.

Gremillion L L,Price Water House Coopers,Bogle J C,et al. 2005. Mutual Fund Industry Handbook: A Comprehensive Guide for Investment Professionals. New York: John Wiley & Sons.

Grinblatt M, Titman S, Wermers R. 1995. Momentum investment strategies, portfolio performance and herding: a study of mutual fund behavior. American Economic Review, 85 (5): 1088-1105

Hirschberger M, Qi Y, Steuer R E. 2010. Large-scale MV efficient frontier computation via a procedure of parametric quadratic programming. European Journal of Operational Research, 204 (3): 581-588.

Jensen M C. 1968. The performance of mutual funds in the period 1945—1964.The Journal of Finance, 23 (2): 389-416.

Keasey K,Thompson S,Wright M. 1997. Introduction:the corporate governance problem- competing diagnoses and solutions//Keasey K, Thompson S, Wright M. Corporate governance: Economic and Financial Issues. New York: Oxford University Press: 1-17.

Kerstens K, Mounir A, de Woestyne I V. 2011. Non-parametric frontier estimates of mutual fund performance using C-and L-moments: some specification tests. Journal of Banking & Finance, 35 (5): 1190-1201.

Kong X F, Tang D Y. 2008. Unitary Boards and Mutual Fund Governance. Journal of Financial Research, 31 (3): 193-224.

Larcker D F, Richardson S A, Tuna A I.2007.Corporate governance, accounting outcomes, and organizational performance. Available at SSRN: http: //ssrn.com/abstract = 976566.

Leavens D H. 1945. Diversification of Investments. Trusts and Estates, 80 (5): 469-473.

Lehmann B N, Modest D M. 1987. Mutual fund performance evaluation: a comparison of benchmarks and benchmark comparisons. The Journal of Finance, 42 (2): 233-265.

Lowenstein L. 2008. The Investor's Dilemma: How Mutual Funds are Betraying Your Trust and What to Do about It? New York: John Wiley & Sons, Inc..

Markowitz H M. 1952. Portfolio selection. The Journal of Finance, 7 (1): 77-91.

Markowitz H M. 1956. The optimization of a quadratic function subject to linear constraints. Naval

Research Logistics Quarterly, 3: 111-133.

Markowitz H M. 1959. Portfolio Selection: Efficient Diversification of Investments . New York: John Wiley and Sons.

Markowitz H M, Tood P. 2000. Mean-variance analysis in portfolio choice and capital markets. Frank J Fabozzi Associates, 44 (2): .

Morgan N A. 2012. Marketing and business performance. Journal of the Academy of Marketing Science, 40 (1): 102-119.

Murthi B P S, Choi Y K, Desai P. 1997. Efficiency of mutual funds and portfolio performance measurement: a non-parametric approach. European Journal of Operational Research, 98 (2): 408-418.

Niedermayer A, Niedermayer D.2007. Applying Markowitz's critical line algorithm. Social Science Electronic Publishing, 7 (4): 3811-3824.

Patton A J, Ramadorai T. 2013. On the high-frequency dynamics of hedge fund risk exposures. The Journal of Finance, 68 (2): 597-635.

Premachandra I M, Zhu J, Watson J, et al. 2012. Best-performing US mutual fund families from 1993 to 2008: evidence from a novel two-stage DEA model for efficiency decomposition. Journal of Banking & Finance, 36 (12): 3302-3317.

Qi Y, Steuer R E, Wimmer M. 2015. An analytical derivation of the efficient surface in portfolio selection with three criteria. Annals of Operations Research, (6): 1-17.

Qi Y, Wu F, Peng X, et al. 2013. Chinese corporate social responsibility by multiple objective portfolio selection and genetic algorithms. Journal of Multi - Criteria Decision Analysis, 20 (3~4): 127-139.

Roman D, Mitra G. 2009. Portfolio selection models: a review and new directions. Wilmott Journal, 1 (2): 69-85.

Ross S A. 1976. The arbitrage theory of capital asset pricing. Journal of economic theory, 13 (3): 341-360.

Sharp W F. 1964. Capital asset prices: a theory of market equilibrium under conditions of risk. Journal of Finance, 19 (3): 425-442.

Sharpe W F. 1966. Mutual fund performance. The Journal of Business, 39 (1): 119-138.

Sharpe W F. 1992. Asset allocation: management style and performance measurement. The Journal of Portfolio Management, 1992, 18 (2): 7-19.

Sharpe W F. 1997. Morningstar' performance measures. Stanford University Working paper.

Shleifer A, Vishny R W.1997. A survey of corporate governance. The Journal of Finance, 2: 737-783.

Standard & Poor's Corporate Governance Scores. 2003.Standard & poor's corporate governance scores and evaluations-criteria, methodology and definitions-standard & poor's governance services.

Stein M, Branke J, Schmeck H. 2007. Efficient implementation of an active set algorithm for large scale portfolio selection. Technical report, Institute AIFB, University of Karlsruhe.

Treynor J, Mazuy K. 1966. Can mutual funds outguess the market. Harvard business review, 44(4): 131-136.

Treynor T，Figueira J. 1965. How to rate management of investment funds. Harvard Business Review，（43）：63-75.

Tufano P，Sevick M. 1997. Board structure and fee-setting in the U.S mutual fund industry. Journal of Financial Economics，46（3）：321-355 .

Wartick S，Cochran P. 1985. The evolution of the corporate social performance model. Academy of Management Review，10：758-769.

Wermers R. 2010. Mutual fund performance：an empirical decomposition into stock - picking talent，style，transactions costs，and expenses. The Journal of Finance，55（4）：1655-1703.

Williams J B. 1938. The Theory of Investment Value. Cambridge：Harvard University Press.

Williamson O.1984. Corporate governance. Yale Law Journal，93（7）：1197-1230.

相关法律法规和网站

中国证监会网站 http://www.csrc.gov.cn/pub/newsite/

上海证券交易所网站. http://www.sse.com.cn/sseportal/ps/zhs/home.html

深圳证券交易所网站. http://www.szse.cn/

《中华人民共和国证券投资基金法》. 2004 年 6 月. 主席令第九号

《证券投资基金管理公司内部控制指导意见》. 中国证监会颁布. 2002 年 12 月

附　　录

本附录主要介绍笔者搜集整理的中国证监会刊发的中国基金管理公司有关人员行政处罚决定，向读者展示基金管理公司工作人员违规违法操作的过程，以及最终的处罚决定。

这些违法违规行为绝大部分都是基金经理凭借职务便利，利用非公开的基金投资信息，为自己及他人利益买卖相同股票并获利，构成了严重的利益冲突行为，违背了基金从业人员的法定受托义务，是一种典型的背信行为，应当承担相应的法律责任。

这些行为将自身利益置于基金财产和基金份额持有人的利益之上，严重损害基金财产侵蚀基金份额持有人利益。并且扰乱资本市场发展秩序，危害投资者对于基金行业的信赖基础，也在一定程度上反映出当前中国契约型基金制度设计的缺陷，对基金管理人缺乏有力地监督和约束。应当引起基金监管部门的高度重视，坚决杜绝此类行为。这也更凸显了加强基金投资策略研究、加强基金管理公司监管、提升基金投资组合管理水平的重要性。

一、中国证监会行政处罚决定书

[2008]15 号

当事人：王黎敏，男，1975 年 10 月出生，时任南方基金管理有限公司（以下简称南方基金）基金金元、基金宝元的基金经理，住址：广东省深圳市福田区景田南金色假日 B1708。

依据《中华人民共和国证券法》（以下简称《证券法》）的有关规定，我会对王黎敏违反证券法律法规一案进行了立案调查、审理，并依法向当事人告知了作出行政处罚的事实、理由、依据及当事人依法享有的权利，复核了当事人的陈述与申辩意见，现已调查、审理终结。

经查明，王黎敏任职南方基金期间，操作"王法林"账户买卖"太钢不锈"和"柳钢股份"股票，为该账户非法获利 1 509 407 元。具体情况如下：

王黎敏通过网上交易方式，直接操作其父王法林在华泰证券常州和平南路营业部（以下简称和平南路营业部）开立的"王法林"账户买卖"太钢不锈"和"柳钢股份"股票。其中，2006 年 8 月 8 日操作"王法林"账户买入 146 000 股"太钢不锈"股票，2007 年 2 月 6 日操作"王法林"账户卖出 146 000 股"太钢不锈"股票，盈利 1 543 287 元；2007 年 2 月 27 日操作"王法林"账户买入 30 800 股"柳钢股份"股票，同年 3 月 21 日操作"王法林"账户卖出 30 800 股"柳钢股份"股票，亏损 33 880 元。以上共获利 1 509 407 元。根据 2006 年 3 月至 2007 年 5 月南方基金公司基金金元、基金宝元公布的 2006 年 1 至 4 季度报告以及 2007 年 1 季度报告披露的"投资组合报告——期末按市值占基金资产净值比例大小排序的前十名股票明细"，"太钢不锈"股票一直是基金金元投资排名前三位且重仓持有的股票；"太钢不锈"股票是基金宝元投资排名前五位且重仓持有的股票；"柳钢股份"股票是基金宝元投资排名第六位的股票。

以上违法事实，有南方基金情况说明、当事人询问笔录、"王法林"账户开户资料及交易流水、"王法林"账户网络交易 IP 地址、基金金元和基金宝元相关季度报告及交易明细等证据在案证明。

王黎敏在陈述、申辩中提出，……

……

……

王黎敏操作"王法林"账户交易"太钢不锈"、"柳钢股份"股票并为该账户获利的违法行为事实清楚，证据确实、充分，足以认定。

我会认为，在证券投资基金活动中，基金管理人受人之托，为基金份额持有人的利益管理、运用基金财产，基金管理人与基金份额持有人之间是一种信托关系，基金管理人及其基金从业人员对基金和基金份额持有人负有忠实、避免利益冲突的法定义务。王黎敏作为基金经理，在从事基金投资时理应谨慎勤勉，恪尽职守，严格信守自己对基金及基金份额持有人的忠实义务，不得为私人利益从事与其所管理的基金财产及基金份额持有人利益相冲突的行为。但是，王黎敏在进行职务投资活动时又为私人利益进行相同股票的买卖，是一种严重的利益冲突行为，有违其忠实、勤勉义务，应当承担相应的法律责任。

王黎敏的上述行为违反了《证券投资基金法》第十八条有关禁止从事损害基金财产和基金份额持有人利益的证券交易及其他活动的规定，同时也违反了《证券法》第四十三条有关禁止有关人员参与股票交易的规定，构成了《证券投资基金法》第九十七条所述基金从业人员损害基金财产和基金份额持有人利益的行为以及《证券法》第一百九十九条所述违反法律规定参与股票交易的行为。根据王黎敏违法行为的事实、性质、情节与社会危害程度，依据《证券投资基金法》第九十七条、《证券法》第一百九十九条之规定，我会决定如下：

一、取消王黎敏基金从业资格；

二、没收王黎敏违法所得 1 509 407 元，并处 50 万元罚款。

当事人应自收到本处罚决定书之日起 15 日内，将罚款汇交中国证券监督管理委员会（开户银行：中信银行总行营业部、账号 7111010189800000162，由该行直接上缴国库），并将付款凭证的复印件送中国证券监督管理委员会稽查局备案。如对本处罚决定不服，可在收到本处罚决定书之日起 60 日内向中国证券监督管理委员会申请行政复议；也可以在收到本处罚决定书之日起 3 个月内直接向有管辖权的人民法院提起诉讼。复议和诉讼期间，上述决定不停止执行。

中国证券监督管理委员会

二〇〇八年三月二十七日

二、中国证监会行政处罚决定书

[2008]22 号

当事人：唐建，男，1974 年 4 月出生，时任上投摩根基金管理有限公司（以下简称上投摩根）研究员兼阿尔法基金经理助理，住址：上海市浦东新区金桥路 989 弄 38 号 202 室。

依据《中华人民共和国证券法》（以下简称《证券法》）的有关规定，我会对唐建违反证券法律法规一案进行了立案调查、审理，并依法向当事人告知了作出行政处罚的事实、理由、依据及当事人依法享有的权利。应当事人申请，我会举行了听证会，听取了当事人及其代理人的陈述与申辩意见，现已调查、审理终结。

经查明，唐建任职上投摩根期间，利用职务便利通过其所控制的证券账户交易"新疆众和"股票，为自己及他人非法获利 152.72 万元。具体情况如下：

2006 年 3 月，唐建任职上投摩根研究员兼阿尔法基金经理助理，在执行职务活动，向有关基金二级股票池和阿尔法基金推荐买入"新疆众和"股票的过程中，使用自己控制的中信建投证券上海福山路营业部（以下简称福山路营业部）"唐金龙"证券账户先于阿尔法基金买入"新疆众和"股票，并在其后连续买卖该股。期间，唐建还利用职务权限，多次查询上投摩根阿尔法基金投资"新疆众和"股票的信息，充分掌握了该基金的投资情况。截至 2006 年 4 月 6 日全部卖出前，"唐金龙"证券账户累计买入"新疆众和"股票 60 903 股，累计买入金额 76.49 万元；全部卖出所得金额 105.45 万元，获利 28.96 万元。此外，2006 年 4 月至 5 月，唐建还利用福山路营业部"唐金龙"资金账户下挂的"李成军"证券账户、东方证券上海浦东南路营业部"李成军"证券账户连续买卖"新疆众和"股票的机会，为自己及他人非法获利 123.76 万元。

以上违法事实，有上投摩根情况说明，当事人询问笔录，营业部情况说明及有关人员询问笔录，"唐金龙"、"李成军"账户开户资料及交易流水，"唐金龙"账户网络交易 IP 地址，上投摩根出差记录及报销凭证，"新疆众和"公司 2006 年第一季度报告等证据在案证明。

唐建在申辩中提出，……

……

……

唐建利用职务便利，通过"唐金龙"及其关联证券账户多次交易"新疆众和"股票并获利的违法行为事实清楚，证据确实、充分，足以认定。

我会认为，……

……

……

唐建的上述行为违反了《证券投资基金法》第十八条有关禁止从事损害基金财产和基金份额持有人利益的证券交易及其他活动的规定，同时也违反了《证券法》第四十三条有关禁止有关人员参与股票交易的规定，构成了《证券投资基金法》第九十七条所述基金从业人员损害基金财产和基金份额持有人利益的行为以及《证券法》第一百九十九条所述违反法律规定参与股票交易的行为。根据唐建违法行为的事实、性质、情节与社会危害程度，依据《证券投资基金法》第九十七条、《证券法》第一百九十九条之规定，我会决定如下：

一、取消唐建基金从业资格；

二、没收唐建违法所得 152.72 万元，并处 50 万元罚款。

当事人应自收到本处罚决定书之日起 15 日内，将罚款汇交中国证券监督管理委员会（开户银行：中信银行总行营业部、账号 7111010189800000162，由该行直接上缴国库），并将付款凭证的复印件送中国证券监督管理委员会稽查局备案。如对本处罚决定不服，可在收到本处罚决定书之日起 60 日内向中国证券监督管理委员会申请行政复议；也可以在收到本处罚决定书之日起 3 个月内直接向有管辖权的人民法院提起诉讼。复议和诉讼期间，上述决定不停止执行。

中国证券监督管理委员会
二〇〇八年四月八日

三、中国证监会行政处罚决定书

[2009]21 号

当事人：张野，男，1962 年 11 月出生，融通基金管理有限公司（以下简称融通公司）原基金经理，住址：广东省深圳市南山区锦绣花园。

依据《中华人民共和国证券投资基金法》（以下简称《证券投资基金法》）、

《中华人民共和国证券法》（以下简称《证券法》）的有关规定，我会对张野违法违规一案进行了立案调查、审理，并依法向当事人告知了作出行政处罚的事实、理由、依据及当事人依法享有的权利。当事人陈述了有关意见，未提出申辩意见，也未要求听证。本案现已调查、审理终结。

经查明，张野存在以下违法违规行为：

一、利用职务便利获取非公开基金投资与推荐信息，从事股票交易

2007 年至 2009 年 2 月，张野利用任职融通公司基金经理职务上的便利，在参加融通公司投资决策委员会会议、基金晨会、投研例会、研究月度会、外部券商推介会及与融通公司基金经理、研究员交流的过程中，获取了融通公司旗下基金投资及推荐相关个股的非公开信息，通过网络下单的方式，为朱小民操作朱小民实际控制的红塔证券北京板井路营业部"周蔷"账户从事股票交易，先于张野管理的融通巨潮 100 指数基金等融通公司基金买入并卖出或先于融通公司有关基金卖出相关个股，为"周蔷"账户实现盈利 9 398 362 元，收取朱小民感谢费 200 万元。其中：

1. 东方电气

2008 年 4 月 28 日至 5 月 22 日，"周蔷"账户交易该股，买入、卖出合计 98 000 股。2008 年 4 月 30 日，融通领先成长基金买入该股；6 月 10 日至 11 日，融通动力先锋基金买入该股。

2. 重庆啤酒

2007 年 2 月 9 日，融通巨潮 100 基金买入该股；2 月 12 日，"周蔷"账户买入该股，3 月 12 日卖出；3 月 27 日，"周蔷"账户再次买入该股，4 月 5 日卖出；4 月 3 日至 6 日，融通新蓝筹基金买入该股；5 月 17 日、25 日，融通巨潮 100 基金全部卖出该股；6 月 28 日、29 日，融通新蓝筹基金全部卖出该股。

上述期间，"周蔷"账户交易该股，买入、卖出合计 787 724 股。

3. 华仪电气

2007 年 3 月 7 日，融通通乾基金买入该股；4 月 5 日、6 日，"周蔷"账户买入该股，4 月 11 日再次买入；4 月 12 日，融通巨潮 100 基金买入该股；4 月 13 日、24 日，融通巨潮 100 基金继续买入该股；5 月 11 日至 28 日，"周蔷"账户卖出该股；5 月 25 日、29 日，融通巨潮 100 基金全部卖出该股。

上述期间，"周蔷"账户交易该股，买入、卖出合计 903 760 股。

4. 江淮动力

2009 年 1 月 20 日，融通通乾基金买入该股，1 月 21 日和 2 月 2 日继续买入；1 月 21 日、22 日，"周蔷"账户买入该股；2 月 11 日，"周蔷"账户卖出该股。

上述期间，"周蔷"账户交易该股，买入、卖出合计 1 150 000 股。

5. 中信证券

2007 年 3 月，融通巨潮 100 基金累计买入该股达 376 万股，累计卖出 3 484 804 股。2007 年 3 月 13 日至 6 月 21 日，"周蔷"账户买卖该股。

上述期间，"周蔷"账户交易该股，买入、卖出合计 562 919 股。

6. 海南海药

2008 年 2 月 19 日，融通通乾基金买入该股；2 月 20 日，融通新蓝筹基金买入该股；2 月 20 日、26 日，"周蔷"账户买卖该股；其后，融通通乾基金和融通新蓝筹基金多次交易该股；3 月 21 日、4 月 1 日，"周蔷"账户买卖该股；9 月 17 日至 12 月 9 日，"周蔷"账户多次交易该股。

上述期间，"周蔷"账户交易该股，买入、卖出合计 2 365 169 股。

7. 招商银行

2007 年 7 月 4 日，融通巨潮 100 基金买入该股；7 月 20 日，"周蔷"账户买入该股；7 月 26 日，融通巨潮 100 基金继续买入；7 月 30 日，"周蔷"账户卖出该股；8 月 2 日，融通巨潮 100 基金继续买入该股。

上述期间，"周蔷"账户交易该股，买入、卖出合计 429 896 股。

8. 江西水泥

2009 年 2 月 2 日，融通领先成长基金、融通行业景气基金买入该股；2 月 5 日，融通行业景气基金再次买入；2 月 6 日，"周蔷"账户买入该股；2 月 10 日，融通行业景气基金继续买入；2 月 11 日，"周蔷"账户卖出该股；2 月 12 日，融通行业景气基金全部卖出该股；3 月 9 日，融通领先成长基金全部卖出该股。

上述期间，"周蔷"账户交易该股，买入、卖出合计 950 000 股。

9. 川化股份

2008 年 12 月 17 日，融通通乾基金、融通新蓝筹基金买入该股；12 月 19 日、23 日，"周蔷"账户买入该股；12 月 23 日、25 日，融通新蓝筹基金继续买入该股；12 月 23 日、2009 年 1 月 8 日，"周蔷"账户卖出该股；2009 年 2 月 6 日，融通新蓝筹基金全部卖出该股。

上述期间，"周蔷"账户交易该股，买入、卖出合计 1 445 000 股。

以上违法事实，有融通公司及其员工提供的相关情况说明，当事人谈话笔录以及"周蔷"账户交易记录、下单 IP 地址等证据在案证明，足以认定。

张野的上述行为违反了《证券投资基金法》第十八条"基金管理人的董事、监事、经理和其他从业人员，不得担任基金托管人或者其他基金管理人的任何职务，不得从事损害基金财产和基金份额持有人利益的证券交易及其他活动"的规定，构成了《证券投资基金法》第九十七条所述违法行为。

以上违法事实，有融通公司及其员工提供的相关情况说明，当事人谈话笔录以及"周蔷"账户交易记录、下单 IP 地址等证据在案证明，足以认定。

张野的上述行为违反了《证券投资基金法》第十八条"基金管理人的董事、监事、经理和其他从业人员，不得担任基金托管人或者其他基金管理人的任何职务，不得从事损害基金财产和基金份额持有人利益的证券交易及其他活动"的规定，构成了《证券投资基金法》第九十七条所述违法行为。

二、违规买卖股票

2006 年 12 月至 2007 年 7 月，张野通过网络下单方式，操作其妻孙致娟的同名账户进行交易，涉及广宇发展、湖南投资、华东医药、莱钢股份、南玻 A、武钢股份、新中基、新湖创业、渝三峡 A、中创信测、中粮地产、中青旅和重庆啤酒等股票，为该账户盈利 2 294 791.90 元。

以上违法事实，有当事人谈话笔录以及"孙致娟"账户交易记录、下单 IP 地址等证据在案证明，足以认定。

张野操作其妻账户从事股票交易的行为是一种以他人名义持有、买卖股票的行为，违反了《证券法》第四十三条有关禁止相关人员违规买卖股票的规定，构成了《证券法》第一百九十九条所述违法行为。

张野在个人陈述材料中提出，朱小民给他的 200 万元是其妻孙致娟向朱小民的借款，并非感谢费。2009 年 5 月 29 日，上述借款已归还朱小民。经复核，张野、朱小民在谈话笔录中均称朱小民划到"孙致娟"账户的 200 万元是对张野操作"周蕾"账户表示的感谢费，同时并无借据等证据证明该 200 万元属借款性质，因此，张野所称借款一事缺乏依据，不予采信。

我会认为，……

……

……

根据上述违法违规行为及当事人的违法事实、性质、情节与社会危害程度，依据《证券投资基金法》第九十七条，《证券法》第一百九十九条，我会决定：

一、取消张野的基金从业资格；

二、没收张野违法所得 2 294 791.90 元并处以 400 万元罚款。

当事人应自收到本处罚决定书之日起 15 日内，将罚、没款汇交中国证券监督管理委员会（开户银行：中信银行总行营业部、账号 7111010189800000162，由该行直接上缴国库），并将注有当事人名称的付款凭证复印件送中国证券监督管理委员会稽查局备案。如对本处罚决定不服，可在收到本处罚决定书之日起 60 日内向中国证券监督管理委员会申请行政复议；也可以在收到本处罚决定书之日起 3 个月内直接向有管辖权的人民法院提起诉讼。复议和诉讼期间，上述决定不停止执行。

中国证券监督管理委员会

二〇〇九年六月十八日

四、中国证监会行政处罚决定书

[2010]27 号

当事人：涂强，男，1969 年 12 月出生，时任景顺长城基金管理有限公司（以下简称景顺长城）景系列开放式证券投资基金（包含优选股票基金、动力平衡基金、货币市场基金）、景顺长城鼎益股票型证券投资基金（以下简称鼎益基金）基金经理。住址：广东省深圳市福田区长城盛世家园。

依据《中华人民共和国证券投资基金法》（以下简称《证券投资基金法》）、《中华人民共和国证券法》（以下简称《证券法》）的有关规定，我会对涂强违法违规一案进行了立案调查、审理，并依法向当事人告知了作出行政处罚的事实、理由、依据及当事人依法享有的权利。当事人提出了陈述、申辩意见，但不要求举行听证会。本案现已调查、审理终结。

经查明，涂强存在以下违法违规行为：

2006 年 9 月 18 日涂强担任景顺长城景系列开放式基金的基金经理（2009 年 3 月 11 日任景顺长城鼎益股票型证券投资基金的基金经理）起至涂强违法行为的发现时间 2009 年 8 月 20 日，涂强等人通过网络下单的方式，共同操作涂强亲属赵某、王某开立的两个同名证券账户从事股票交易，先于或与涂强管理的动力平衡基金等基金同步买入相关个股，先于或与动力平衡基金等基金同步卖出相关个股，涉及浦发银行等 23 只股票，为赵某、王某账户非法获利 379 464.40 元。其中：

......

......

......

调查发现，涂强提供了赵某、王某账户的部分交易资金，是该两个账户股票交易获利的受益人。涂强利用任职优势获取了景顺长城旗下多只基金投资股票的未公开信息，操控赵某、王某账户，先于或与涂强管理的基金及其他有关基金同步买卖相同股票。

以上事实，有景顺长城提供的相关情况说明，景顺长城会议记录，当事人询问笔录，相关基金和赵某、王某账户股票交易记录，赵某、王某账户股票交易下单电脑 MAC 记录以及下单交易 IP 地址等证据在案证明，足以认定。

上述行为，违反了《证券投资基金法》第十八条有关基金从业人员不得从事损害基金财产和基金份额持有人利益的证券交易的规定，构成了《证券投资基金法》第九十七条所述违法行为。同时，还违反了《证券法》第四十三条有关禁止特定人员直接或者借他人名义持有、买卖股票的规定，构成了《证券法》第一百九十九条所述违法行为。

……

……

……

我会认为，涂强担任基金经理职务近 3 年，本应坚守法律底线和职业操守，尽心管理基金财产，为基金份额持有人服务。但是，涂强却违背了忠实和诚信义务，利用担任景顺长城旗下基金的基金经理的职务便利以及所获取的相关基金投资股票的未公开信息，操控涉案个人账户先于或与有关基金同步买卖与基金相同股票牟利，从事利益冲突行为，且持续时间较长。在我会对多起基金从业人员从事利益冲突行为给予严厉处罚、处理，在多次重申执业纪律，强调基金投资管理人员执业行为规范之后，涂强仍不思悔改，继续从事违法行为，具有较大主观恶性，依法应予处罚。

根据当事人违法行为的事实、性质、情节与社会危害程度，依据《证券投资基金法》第九十七条及《证券法》第一百九十九条规定，我会决定：

一、取消涂强的基金从业资格；

二、没收涂强违法所得 379 464.40 元，并处以 200 万元罚款。

当事人应自收到本处罚决定书之日起 15 日内，将罚没款汇交中国证券监督管理委员会（开户银行：中信银行总行营业部、账号 711101018980000162，由该行直接上缴国库），并将注有当事人名称的付款凭证复印件送中国证券监督管理委员会稽查局备案。如对本处罚决定不服，可在收到本处罚决定书之日起 60 日内向中国证券监督管理委员会申请行政复议；也可以在收到本处罚决定书之日起 3 个月内直接向有管辖权的人民法院提起诉讼。复议和诉讼期间，上述决定不停止执行。

中国证券监督管理委员会

二〇一〇年七月二十九日

五、中国证监会行政处罚决定书

[2010]28 号

当事人：刘海，男，1978 年 7 月出生，时任长城基金管理有限公司（以下简称长城基金）长城稳健增利债券型证券投资基金基金经理。住址：广东省深圳市福田区侨香路嘉园。

依据《中华人民共和国证券投资基金法》（以下简称《证券投资基金法》）、《中华人民共和国证券法》（以下简称《证券法》）的有关规定，我会对刘海违法违规一案进行了立案调查、审理，并依法向当事人告知了作出行政处罚的事实、理由、依据及当事人依法享有的权利。当事人未提出陈述、申辩，也不要求举行听证会。本案现已调查、审理终结。

经查明，刘海存在以下违法违规行为：

2008 年 8 月 27 日刘海担任长城稳健增利债券型证券投资基金（以下简称债券基金）的基金经理起至刘海违法行为的发现时间 2009 年 8 月 21 日，刘海通过电话下单等方式，操作妻子黄某于国泰君安证券深圳蔡屋围金华街营业部开立的同名证券账户从事股票交易，先于刘海管理的债券基金买入并卖出相关个股，涉及鞍钢股份等 3 只股票，为黄某账户非法获利 134 683.57 元。其中：

一、鞍钢股份：

2009 年 1 月 15 日，黄某账户买入 40 000 股。1 月 22 日，债券基金买入该股，至 2 月 5 日共买入 140 000 股。

二、海通证券：

2009 年 1 月 15 日，黄某账户买入 85 500 股，同日，债券基金买入 40 000 股。

三、东百集团：

2009 年 1 月 20 日，黄某账户买入 97 700 股。1 月 19 日，债券基金买入该股，至 2 月 18 日共买入 603 400 股。

调查发现，刘海、黄某夫妇提供了黄某账户的交易资金，是该账户交易股票获利的直接受益人。刘海利用任职优势先于其管理的债券基金，直接为黄某账户买卖相同股票。案发后，刘海配合了我会调查工作。

以上事实，有长城基金提供的相关情况说明，当事人询问笔录，债券基金和黄某账户股票交易记录等证据在案证明，足以认定。

上述行为，违反了《证券投资基金法》第十八条有关基金从业人员不得从事损害基金财产和基金份额持有人利益的证券交易的规定，构成了《证券投资基金法》第九十七条所述违法行为。同时，还违反了《证券法》第四十三条有关禁止特定人员直接或者借他人名义持有、买卖股票的规定，构成了《证券法》第一百九十九条所述违法行为。

根据当事人违法行为的事实、性质、情节与社会危害程度，依据《证券投资基金法》第九十七条及《证券法》第一百九十九条规定，我会决定：

一、取消刘海的基金从业资格；

二、没收刘海违法所得 134 683.57 元，并处以 50 万元罚款。

当事人应自收到本处罚决定书之日起 15 日内,将罚没款汇交中国证券监督管理委员会（开户银行：中信银行总行营业部、账号 7111010189800000162，由该行直接上缴国库），并将注有当事人名称的付款凭证复印件送中国证券监督管理委员会稽查局备案。如对本处罚决定不服，可在收到本处罚决定书之日起 60 日内向中国证券监督管理委员会申请行政复议；也可以在收到本处罚决定书之日起 3

个月内直接向有管辖权的人民法院提起诉讼。复议和诉讼期间，上述决定不停止执行。

中国证券监督管理委员会

二○一○年七月二十九日

六、中国证监会行政处罚决定书

[2011]15 号

当事人：黄林，男，1979 年 5 月出生，时任国海富兰克林基金管理有限公司（以下简称国富基金）中国收益证券投资基金（以下简称中国收益基金）的基金经理，住址：上海市浦东新区潍坊西路 2 弄。

依据《中华人民共和国证券投资基金法》（以下简称《基金法》）、《中华人民共和国证券法》（以下简称《证券法》）的有关规定，我会对黄林违法违规一案进行了立案调查、审理，并依法向当事人告知了作出行政处罚的事实、理由、依据及当事人依法享有的权利。当事人未提出陈述、申辩意见，也未要求听证。本案现已调查、审理终结。

经查明，黄林存在以下违法违规行为：

2007 年 3 月至 2009 年 4 月，黄林在任中国收益基金的基金经理期间，利用职务便利及所掌握的基金投资决策重要信息，操作其控制的汉唐证券上海武进路营业部（现信达证券上海四川北路营业部）荆某账户，先于或同步于自己管理的中国收益基金买入并先于或同步于该基金卖出相同个股，涉及宁波华翔等股票 8 只，亏损 54 000.04 元。具体情况如下：

……

……

……

以上事实，有国富基金、营业部提供的情况说明，中国收益基金的交易以及荆某账户的下单记录、相关 MSN 记录等证据证明，足以认定。

当事人上述行为，违反了《基金法》第十八条有关禁止基金从业人员从事损害基金财产和基金份额持有人利益的证券交易的规定，构成了《基金法》第九十七条所述违法行为。同时，还违反了《证券法》第四十三条有关禁止特定人员违规持有、买卖股票的规定，构成了《证券法》第一百九十九条所述违法行为。

根据当事人违法行为的事实、性质、情节与社会危害程度，依据《基金法》第九十七条及《证券法》第一百九十九条规定，我会决定：取消黄林的基金从业资格；对黄林处以 30 万元罚款。

当事人应自收到本处罚决定书之日起 15 日内，将罚款汇交中国证券监督管理委员会（开户银行：中信银行总行营业部，账号：7111010189800000162，由该行直接上缴国库），并将注有当事人名称的付款凭证复印件送中国证券监督管理委员会稽查局备案。如对本处罚决定不服，可在收到本处罚决定书之日起 60 日内向中国证券监督管理委员会申请行政复议，也可以在收到本处罚决定书之日起 3 个月内直接向有管辖权的人民法院提起行政诉讼。复议和诉讼期间，上述决定不停止执行。

中国证券监督管理委员会
二○一一年四月十一日

七、中国证监会行政处罚决定书

[2011]29 号

当事人：韩刚，男，1974 年 10 月出生，曾任长城基金管理有限公司久富证券投资基金（以下简称久富基金）基金经理，住址：广东省深圳市福田区景田北景蜜村。

依据《中华人民共和国证券投资基金法》（以下简称《基金法》）、《中华人民共和国证券法》（以下简称《证券法》）的有关规定，我会对韩刚违法违规一案进行了立案调查、审理，并依法向当事人告知了作出行政处罚的事实、理由、依据及当事人依法享有的权利。当事人未提出陈述、申辩意见，也未要求听证。本案现已调查、审理终结。

经查明，韩刚存在如下违法违规行为：

2009 年 1 月 6 日韩刚担任久富基金的基金经理起至违法行为发现的时间 2009 年 8 月 21 日，韩刚利用职务便利及所获取的基金投资决策信息，与妻子史某等人通过网络下单的方式，共同操作韩刚表妹王某于招商证券深圳沙头角金融路营业部开立的同名证券账户从事股票交易，先于或与韩刚管理的久富基金同步买入并先于或与久富基金同步卖出相关个股；或在久富基金建仓阶段买卖相关个股，涉及"金马集团"、"宁波华翔"、"澳洋科技"和"江南高纤"等股票 15 只，其中，2009 年 2 月 28 日《刑法修正案（七）》公布施行后至 8 月 21 日期间，前述交易涉及"金马集团"等股票 14 只。

以上事实，有长城基金管理有限公司提供的相关情况说明，当事人询问笔录，久富基金和王某账户股票交易记录，王某账户股票交易下单电脑 MAC 记录以及下单交易 IP 地址等证据证明，足以认定。

当事人上述行为，违反了《基金法》第十八条以及《证券法》第四十三条的规定，构成了《基金法》第九十七条以及《证券法》第一百九十九条所述违法行为。同时，韩刚在 2009 年 2 月 28 日至 8 月 21 日期间的行为还构成《中华人民共和国刑法》第一百八十条第四款规定的利用未公开信息交易罪。经广东省深圳市福田区人民法院公开开庭审理，韩刚犯利用未公开信息交易罪，被依法判处有期徒刑一年，并处罚金 310 000 元；赃款 303 274.46 元予以没收。截至本处罚决定书作出时，前述判决已生效。

我会认为，韩刚违法行为的事实清楚且构成犯罪，违法情节与社会危害后果均十分严重，依法应予严惩。根据当事人违法行为的事实、性质、情节与社会危害程度，依据《基金法》第九十七条的规定，我会决定：取消韩刚的基金从业资格。

当事人如对本处罚决定不服，可在收到本处罚决定书之日起 60 日内向中国证券监督管理委员会申请行政复议；也可以在收到本处罚决定书之日起 3 个月内直接向有管辖权的人民法院提起行政诉讼。复议和诉讼期间，上述决定不停止执行。

中国证券监督管理委员会

二〇一一年七月七日

八、中国证监会行政处罚决定书

[2011]52 号

当事人：许春茂，男，1974 年 9 月出生，曾任光大保德信基金管理有限公司（以下简称光大保德信）红利股票型证券投资基金、均衡精选股票型证券投资基金的基金经理，住址：上海市浦东新区张杨路 1500 弄。

依据《中华人民共和国证券投资基金法》（以下简称《基金法》）、《中华人民共和国证券法》（以下简称《证券法》）的有关规定，我会对许春茂违法一案进行了立案调查、审理，并依法向当事人告知了作出行政处罚的事实、理由、依据及当事人依法享有的权利。当事人未提出陈述、申辩意见，也未要求听证。本案现已调查、审理终结。

经查明，许春茂存在以下违法事实：

2006 年 7 月至 2010 年 4 月，许春茂在任职光大保德信期间，利用职务便利及所掌握的基金投资决策未公开信息，亲自或通过 MSN 通信、电话等方式指令张某操作华泰证券上海康定路营业部史某、王某等 2 个证券账户先于或同步于自己管理的基金买入或卖出相同股票。其中，史某账户交易涉及深发展 A 等股票 110只，王某账户交易涉及中集集团等股票 52 只。2009 年 2 月 28 日《刑法修正案（七）》对利用未公开信息交易罪作出规定后，史某账户继续交易直至 2010 年 4 月许春茂从光大保德信离职，涉及中兴通讯等股票。

　　以上事实，有光大保德信提供的相关情况说明、基金交易指令与明细资料、当事人询问笔录、涉案账户股票交易记录、涉案账户股票交易下单电脑 MAC 记录以及下单交易 IP 地址等证据证明，足以认定。

　　当事人上述行为，违反了《基金法》第十八条以及《证券法》第四十三条的规定，构成了《基金法》第九十七条以及《证券法》第一百九十九条所述违法行为。同时，许春茂在 2009 年 2 月 28 日至 2010 年 4 月期间的行为还构成《中华人民共和国刑法》第一百八十条第四款规定的利用未公开信息交易罪。经上海市静安区人民法院审理，许春茂犯利用未公开信息交易罪，被依法判处有期徒刑 3 年，缓刑 3 年，并处罚金 210 万元，许春茂退缴的赃款予以没收上缴国库。截至本决定书作出时，前述判决已生效。

　　我会认为，许春茂违法行为的事实清楚且构成犯罪，违法情节与社会危害后果均十分严重，依法应予严惩。

　　根据当事人违法行为的事实、性质、情节与社会危害程度，依据《基金法》第九十七条的规定，我会决定：取消许春茂的基金从业资格。

　　当事人如果对本处罚决定不服，可在收到本处罚决定书之日起 60 日内向中国证券监督管理委员会申请行政复议，也可在收到本处罚决定书之日起 3 个月内直接向有管辖权的人民法院提起行政诉讼。复议和诉讼期间，上述决定不停止执行。

中国证券监督管理委员会
二〇一一年十一月二十八日

九、中国证监会行政处罚决定书

[2014]84 号

　　当事人：李旭利，男，1973 年 12 月出生，时任交银施罗德基金管理有限公司（以下简称交银施罗德）投资总监兼投资决策委员会主席、交银施罗德旗下蓝筹基金的基金经理，住址：上海市浦东新区丁香路。

　　依据《中华人民共和国证券法》（以下简称《证券法》）、《中华人民共和国证券投资基金法》（2004 年 6 月 1 日起施行，以下简称原《基金法》）的有关规定，我会对李旭利违法违规行为立案调查并移送公安机关，李旭利利用未公开信息犯罪行为司法判决已生效，我会据此依法向当事人告知了作出行政处罚的事实、理由、依据及当事人依法享有的权利。当事人未要求陈述、申辩，也未要求听证。本案现已调查、审理终结。

　　司法机关认定，李旭利存在以下违法事实：

　　2005 年 8 月至 2009 年 5 月，李旭利担任交银施罗德投资总监，兼任投资决策委员会主席。2007 年 8 月至 2009 年 5 月，李旭利还兼任交银施罗德旗下蓝筹基金的基金经理。在此期间，李旭利有权参与交银施罗德所有基金的投资决策，并对蓝筹基金的股票投资具有直接决定权。

2009 年 4 月 7 日，在交银施罗德旗下蓝筹基金、成长基金对工商银行、建设银行股票进行建仓的信息尚未披露前，李旭利指示五矿证券深圳华富路证券营业部（现为五矿证券深圳金田路证券营业部）总经理李某君，在李旭利及其家人控制的岳某建、童某强名下两个证券账户内，先于或同期于蓝筹基金、成长基金买入工商银行、建设银行股票，累计股票成交额 52 263 797.34 元，并于同年 6 月间将上述股票全部卖出，通过股票交易的差价获利 8 992 399.86 元，此外还分得工商银行股票红利 1 723 342.50 元。

2012 年 11 月，上海市第一中级人民法院下达《刑事判决书》，认定李旭利在2009 年 4 月 7 日的行为构成《中华人民共和国刑法》第一百八十条第四款利用未公开信息交易罪，非法获利 10 715 742.36 元，依法判处李旭利有期徒刑 4 年，并处罚金人民币 1 800 万元，违法所得予以追缴。当事人不服一审判决提出上诉。2013 年 10 月，上海市高级人民法院下达《刑事裁定书》，驳回上诉，维持原判。

以上违法事实，有司法机关认定文件等证据证明。

当事人的上述行为，违反了原《基金法》第十八条的规定，构成原《基金法》第九十七条所述情形。

根据当事人违法行为的事实、性质、情节与社会危害程度，依据原《基金法》第九十七条的规定，我会决定：取消李旭利的基金从业资格。

当事人如果对本处罚决定不服，可在收到本处罚决定书之日起 60 日内向中国证券监督管理委员会申请行政复议，也可在收到本处罚决定书之日起 3 个月内直接向有管辖权的人民法院提起行政诉讼。复议和诉讼期间，上述决定不停止执行。

中国证券监督管理委员会

二○一四年十月十日

十、中国证监会行政处罚决定书

[2014]85 号

当事人：郑拓，男，1968 年 3 月出生，时任交银施罗德基金管理有限公司（以下简称交银施罗德）基金经理，住址：上海市浦东新区锦绣路。

依据《中华人民共和国证券法》（以下简称《证券法》）、《中华人民共和国证券投资基金法》（2004 年 6 月 1 日起施行，以下简称原《基金法》）的有关规定，我会对郑拓违法违规行为立案调查并移送公安机关，郑拓利用未公开信息犯罪行为司法判决已生效，我会据此依法向当事人告知了作出行政处罚的事实、理由、依据及当事人依法享有的权利。当事人未要求陈述、申辩，也未要求听证。本案现已调查、审理终结。

司法机关认定，郑拓存在以下违法事实：

2007年3月至2009年8月，郑拓实际负责交银稳健基金的投资管理工作，2007年7月4日起，郑拓正式担任交银稳健基金经理，2009年8月20日正式离任。任职期间，郑拓对于交银稳健基金投资股票的种类、数量、价格及时间具有决定权或建议权。2009年3月至7月间，郑拓利用担任交银稳健基金经理的职务便利，在交银稳健基金买卖股票的信息尚未公开前，由郑拓本人或者将需要购买的股票种类、数量、价格等告知夏某红、夏某玲，借用原某丽名下中信建投证券哈尔滨中医街营业部证券账户、国泰君安证券北京知春路营业部证券账户，先于或同期于郑拓管理的交银稳健基金买卖相同股票，并从中牟利。期间，郑拓伙同夏某红采用上述方法买卖"万科A"、"泛海建设"、"华侨城A"、"吉林敖东"、"西山煤电"、"保利地产"、"金地集团"、"中国神华"、"西部矿业"、"中国平安"、"中煤能源"等股票11只，一共成交283万余股，交易（买入）金额为4638万余元，获利金额为1242万余元。

2013年3月，上海市第一中级人民法院下达《刑事判决书》，认定郑拓在2009年3月至2009年7月间的行为构成《中华人民共和国刑法》第一百八十条第四款利用未公开信息交易罪，非法获利1242万余元，依法判处郑拓有期徒刑3年，并处罚金人民币600万元，违法所得予以追缴。前述刑事判决已生效。

以上违法事实，有司法机关认定文件等证据证明。

当事人的上述行为，违反了原《基金法》第十八条的规定，构成原《基金法》第九十七条所述情形。

根据当事人违法行为的事实、性质、情节与社会危害程度，依据原《基金法》第九十七条的规定，我会决定：取消郑拓的基金从业资格。

当事人如果对本处罚决定不服，可在收到本处罚决定书之日起60日内向中国证券监督管理委员会申请行政复议，也可在收到本处罚决定书之日起3个月内直接向有管辖权的人民法院提起行政诉讼。复议和诉讼期间，上述决定不停止执行。

中国证券监督管理委员会

二〇一四年十月十日